CB057685

ODÉ KILEUY & VERA DE OXAGUIÃ

Ebós Poderosos

para saúde, amor e proteção

PALLAS

Copyright © 2022
Odé Kileuy & Vera de Oxaguiã

Todos os direitos reservados
à Pallas Editora e Distribuidora Ltda.

Editoras
Cristina Fernandes Warth
Mariana Warth

Coordenação editorial e capa
Daniel Viana

Assistente editorial
Daniella Riet

Preparação de originais
Eneida D. Gaspar

Revisão
BR 75 | Clarisse Cintra e Aline Canejo

Projeto gráfico da coleção
Aron Balmas

Imagem de capa
Olga Grigorevykh/iStock

Este livro segue as novas regras
do Acordo Ortográfico da Língua Portuguesa.

CIP-BRASIL. CATALOGAÇÃO NA FONTE
SINDICATO NACIONAL DOS EDITORES DE LIVROS, RJ

Kileuy, Odé
Ebós poderosos para saúde, amor e proteção / Odé Kileuy, Vera de Oxaguiã. --
Rio de Janeiro : Pallas Editora, 2023.

ISBN 978-65-5602-119-5

1. Candomblé (Culto) 2. Candomblé (Culto) - Rituais I. Oxaguiã, Vera de.
II. Título.

23-177594 CDD-299.673

Índices para catálogo sistemático:
1. Candomblé : Religiões afro-brasileiras 299.673
Eliane de Freitas Leite - Bibliotecária - CRB 8/8415

Pallas Editora e Distribuidora Ltda.
Rua Frederico de Albuquerque, 56 – Higienópolis
CEP: 21050-840 – Rio de Janeiro – RJ
Tel.: 21 2270-0186
www.pallaseditora.com.br | pallas@pallaseditora.com.br

*Não herdamos o mundo de nossos pais;
nós o tomamos emprestado de nossos filhos.*

(Sidney Sheldon, A ira dos anjos)

*Dedicamos esse livro à nossa família e a alguns
amigos que, silenciosamente, nos apoiaram e nos
acompanharam em todos os momentos.*

*Com palavras de ânimo, de incentivo, com
companheirismo, aceitando nossas ausências e, às vezes,
os poucos momentos que podíamos compartilhar juntos.*

*Sem eles seria impossível continuar, pois a força da
família e dos amigos foi fundamental e primordial.*

Sumário

9	Apresentação
13	**Introdução:** Considerações gerais
15	Palavras dos autores
18	O que são ebós e qual a sua função
21	Informações importantes
24	Glossário
29	**Uma ajuda:** para depressão e suas variantes
43	**Capítulo 1:** Exus
117	**Capítulo 2:** Egbé Orum
125	**Capítulo 3:** Iyamí Oxorongá
135	**Capítulo 4:** Odus
229	**Capítulo 5:** Inquices
237	**Capítulo 6:** Voduns
265	**Capítulo 7:** Orixás
319	**Capítulo 8:** Orixás do "início da criação do universo"
355	**Capítulo 9:** Senhores do destino
363	**Capítulo 10:** Divindades pouco conhecidas
379	**Capítulo 11:** Divindades da terra
387	**Capítulo 12:** Babá Egum

Apresentação

Neste ano de 2023, a Editora Pallas tem o prazer de publicar mais dois livros de Odé Kileuy (George Maurício) e Vera de Oxaguiã (Vera Barros), completando uma dezena de obras desses autores em seu catálogo.

A parceria literária com Vera e Odé Kileuy começou em 1993, com a publicação de *Como fazer você mesmo seu ebó*, seguido em 1994 por *Feitiços para prender o seu amor*, e em 2004 por *Presenteie seus orixás*. Os três são coletâneas de simpatias, rituais e oferendas para homenagear entidades e pedir sua ajuda nos assuntos do cotidiano. Em 2009, foi a vez de *O candomblé bem explicado*, um clássico dos autores que, com base em pesquisas cuidadosas, esclareceram conceitos até então pouco discutidos das religiões de matrizes africanas no Brasil.

A seguir vieram *De bem com a vida*, de 2011, *Vodum Sorroquê*, de 2012, e *Banquetes para Exu, Pombagira e o mestre Zé Pelintra*, de 2017, que falam sobre encantamentos, oferendas e entidades.

Ainda em 2017, publicamos *Banhos poderosos para grandes conquistas*, com mais de 250 receitas e incluindo informações sobre ingredientes e orientações sobre o uso dos banhos. Finalmente, em 2023, chegou a vez de *Defumadores poderosos*, com mais de 200 receitas, e *Ebós poderosos*, com mais de 300 receitas. Esses três livros formam uma trilogia, que denominamos Trilogia dos Poderosos, que aborda procedimentos mágico-litúrgicos que podem ser usados com segurança por fiéis e leigos, em seu dia a dia, para obter proteção, equilíbrio e prosperidade.

Ebós poderosos começa comentando o objetivo da obra. A seguir, fala sobre o significado e a função dos ebós, procedimentos gerais, cuidados e materiais necessários para sua realização. A seguir, são apresentadas as receitas, organizadas de acordo com as entidades e finalidades a que os ebós são dirigidos.

É importante ressaltar que o conteúdo desse livro resulta da experiência pessoal dos autores como membros do clero do candomblé de nação Fon no Rio de Janeiro.

Como é dito em *O candomblé bem explicado*, a linhagem religiosa de George e Vera remonta a Gaiaku Rosena. Africana de Aladá (no Benim), Rosena veio para o Brasil em 1864, diretamente para o Rio de Janeiro, onde fundou, no bairro da Saúde, o terreiro Kwe Podabá – a primeira casa de candomblé fon fluminense.* Gaiaku Rosena iniciou Adelaide do Espírito Santo (Mejitó), iniciadora de mãe Natalina, que fundou o Kwe Sinfá, em São João de Meriti. Mãe Natalina iniciou Rui de Olissá, que por sua vez iniciou Artur (Odé Cialê), que fundou casa em Duque de Caxias. Odé Cialê iniciou George Maurício, que na época assumiu o nome religioso de Odé Kitauají.

George complementou sua formação religiosa com Iyá Ominibu (iniciada por Mãe Tansa, da linhagem do Axé Poegí, "Cacunda de Yayá", fundado por Gaiaku Satu em Salvador). Agora conhecido como babalorixá Odé Kileuy, George fun-

---

* Dados do mapeamento dos terreiros de candomblé do Rio de Janeiro (publicado pela Pallas em 2014 sob o título *Presença do axé*) e de depoimentos de Agenor Miranda Rocha, citados em: CONDURU, Roberto. Das casas às roças: comunidades de candomblé no Rio de Janeiro desde o fim do século XIX. *Topoi*, v. 11, n. 21, p. 178-203, jul.-dez. 2010.

dou sua roça em Edson Passos (RJ), em 1982, professando o candomblé Nagô-Vodum.

Ali iniciou Vera de Oxaguiã, que se tornou sua parceira na missão de divulgar, de maneira clara e objetiva, conhecimentos que muitas vezes os seguidores da religião levam muitos anos para desvendar – quando conseguem superar os desvios, os erros e as ambiguidades que encontram pelo caminho.

O resultado dessa busca de conhecimento foi um trabalho cuidadoso, no sentido de divulgar o que pode ser revelado, sem ferir a ética do sigilo religioso, e respeitando diferentes opiniões, sejam elas pessoais ou decorrentes de diferenças entre vertentes religiosas. Os autores não pretendem ensinar práticas litúrgicas e iniciáticas, mas apenas ajudar fiéis das religiões e estudiosos que desejam aumentar seus conhecimentos sobre os aspectos práticos da religião, além de garantir que esses conhecimentos não se percam ao longo do tempo.

Tudo isso torna as obras de Vera e Kileuy sempre bem-vindas nesta Casa, que também é deles!

As Editoras

Introdução

Considerações gerais

Palavras dos autores

Queridos(as) leitores(as) e amigos(as):
Para nossa alegria estamos de volta, trazendo mais um livro com o poder de ajudá-los(as) a viver melhor consigo mesmos(as), com seus problemas e com o mundo ao seu redor, tentando melhorar o dia a dia de todos nós.

Dessa vez, com o livro *Ebós poderosos*, que faz parte de uma trilogia, junto com *Banhos poderosos* e *Defumadores poderosos*. Preparamos neste livro uma série de ebós, de Exu a Babá Egum. Tentamos, assim, servir e ajudar a todos os que inserem o candomblé na sua vida. Mesmo aqueles que não o compartilham às vezes precisam de uma ajudinha das divindades do Astral. É nosso desejo ajudar as pessoas de um modo mais completo, sem ser complexo.

Então, por que não repassar nossos conhecimentos e nossos saberes para as pessoas que necessitam de ajuda, e que muitas vezes não têm poder aquisitivo para recorrer a alguém especializado, a um jogo de búzios?

Os saberes especiais se perderão no tempo, se não forem repassados nem ensinados para ajudar!

Continuaremos com a nossa decisão de ensinar, que consideramos como um sacerdócio. Muitos acham que não devemos ensinar ebós em livros. O que não devemos é deixar perder-se na poeira do tempo muitos saberes preciosos e de grande ajuda, como aconteceu em um passado longínquo, e ainda acontece nos dias atuais.

É nosso desejo ajudar aquelas pessoas que estão sofrendo espiritualmente, com dores físicas, mentais etc., e que, muitas vezes, com um simples ebó, conseguem ter melhoras significativas e rápidas.

Aqueles que nos condenam, achando que não devemos colocar em livros saberes e conhecimento; que acham que, agindo assim, estamos evitando que as pessoas procurem os sacerdotes e as sacerdotisas, enganam-se. Essas autoridades serão sempre imprescindíveis, porque a sua presença tem o axé das divindades.

Suas palavras, quando bem empregadas e bem dosadas, servem de bálsamo, de alento. O ser humano está carente de afeto, de quem o ouça. E os seus conselhos, muitas vezes, quando bem distribuídos, fazem a função de um ebó, de um presente, trazem alívio, alegria, renovam e aliviam aqueles que os procuram.

Pensem bem antes de nos condenar! Não condenem o trabalho e o sacrifício de outrem. Façam a sua parte!

Façam como nós: ajudem na medida do possível, pois as pessoas que procuram o candomblé, muitas vezes, chegam desesperadas e encontram portas fechadas, pois não têm dinheiro para pagar a "ajuda que procuraram". Lembrem-se de quando, no passado, precisaram de ajuda e não conseguiram! O que pensaram da religião?

Aqui vocês irão encontrar o ebó que melhor se ajuste às suas necessidades, que poderá realmente ajudá-los(as), seja para saúde, amor, trabalho, prosperidade, equilíbrio emocional e físico etc. Quem não tiver certo entendimento sobre o candomblé procure ajuda de uma pessoa amiga praticante da religião ou um terreiro de candomblé de sua confiança ou com boa indicação.

Assim, o livro está pronto e entregue para vocês. E, mais uma vez, um livro tomou o "seu" próprio caminho, não seguindo o "nosso pensamento", pois começou sendo preparado para ser somente de "ebós de saúde". Porém, ele foi crescendo, expandindo-se, e levou-nos até esse patamar que lhes apresentamos. Achamos bom, pois os nossos leitores saíram ganhando!

Esperamos agradar e ajudar vocês, nossos leitores e leitoras, nossos amigos e amigas, que sempre nos prestigiaram e nos acompanharam.

Awurê e muito axé para todos!

Odé Kileuy e Vera de Oxaguiã

O que são ebós e qual a sua função

Diz um ditado popular iorubano que "oferecer sacrifícios e oferendas rituais traz bênçãos para quem oferece. Recusar-se a fazê-lo significa desastre!"

Fazer um livro sobre os conhecimentos do candomblé transforma-se em uma grande responsabilidade para seus autores e para todos os que os rodeiam, desde a sua escrita até um tratamento específico editorial e a criação gráfica.

Um livro sobre ebós não pode ter simplificações, deturpações nem omissões, pois estas podem colocar em risco a utilização dos saberes e seus resultados.

O saber ritual transforma preceitos e oferendas em soluções para problemas de forma simples, mas eficaz e rápida.

O ebó (*ẹbọ*, em iorubá) tem a tradução de presente, de oferenda, de sacrifício ritual, elementos que norteiam a distribuição do axé e que têm a capacidade de manter o equilíbrio vital.

O ebó permite uma "troca" a nível concreto e visível, através do seu simbolismo. Fazer ebós, muitas vezes, é considerado uma necessidade para reverter certas situações difíceis ou para acomodar as situações confortáveis e de normalidade; para manter o equilíbrio e melhorar a sorte; para reverenciar a vida. Através dos ebós de limpeza, conseguimos melhor estabilidade mental, física e espiritual, para um melhor domínio das nossas emoções e um entrelaçamento corporal e astral.

O ebó é o axé movimentando-se para nos ajudar!

Existem muitos tipos de ebós, para diversos tipos de situações, como aqueles ebós de agradecimento (*ẹbọ ọpẹ̀ àtí idàpọ̀*); os ebós para fazer pedidos específicos, os mais usuais (*ẹbọ èjẹ̀*); ebós para acalmar, abrandar a fúria de algumas divindades ou entidades ou para tratar os males físicos e espirituais (*ebo etùtù*); para afastar, prevenir e evitar calamidades ou malefícios (*ebo ojú kòríbi*). Existem ebós até mesmo para os "fundamentos" de iniciação de uma casa de candomblé, para complementações importantes, como "plantar" o axé de uma casa, denominados *ebo ìpilẹ̀*.

Como vemos, os ebós são utilizados em infinitos casos, pois a sua confecção é uma necessidade para manter o equilíbrio vital na relação vida/morte; fazer a prevenção contra as maldades alheias; pedir saúde e uma vida longeva; encontrar o amor ideal; obter realizações financeiras e familiares; reverenciar e saudar a ancestralidade, e viver bem e em paz com o Cosmos, com a Corte Suprema das divindades.

O ebó precisa e deve ser feito com FÉ, para obtermos o que desejamos. Nunca devemos usar essa magia que se chama "ebó" para fins mesquinhos ou maldosos!

Quando achar que precisa fazer um ebó, tenha consciência de que seus motivos são corretos e necessários, se existe um motivo ou uma determinação. Se necessário, busque ajuda de pessoas abalizadas, ou recorra ao jogo de búzios, "não faça por fazer", por livre e espontânea vontade. Nesses casos, o livre-arbítrio deve ser colocado de lado. Faça os rituais com correção, com determinação e FÉ. Não se esqueça de que, ao fazer um ebó, você desagrega um pedaço de "você" em troca de um objetivo.

Juana Elbein, em seu livro *Os nagô e a morte*, de 1976, afirma que "a dinâmica, o movimento da Nação Nagô gira em torno do ebó, do sacrifício, da oferenda, com seus propósitos e modalidades, fazendo a restituição e redistribuindo o axé. O ebó é o único meio de conservar a harmonia entre os dois planos da existência e garantir a continuação e a perpetuação da mesma".

Os elementos para a confecção dos seus ebós são proporcionados e indicados por este livro, *Ebós poderosos*, que estamos lhes entregando.

Mas lembrem: também um banho de mar, em noite de Lua Cheia ou Quarto Crescente, é um ebó para promover a positividade. Se for tomado em Lua Nova ou Minguante, ajuda a afastar negatividades.

Um banho de rio, de cachoeira, de lagoa, de chuva, em determinadas ocasiões, é também um poderoso ebó. Um banho de folhas sagradas, que limpa o corpo e o espírito, é um dos ebós mais fortes. Um defumador é um ebó...

O poder dos ebós é incontestável, ninguém pode negar! Seus benefícios são muitos!

Boa sorte e que seu sacrifício seja bem recebido (*ebọ á fin*)!

Em homenagem ao grande amigo e incentivador Ari Araújo, alguns parágrafos do texto anterior foram copiados e reformulados por nós. Ari Araújo, em 1993, colocou-os, com grande sabedoria, na página de "Apresentação" do nosso primeiro livro, *Como fazer você mesmo seu ebó*. Pertencente ao candomblé e exímio jornalista, descreveu primorosamente o significado dessa magia chamada ebó. Obrigado, gentil parceiro!

Informações importantes

(Por favor, leiam com atenção!)

A MOJUBA

Quando pedimos neste livro que seja utilizado o obi ou o orobô "mojubado", para alguns tipos de ebós, é porque esses frutos africanos, tão venerados pelos iniciados do candomblé, precisarão ser consagrados. O obi e o orobô devem ser saudados em ato litúrgico, pois são "a fala e a resposta" das divindades. A "mojuba" é uma simbologia religiosa para reverenciá-los. A consagração desses frutos requer saber, não pode ser feita aleatoriamente. O obi nunca deve ser aberto com faca, porque ele já tem suas aberturas definidas pela natureza; o orobô, por ser mais duro, em determinadas ocasiões, pode ser cortado com uma faca consagrada para as funções das divindades. Os frutos devem ser abertos com rituais litúrgicos específicos e especiais, em local tranquilo, limpo, com água e oriquís próprios. Se a pessoa não souber fazer, deve pedir a ajuda de um amigo da religião ou de um(a) sacerdote/sacerdotisa que tenha esses conhecimentos. Se não conseguir efetuar esse procedimento, faça o ebó sem o uso do obi e do orobô, pois esses serão meramente enfeites.

OS BÚZIOS

O búzio é a morada de um molusco marinho, é uma concha, que possui uma abertura natural. É também chamado de cauri, pelos iorubás, e, no passado, era usado como moeda de troca, como dinheiro. Por isso, o búzio faz a representação do dinheiro, da fartura e da prosperidade. Os búzios têm o poder de transmitir os segredos e são usados para o olhador conversar com as divindades. Trazem em si a energia da água e da terra, ligando-se ao céu (orum), através das divindades. Esses pequenos moluscos consagrados ligam-se com os orixás primordiais e são considerados um descendente, pois surgiram com as divindades.

O búzio tem um lado todo serrilhado, em sua parte traseira, com uma abertura natural para a saída do seu morador. A parte dianteira é uma casca endurecida, que é aberta pelo homem para ajudar no equilíbrio e no seu uso no processo divinatório. O búzio fechado, ao natural, é somente um enfeite, mas em alguns axés é aceito para determinadas liturgias. Para a consagração dos ebós, é necessária a abertura de sua casca superior central: essa abertura é feita com a pontinha de uma faca pequena, que é introduzida na abertura do búzio, com jeito, para não danificá-lo. É dada uma pancadinha no cabo da faca e a casca do búzio rompe-se facilmente; é só retirar a casquinha e aparar as arestas em volta: está preparado o seu búzio aberto. Alguns olhadores do seu oráculo entendem que o lado aberto é a sua abertura dentada, e isso faz com que eles considerem essa abertura como a sua "fala", a sua boca. De qualquer forma, o lado considerado fechado tem respostas negativas, e o lado aberto traz respostas positivas.

A LUA E AS MARÉS

Quando um ebó for indicado para a positividade, precisa ser feito em Lua Cheia ou Crescente. Se a sua indicação é para ser feito à beira do mar ou de um rio, procure sempre fazê-lo em horas de maré alta, mas no momento em que as águas já estejam mais serenas. Quando for indicado para negatividade, faça na maré baixa e na Lua Minguante. A Lua Nova é neutra, porém, em casos de emergência, pode ser usada tanto para o lado positivo quanto para o negativo.

BANHOS

A relação dos elementos dos banhos, que são feitos após cada ebó, está no final de cada capítulo. Lembre-se de que os banhos e os defumadores são os complementos da finalização dos ebós.

CUIDADOS

Quando for fazer ou entregar seus ebós, tome seu banho diário, arrume-se, tenha o coração limpo e pensamentos positivos. A positividade é o que alavanca as vitórias do que queremos. Procure estar com seu coração feliz; não faça nada com o coração amargurado, magoado ou triste. Lembre-se sempre de que somos nós quem temos a força de tudo conseguir, com a ajuda das forças da Natureza e das nossas divindades.

Glossário

Abará – bolo de massa de acarajé (ver verbete), embrulhado em folha de bananeira e cozido no vapor.

Aberém – bolo de milho moído (branco ou vermelho), embrulhado em folha de bananeira e cozido no vapor.

Acaçá – bolo de massa cozida de milho moído (branco ou vermelho), embrulhado em folha de bananeira.

Acará – o mesmo que acarajé (ver verbete).

Acarajé – bolo de massa de feijão-fradinho moído, frito em azeite de dendê (ver verbete).

Aiê (Aiyé) – terra, mundo material, onde vivem os mortais, em oposição ao Orum (*Òrun*), céu, mundo espiritual onde vivem as divindades.

Ajabó – pasta de quiabo cru batido com mel.

Aláfia – nos oráculos, posição em que os quatro pedaços de uma fruta ou os búzios caem com o dorso (ou o lado fechado) voltado para baixo.

Atim – nome genérico para qualquer tipo de pó.

Atinçá – árvore; nas casas religiosas, várias são assentamentos de divindades da natureza.

Atori – vareta de cipó ou galho fino de árvore, com uso ritual.

Axé – força espiritual, energia das divindades que dinamiza o mundo físico.

Bejerecum – fava também chamada de pimenta-de-macaco.

Brajá – colar feito de búzios, usado por divindades como Oxumarê, Omolu e Nanã.

Canjica – doce da culinária afro-brasileira, também chamado de mungunzá e ebô (ver verbete).

Caracol – concha (ver verbete) de moluscos de várias espécies, que é enrolada em espiral.

Carimã – bolo de farinha de mandioca ou de mandioca fermentada.

Caxixi – chocalho formado por um cestinho com sementes, pedrinhas etc. dentro.
Coité – tigela feita do fruto da cuieira (a cuia) cortado ao meio, seco e limpo.
Cocada – doce feito de coco cozido com açúcar e água.
Concha – envoltório do corpo dos moluscos; num sentido mais específico, designa as conchas divididas em duas partes unidas por uma "dobradiça".
Dandá-da-costa – espécie de capim também chamado de junça e tiririca, cuja raiz tem uso ritual.
Dendê – fruto de uma palmeira africana, do qual se extrai o azeite de dendê (óleo de palma).
Ebô – milho branco cozido, temperado ou não, dependendo da entidade a que é ofertado.
Ecô – o mesmo que acaçá (ver verbete).
Ecodidé – pena da cauda de um papagaio africano (odidé), de uso ritual.
Ecuru – bolo de massa de acarajé (ver verbete), embrulhado em folha de bananeira e cozido no vapor.
Efum – giz branco de uso ritual, muitas vezes em forma de pó.
Eguidi – bolo de massa cozida de fubá com mel, embrulhado em folha de bananeira.
Ejó – confusão, conflito.
Eketé – gorro que faz parte das vestimentas litúrgicas masculinas em algumas religiões brasileiras de matriz africana.
Ekó – o mesmo que acaçá (ver verbete).
Fava – nome genérico dado a sementes e frutos secos de uso ritual, como pichurim, olho-de-boi, alibé, andará, emburama, cumaru, aridã, oju omí, tento etc., vendidos em lojas de artigos religiosos.
Fissura (frissura, fressura) – o conjunto das vísceras de animais (pulmões, coração, tripas, rins).
Ibiri – "cetro" de Nanã, feito de fibras das folhas do dendezeiro, palha da costa e búzios.

Icodidé – o mesmo que ecodidé (ver verbete).

Igbá – assentamento de orixá, inquice ou vodum: recipiente que guarda representações das divindades no aiê (ver verbete).

Igbim – grande caramujo terrestre cuja concha (ver verbete) tem uso ritual. O caramujo gigante brasileiro é chamado aruá-do-mato.

Inhame – nome dado no Brasil a diferentes tubérculos comestíveis denominados inhame (inhame-cará, inhame-do-norte, inhame-da-costa ou ixu: maior, cilíndrico e liso, africano) e taro (inhame ou inhame-japonês: redondo, pequeno e peludo, asiático).

Lelecum – nome litúrgico da pimenta-de-são-tomé.

Mariô – folha de dendezeiro (ver verbete "dendê") desfiada e usada para fazer cortinas e partes do vestuário ritual.

Metal – nome popular do latão (metal amarelo), usado em encanamentos, moedas, engrenagens etc.

Najé (nagé) – louça de barro claro, com pinturas em tons mais escuros.

Obi – semente da árvore africana noz-de-cola ou coleira, de uso ritual.

Obó – folha da planta africana chamada no Brasil cipó-de-leite ou orelha-de-macaco.

Ocotô – na religião, nome de várias espécies de caramujos marinhos cuja concha (ver verbete) tem forma espiral cônica.

Ofá – objeto de uso ritual formado por um conjunto de arco e flecha numa peça única.

Ojá – faixa de tecido usada no contexto religioso como turbante ou em torno do peito, e também enfeitando atabaques e árvores sagradas.

Óleo de trombeta – medicamento extraído da trombeta (datura, estramônio, saia-branca, zabumba).

Omolocum – feijão-fradinho cozido e refogado com cebola, camarão e azeite doce (de oliva) ou de dendê (ver verbete).

Orí (cera de) – ou limo da costa: manteiga de uso ritual, feita do fruto do karité (árvore africana).

Oriqui – *oríkì*: texto de louvor recitado, no contexto religioso, para saudar as divindades.

Orobô – nome de uma árvore africana e de sua semente, de uso ritual.

Orum – ver verbete "Aiê".

Ossum – pó vermelho de uso ritual, obtido da madeira do sândalo-africano.

Palha da costa – fibra feita das folhas da ráfia (palmeira africana).

Paó – ato de bater palmas, usado em rituais religiosos.

Quartinha – jarra de argila ou louça, com tampa, bojuda e com pescoço e pé estreitos.

Xére – chocalho usado no culto de Xangô.

Wáji – anil (índigo): corante de uso ritual, originalmente obtido de plantas, mas hoje sintético.

Uma ajuda

**Para a depressão
e suas variantes**

Desta vez, por uma boa causa, e com a devida permissão, resolvemos abrir este livro com alguns ebós para ajudar as pessoas com depressão, ansiedade, bipolaridade e suas variantes.

Somos constantemente procurados por pessoas com essas doenças, ou mesmo por familiares, que temem as consequências nefastas que elas trazem.

Essa é, como se diz atualmente, a "doença do século": a doença da tristeza, da apatia, do desinteresse pela vida. Um momento muito triste e severo para um ser humano passá-lo sozinho! E foi pensando na solidariedade, no amor ao próximo, na ajuda aos que se acham sós, que fizemos este capítulo à parte, no início deste livro, para ser visto por todos os de bom coração e com desejo de ajudar. Vamos lá!

São ebós simples e baratos, banhos suaves, tudo para ser feito em conjunto com os cuidados do médico ou psiquiatra que está acompanhando a pessoa.

Se você está doente, não tenha vergonha de falar que está sendo "tratado por um psiquiatra". Ele é o médico indicado, especialista abalizado para tratar essas doenças, pois estudou e conhece toda a fisiologia do cérebro humano. Sendo assim, com certeza, muito poderá ajudá-lo.

O mais importante é que, ao menor indício da doença, a pessoa procure sempre a ajuda médica, pois é uma doença que necessita de medicações. Mas a fé e a religião têm um papel muito importante, na medida em que podem ajudar a mitigar o sofrimento, com ebós e banhos, e na medida em que dão o amparo espiritual. Porém, isso tudo depende de algo muito sério: o desejo da pessoa de se ajudar. Não poderá depender somente do suporte da família ou dos amigos. O pensamento deve ser sempre positivo na cura, na luta contra a debilidade, contra a tristeza, não se deixando contaminar pela apatia e não permitindo que o desespero tome conta.

Procure aqui o ebó que você achar que mais se coaduna com a sua situação. Faça com fé e firmeza, ajudando-se a ficar bom/boa.

Os ebós ajudam, e muito, mas você deve procurar também a ajuda de um(a) sacerdote/sacerdotisa que possa lhe auxiliar através do jogo de búzios, visto que a depressão, embora seja uma doença, é também um indicativo de um Orí (cabeça) enfraquecido, que se torna alvo fácil de se contaminar com negatividades e maus pensamentos. Sendo assim, poderá haver a necessidade de fazer-se um fortalecimento para o Orí, através de presentes e alimentos. E isso é conseguido através do borí, um ritual poderoso do candomblé, momento em que a cabeça ganha uma festa particular, com elementos que vão acalmá-la, estruturá-la, fortalecê-la.

A seguir, apresentamos duas saudações poderosas para o Orí, a cabeça, que podem ser feitas quando a pessoa for realizar qualquer liturgia à sua cabeça, saudando a cabeça e oferecendo-lhe força espiritual.

Vamos lutar, ser fortes, e o negativo não vai conseguir penetrar no nosso corpo e, principalmente, na nossa mente!

Muito axé e muita força para vencer os obstáculos que a vida coloca nos nossos caminhos!

Saudações à cabeça

UMA SAUDAÇÃO AO ORÍ (CABEÇA)
*Para quando for fazer qualquer
liturgia, saudando o Orí*

Agô, fun mi Odudua!
Agô, fun mi Obatalá!
Agô, fun mi Olodumare!
Agô, fun mi Ojijí!
Agô, fun mi Iporí
Agô, fun mi Olorí!
Agô, fun mi Orixá!
Agô, fun mi Oduá!
Axé, mojubá!

SAUDAÇÃO
Para dar fortalecimento à cabeça (Orí)

Orí pelé, atete níram
Pelé, pelé, orí ô!
Axé ô
Axé, mojubá!
Pelé, pelé, orí ô, orí ô, orí ô!

Ebós

EBÓ 1
Banho para afastar a apatia, ativar seu corpo, trazer energia

Elementos
- três litros de água
- folhas de alecrim (pode ser alecrim-do-campo ou da horta)
- três folhas de beladona
- uma colher, de sopa, de anis-estrelado
- um pedaço de raiz de sândalo
- folhas de bem-com-deus

Como fazer
Coloque todos os ingredientes na panela com água e deixe ferver por algum tempo. Após amornar, coe. Tome seu banho e, logo após, despeje vagarosamente esse banho, do pescoço para baixo, só mentalizando coisas boas. Deixe secar no seu corpo, vista roupa clara e procure descansar bem; procure sempre estar em companhia de pessoas com bom astral, positivas. Recolha o resto do banho e coloque-o dentro de um vaso de planta ou aos pés de uma árvore sem espinhos. Axé e seja feliz.

EBÓ 2
Banho para trazer tranquilidade, relaxamento, combater o estresse

Elementos
- dois litros de água
- uma orquídea branca
- pétalas de cinco rosas-brancas, bem perfumadas
- uma noz-moscada, ralada
- dez gotas de baunilha

Como fazer

Ponha a água para ferver. Desligue o fogo e acrescente os elementos. Tampe e deixe amornar. Tome um banho normal, e depois vá despejando com calma esse banho, do pescoço para baixo, relaxando, meditando e sentindo a força do banho. Use seu pensamento positivo e sua força interior para aproveitar os benefícios que o banho traz. Não se enxugue, deixe essa água poderosa tomar conta do seu corpo e dos seus pensamentos. Vista uma roupa clara, perfume-se levemente e procure ficar em ambiente calmo, tranquilo, para que possa usufruir da paz tão necessária nesse momento da sua vida. Força, que você irá vencer!

EBÓ 3
Banho para propiciar harmonia e trazer interação com o meio ambiente

Elementos
- *dois litros de água*
- *um maço de poejo*
- *folhas de erva-pombinha*
- *dez folhas de saião*
- *cinco folhas de pata-de-vaca, branca*
- *um molho de sálvia*

Como fazer

Lave muito bem as folhas e depois macere-as. Deixe-as em infusão na água por uma hora. Coe e acrescente um pouco de água morna, para tomar um banho bem relaxante. Lave-se normalmente e depois vá despejando esse banho, do pescoço para baixo. Aguarde alguns minutos e depois enxugue-se levemente. Coloque roupas claras e confortáveis e procure fazer algo que lhe dê prazer, lhe agrade. A vida é linda e nos foi dada para ser usufruída em todos os momentos. Axé e viva a vida!

EBÓ 4
Banho para acalmar a desorientação da cabeça

Elementos
- três litros de água
- um pouco de água de cachoeira, ou um litro de água mineral, sem gás
- água de um coco-verde
- gotas de baunilha

Como fazer
Coloque todos os elementos em uma vasilha. Tome seu banho diário e, após, jogue esse banho, da cabeça aos pés, com calma.

Não seque o corpo, e use roupas claras. Procure ficar em um lugar tranquilo, meditando, se gostar, e, assim, usufruir desse banho. Força, que tudo passa!

EBÓ 5
Para ajudar a controlar a depressão, aliviar a tristeza

Elementos
- uma cabaça grande, cortada 3 cm abaixo do pescoço (não tirar as sementes)
- dois metros de pano estampado (chitão)
- quatro bolas de argila
- quatro orobôs
- um par de favas de olho-de-boi, frescas
- quatro pedaços de carvão, médios, envolvidos em algodão
- quatro acaçás, brancos, sem a folha
- quatro bolas de tapioca
- quatro pedaços de miolo de boi, fresco
- quatro bolas de feijão-preto (cozido com uma cebola branca e bem amassado)
- um acaçá grande, sem a folha
- azeite de dendê

- *nove fios de palha da costa*
- *ossum*
- *efum*
- *wáji*

Como fazer
Coloque o pano no chão, à frente da pessoa, e ponha a cabaça em cima. Vá passando os elementos, de cima para baixo, na ordem da lista, com calma e pedindo que "fulano(a)" tenha tranquilidade, alivie a tristeza, domine a melancolia etc. Ponha tudo dentro da cabaça, bem arrumado. Regue com um pouco do azeite de dendê e polvilhe um pouco dos pós. Enrole a cabaça com o pano e amarre com os fios da palha da costa.

Leve para um local de mata limpa, cave um buraco, enterre a cabaça, pedindo para enterrar a doença, a loucura, a força negativa que domina os caminhos de "fulano(a)". Cubra com terra e coloque por cima bastantes folhas secas e, se encontrar, palhas de coqueiro secas. Ponha por cima o acaçá grande e um pouco de efum.

Ao chegar em casa, faça um banho de folhas frescas (pode ser macaçá, manjericão, alecrim, sálvia). Deixe a pessoa descansar.

EBÓ 6
Para afastar a solidão e a melancolia, ajudar a superar as perdas, as decepções

Elementos
- *uma fronha ou um saco branco*
- *uma corvina, ou um peixe claro, médio (sem escamar e sem retirar as vísceras)*
- *quatro ovos, brancos*
- *um quilo de arroz branco, catado, cozido e bem escorrido (deixe esfriar)*
- *pétalas de rosas-brancas*
- *efum*
- *quatro fios de palha da costa*

Como fazer

Passe simbolicamente o saco (ou fronha) no corpo da pessoa, de cima para baixo, e coloque-o na frente dela. Peça à pessoa que cuspa na boca aberta do peixe e ponha no saco. Passe os ovos e coloque-os no saco, sempre fazendo seus pedidos. Cubra com o arroz, com as pétalas de rosas e polvilhe efum.

Amarre bem a boca do saco com os fios de palha da costa e leve para um rio ou um braço de mar, no período de maré vazante. De preferência, amarre uma pedra grande, para o ebó afundar logo: ele não pode boiar nem voltar para a margem. Peça a Olocum e às divindades das águas sagradas que levem as forças negativas que estão embaraçando a vida de "fulano(a)".

Faça um banho de folhas frescas (pode ser macaçá, manjericão, alecrim, sálvia) e coloque a pessoa para descansar.

EBÓ 7
Para fortalecer cabeça fraca, sofrida com as dores psicológicas

Elementos
- um pedaço de pano branco, de algodão (no formato de um ojá)
- uma cabeça de cera, de acordo com o sexo da pessoa
- um prato branco
- água de flor de laranjeira
- água de rosas
- água de melissa
- um papel com o nome da pessoa escrito
- um miolo de boi inteiro, fresco
- um acaçá branco, grande, sem a folha
- canjica catada, lavada, bem cozida e escorrida (guarde a água do cozimento)
- um rolo grande de algodão
- pétalas de rosas-brancas

- *cera de orí ou óleo de amêndoa (se a pessoa for do orixá Oyá, usar o óleo de amêndoa)*

Como fazer

Misture a água da canjica com a água de flor de laranjeira, água de rosas e água de melissa e lave bem a cabeça de cera. Seque-a bem e escreva o nome da pessoa, com lápis, sete vezes em toda a cabeça. Ponha dentro o papel com o nome da pessoa, a seguir coloque o miolo de boi, e cubra com um pouco de canjica. Coloque algodão, mais um pouco de canjica, mais algodão, até encher a cabeça. Por último acrescente um pouco das águas (de laranjeiras, rosas e melissa) e coloque bastante algodão, para vedar. Forre o prato com um pouco de algodão e ponha a cabeça, com cuidado para não caírem os elementos. No centro da cabeça passe um pouco da cera de orí ou do óleo de amêndoas, ponha o acaçá, cubra com o ojá e amarre bem.

Se quiser, deixe a cabeça três dias dentro de sua casa, em local alto, limpo e sossegado. Mantenha uma vela de três dias sempre acesa.

A seguir, leve para local limpo, próximo a um rio com bastante água. Enterre a cabeça, pedindo para que sejam enterradas as dores, os sofrimentos, a melancolia etc. Cubra com a terra e jogue um pouco de açúcar. Prepare um banho de folhas frescas.

Se puder, passe uma pombinha branca no corpo da pessoa, de cima para baixo, e solte-a posteriormente, pedindo que ela leve a mensagem a Olorum, pedindo misericórdia, ajuda, que acabe com o sofrimento de "fulano(a)".

EBÓ 8
Um arroz especial para mãe Iemanjá

Elementos
- *um prato grande, branco, forrado com um pedaço de pano branco de algodão*
- *um copo de arroz branco, catado, lavado, cozido e bem escorrido (guarde a água do cozimento). Deve ficar bem soltinho.*

- *uma corvina média*
- *óleo de coco*
- *cebola branca, ralada*
- *frutas claras*
- *moedas claras*

Como fazer

Coloque no prato o arroz, bem arrumadinho. Lave o peixe, mas não escame nem retire as vísceras. Misture o óleo de coco com a cebola ralada e passe pelo peixe. Leve ao fogo o peixe, somente para selar, sem deixar quebrar ou desmanchar. Deixe esfriar e ponha no prato. Enfeite com as frutas cortadas em quatro partes e, se quiser, com pétalas de rosas-brancas. Procure um rio ou uma cachoeira (Iemanjá é a "Senhora das águas", não esqueça!) e coloque o ebó próximo à água e a uma pedra. Jogue algumas moedas nas águas e faça seus pedidos, com fé e amor. Leve para casa um pouco da água da cachoeira e lave a cabeça da pessoa necessitada.

(Se quiser, deixe algumas frutas, ofertando-as às divindades da floresta.)

EBÓ 9
Para acalmar pessoas usuárias de drogas, bebidas; esquizofrênicas; sofredoras. Para ajudar que elas voltem à normalidade

Elementos
- *um prato branco*
- *um ojá*
- *um ecodidé*
- *uma cabeça de cera, de acordo com o sexo da pessoa, lavada com um pouco de água de melissa*
- *um papel com o nome escrito sete vezes, a lápis*
- *um inhame-do-norte (ou inhame-cará) descascado e cozido (guarde a casca)*
- *um miolo de boi*
- *bastante efum*

- *óleo de coco*
- *algodão*
- *moedas*
- *doces*
- *flores*
- *frutas*
- *uma vela de três dias*

Como fazer

Coloque o papel dentro da cabeça de cera (se mulher, cabeça feminina; se homem, cabeça masculina). Amasse bem com as mãos o miolo e vá acrescentando efum e um pouco de óleo de coco. Encha a cabeça e cubra com o algodão. Coloque-a no prato, ponha o ojá e o ecodidé (para chamar vida para a pessoa sofrida).

Deixe dentro de casa por três dias e vá alimentando o Orí (cabeça), com algumas frutas picadas ao redor, pequenos doces, flores. Mantenha a vela sempre acesa. Logo após, leve para uma mata limpa e coloque o ebó próximo à água. Ponha algumas moedas nas águas, em agradecimento pelo seu uso. Axé!

(Ferva a casca do inhame, misture com um pouco de noz-moscada ralada e faça um banho. Pode colocar também na cabeça.)

EBÓ 10
Para afastar a perturbação, a revolta da pessoa, e para que ela fique mais dócil

Elementos
- *um inhame-do-norte (ixu) grande (na falta deste, pode ser batata-doce ou uma raiz de aipim), descascado e bem cozido*
- *um prato branco forrado com algodão*
- *um cabo de pilão ou um socador*
- *quatro acaçás brancos, sem a folha*
- *efum*
- *óleo de coco*
- *conchinhas*

- *búzios*
- *moedas*
- *pétalas de rosas-brancas*
- *velas*

Como fazer

Amasse o inhame com o cabo do pilão ou com um socador (evite usar garfo). Misture efum e óleo de coco. Modele um corpo humano inteiro: faça os olhos, o nariz, a boca e as orelhas com búzios. Coloque-o no prato e enfeite com os acaçás, as conchas, os búzios, as moedas, as pétalas de rosas. Se puder, peça para a pessoa oferecer a Babá Orí, Iyá Orí, Babá Ajalá e Obatalá, fazendo seus pedidos (se não conseguir, alguém muito próximo da pessoa deverá oferecer).

Deixe por três dias, mantendo acesas as velas e, após, leve e coloque próximo à água do mar ou de um rio limpo, em local com sombra, e peça às forças do Orí que ajudem "fulano(a)" a vencer suas dificuldades. Força e conseguirá! Axé!

(Guarde a casca do inhame cozido. Depois, faça um banho.)

Capítulo 1

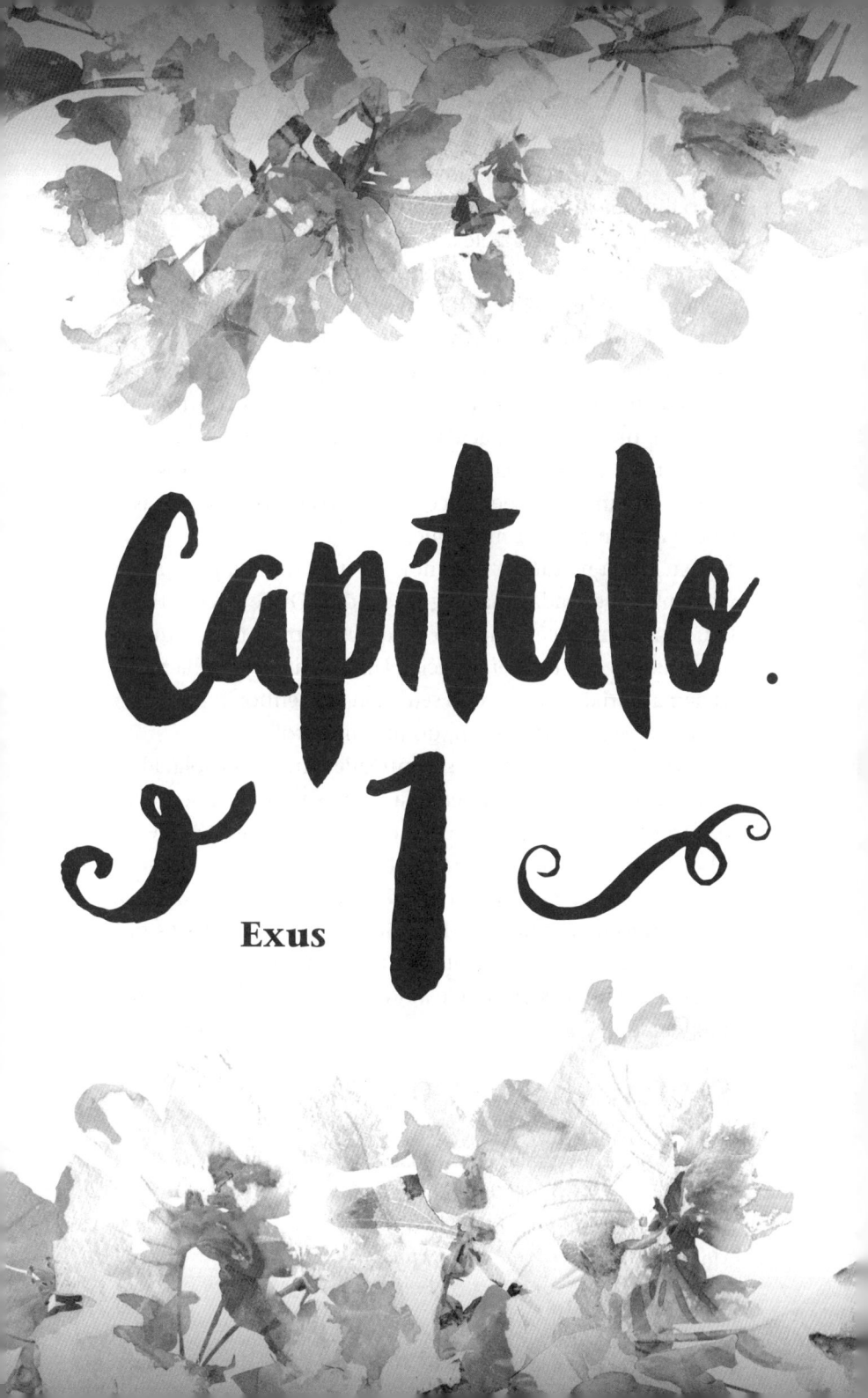

Exus

Exu é a representação do movimento, aquele que traz a energia, o dinamismo. O princípio ativo de todas as coisas criadas por Olorum, que deu a ele a função de "guardião dos axés". É orixá ambivalente, nem completamente mau, nem completamente bom. Não é maligno, é neutro, não julga, só age como lhe pedem ou como as pessoas merecem. Matreiro, moleque, esperto, desrespeitoso, pois ignora as convenções sociais e não aceita normas. O orixá com o poder controlador da força, que tem a capacidade de ajudar a todos e de tudo resolver. Consagrado como o princípio dinâmico, transportador e organizador, pertence a todos os grupos de orixás e veio para somar e ser multiplicador.

Exu ajuda na saúde, no amor, no trabalho, na justiça, na viagem, nas estradas, na alegria, na dor. Onde você estiver, Exu está com você. É amigo de quem o trata bem e que o reconhece como um Ser Especial. Um orixá que auxilia todos os demais orixás, até mesmo seu criador e senhor, o poderoso Olorum, "senhor do Orum, do firmamento".

Os ebós para Exu devem ser entregues em dias ensolarados, na parte da manhã, nunca em dia chuvoso. Nunca se esqueça de fazer a entrega de seus ebós a Exu em nome de Oxetuá (O*s*etuwá), pois é ele quem faz o ebó dar certo, quem o recebe e quem o sacraliza. *Sem sua ajuda, nada chega ao seu destino.*

Quando indicamos a colocação de frutas e de doces nos presentes para Exu, esses elementos agradam a esse orixá e proporcionam a estabilidade amorosa e comercial, a alegria, a felicidade.

SAUDAÇÃO A EXU-ORIXÁ

*Exu otá orixá! O*s*etuwá, Iorucó Babá mowô!*
Axé, mojubá! Ayió, mojubá! Elerá, mojubá!
Mojubá, Exu! Mojubá, Exu!
Mojubaré, mojubá. Aurê, Exu! Mojubá, Exu!

Exu Iangui (*Iyangì*)

É o senhor do vermelho, da rocha denominada laterita. Muito ligado à prosperidade, ao dinheiro.

EBÓ 11
Presente para Iangui ajudar a trazer realizações profissionais, sucesso e dinheiro nos negócios

Elementos
- *um alguidar forrado com pano vermelho*
- *um copo de farinha de mandioca*
- *azeite de dendê*
- *uma pitada de sal*
- *sete maçãs vermelhas, cortadas ao meio*
- *sete búzios pequenos, abertos (abertura da parte de cima do casco, feita pelo homem)*
- *sete conchas*
- *sete roletes de cana-de-açúcar*
- *sete pedaços de canela em pau*
- *sete tentos-de-exu (olho-de-pombo ou olho-de-cabra)*
- *um pimentão vermelho, inteiro e lavado*

Como fazer
Coloque o alguidar na frente da pessoa. Vá passando os elementos em seu corpo, de baixo para cima, fazendo os pedidos, em nome de Oxetuá, e pondo no alguidar. Enfeite ao seu gosto com os tentos e ponha o pimentão no centro. Coloque o ebó em cima de uma pedra, de preferência em lugar rochoso. Axé!

EBÓ 12
Para ativar Exu Iangui e ele ajudá-lo a superar dificuldades financeiras, trazer defesa

Elementos
- *um alguidar forrado com pano vermelho*
- *uma farofa feita com farinha de mandioca, fubá, páprica picante, pimenta calabresa e sal*
- *sete búzios pequenos íntegros*
- *sete pedaços de cristais variados*
- *sete tentos-de-exu*
- *sete acaçás vermelhos, bem rijos*
- *sete pregos grandes*
- *sete fatias de melão*
- *gim*
- *ossum ralado*

Como fazer
Arrumar todos os elementos no alguidar, ao seu gosto. Passar pelo corpo, de baixo para cima, fazendo seus pedidos. Procurar um lugar alto, que não seja de fácil acesso, e arriar o presente, de modo que fique distante de olhares alheios. Salpicar com ossum, colocar um pouco de gim na boca e borrifar no presente, chamando pelo Exu Iangui e pedindo-lhe para ajudá-lo(a).

EBÓ 13
Para Exu Iangui lhe proporcionar somente coisas boas

Este é um recipiente para cultuar Iangui.

Elementos
- *uma compoteira, travessa de boca larga ou vaso marajoara forrado com pano estampado, bem bonito*
- *farinha de mandioca*

- *farinha de milho branco*
- *fubá*
- *fécula de batata*
- *uma pitada de sal*
- *azeite de dendê*
- *uma concha (ajê) do mar, grande*
- *seis conchas pequenas e variadas*
- *sete kiwis inteiros*
- *sete quiabos crus*
- *um pedaço de laterita*
- *sete pedaços de cristais variados*
- *sete moedas atuais, douradas*
- *um pedacinho de ouro*
- *um pedacinho de prata*
- *efum*
- *ossum*
- *wáji*
- *gim*

Como fazer

Misture as farinhas, o fubá, a fécula, o sal e o azeite de dendê e faça uma farofa não muito molhada. Coloque-a no recipiente e ponha a concha grande por cima. Enfeite com os demais itens ao seu gosto, fazendo seus pedidos ao Exu Iangui. Só peça coisas boas, alegres. Polvilhe com efum, ossum e wáji. Ponha um pouco de gim na boca e borrife por cima do presente.

Seu coração deverá estar limpo, sem mágoas e dores. Procure em sua casa um local alto, limpo, bonito e bem resguardado. Ponha um paninho estampado e coloque o presente em cima, renovando seus pedidos. Três dias após, levar para a mata somente os elementos perecíveis. Guardar o recipiente com os demais elementos, como se fossem um talismã, dentro de sua casa, enfeitando com ramos (espigas) de trigo, folhas de peregum, dinheiro-em-penca. Algumas vezes por ano repita esse presente. É muito bom e ajuda muito. Axé!

EBÓ 14
Farofa para Exu Iangui

Elementos
- *um alguidar*
- *farinha de mandioca*
- *açúcar mascavo*
- *erva-doce*
- *canela em pó*
- *cravo-da-índia*
- *alecrim seco*
- *anis-estrelado*
- *maisena*
- *orégano*
- *uma pitada de sal*
- *sete pedras de laterita*

Como fazer
Misture a farinha com o açúcar, a erva-doce, a canela, o cravo, o alecrim, o anis, a maisena, o orégano e o sal. Ponha no alguidar e, por cima, enfeite com as pedras de laterita, se encontrar. Ofereça em uma encruzilhada ou leve para um gramado limpo e chame por Iangui, para que ele venha ajudá-lo(a).

Exu Lonan

É o Exu dos caminhos, das estradas.

EBÓ 15
Para Exu Lonan tirar os conflitos da sua vida

Elementos
- um pedaço de chitão estampado
- uma vela vermelha
- sete legumes (menos abóbora e quiabo), cortados em quatro pedaços
- sete sardinhas inteiras
- sete pedaços de carne bovina
- sete pedras de carvão

Como fazer
Acenda a vela e coloque-a na frente da pessoa. Passe o pano pelo corpo dela e ponha no chão. Vá passando os elementos, fazendo os pedidos para Exu Lonan, e coloque-os no pano. Junte ponta com ponta, transversalmente, e leve para despachar em local afastado, de preferência em uma estrada, num mato limpo. Axé!

EBÓ 16
Para pedir a Exu Lonan para quebrar a força dos seus inimigos, cortar a negatividade, as perseguições e as brigas em sua vida

Elementos
- um pedaço de tecido vermelho ou estampado com cores fortes
- uma cabaça pequena
- sete búzios fechados
- sete pregos pequenos (novos ou usados)
- uma faca pequena, de cabo de madeira
- sete acarajés vermelhos
- sete acaçás brancos

Como fazer

Passe o pano e a cabaça pelo corpo da pessoa, de cima para baixo. Coloque o pano no chão, mande a pessoa quebrar a cabaça com o pé esquerdo (não precisa estar descalça, para não machucar o pé). Vá passando os elementos pelo corpo, do pescoço para baixo, fazendo os pedidos, com muita fé. Mentalize o corte das forças negativas, das perseguições etc. Leve, a seguir, para uma mata fechada, afastada do centro urbano. Boa sorte!

EBÓ 17
Para que Exu Lonan dê proteção a quem viaja muito, que afaste os acidentes, os malfeitores das estradas

Elementos
- *um pedaço de pano branco*
- *uma vela branca, pequena*
- *um inhame-cará (ixu) médio (ou uma batata-doce), cru*
- *uma faca pequena, de cabo de madeira*
- *sete pedras de rua*
- *uma farofa de farinha de mandioca com azeite de dendê*
- *uma pitada de sal*
- *sete acaçás brancos*
- *sete acaçás vermelhos*
- *sete fitas finas, cada uma de uma cor*

Como fazer

Passe o pano na pessoa e abra no chão, à sua frente. A seguir, passe o inhame ou batata-doce, de cima para baixo, e corte em sete pedaços, pedindo a Exu Lonan e Ogum, em nome de Oxetuá, para cortarem os perigos, dar proteção de dia e de noite nas estradas etc. Continue com os demais elementos. Dobre o pano e amarre com as fitas. Leve para colocar à beira de uma estrada.

Exu Elebara (*Elegbara*)

É o Exu dos bons caminhos.

EBÓ 18
Pedindo ao Exu Elebara para dar proteção, ajudar a obter emprego, estabilidade profissional ou comercial

Elementos
- *um pedaço de pano azul ou branco*
- *uma beterraba pequena*
- *um jiló pequeno*
- *uma batata-inglesa pequena*
- *um maxixe pequeno*
- *um nabo pequeno*
- *uma cenoura pequena*
- *uma batata-doce pequena*
- *sete folhas de couve pequenas*
- *sete limões pequenos*
- *uma faca pequena, de cabo de madeira*
- *uma farofa feita com fubá e azeite de dendê*
- *sete fios de palha da costa*

Como fazer
Passe o pano pela pessoa, de baixo para cima, e abra no chão, na frente dela. Vá passando os elementos no corpo e corte-os em quatro pedaços, fazendo os pedidos com firmeza e fé. Faça o mesmo com os limões. Passe a faca e a farofa simbolicamente. A seguir, feche o pano e amarre com os fios de palha da costa. Leve e coloque o ebó em um caminho longo ou no alto de um morro, perto de uma mata. Boa sorte!

EBÓ 19
Pedindo ao Exu Elebara para cortar as guerras afetivas, amorosas e familiares

Elementos
- *um pedaço de pano branco*
- *sete folhas de espada-de-são-jorge*
- *sete ovos*
- *canjica cozida*
- *açúcar*

Como fazer
Passe o pano na pessoa e abra-o no chão, à frente dela. A seguir, passe as folhas da espada-de-são-jorge, corte-as em sete pedaços e ponha no pano. Passe os ovos e a canjica e ponha por cima das folhas, sempre pedindo a Exu, em nome de Ogum, para cortar e eliminar as guerras, os atritos etc. Cubra tudo com o açúcar. Coloque o ebó aos pés de uma árvore seca e peça a ajuda de Exu Elebara na sua vida. Axé!

EBÓ 20
Para Exu Elebara afastar os pensamentos negativos, a depressão, as tendências dos pensamentos suicidas, do desespero

Elementos
- *uma panela de barro, grande, com tampa, pintada de branco (com efum ou cal)*
- *sete limões-sicilianos, cortados em quatro pedaços*
- *sete pedras de rua*
- *sete pimentas-da-costa (atarês)*
- *sete favas de olho-de-boi*
- *sete faquinhas de aço (podem ser usadas)*
- *sete acaçás vermelhos, bem firmes e sem a folha*
- *sete acaçás brancos, bem firmes e sem a folha*

- *óleo de coco ou de amêndoas*
- *ossum*
- *efum*
- *wáji*
- *um acaçá branco grande, sem a folha*
- *moedas*

Como fazer

Passe os elementos pelo corpo, de cima para baixo, pedindo a ajuda do Exu Elebara. Polvilhe com ossum, efum e wáji. Coloque-os na panela e tampe. Leve para uma mata, procure um local fresco e de sombra, de preferência embaixo de uma árvore, e peça para uma pessoa cavar um buraco. Enterre a panela, fazendo seus pedidos a Elebara. Reze o oriqui de Exu, coloque moedas, peça "Agô" ao aiê (a terra) e cubra o buraco. Ponha em cima o acaçá grande.

(Para fazer esse ebó, não tome banho um dia antes.)

Exu Odará (*Òdarà*)

É o Exu que usa branco, mensageiro da paz, o que traz a harmonia, a amizade, a tranquilidade.

Ao fazer e entregar os presentes para Exu Odará, use sempre roupas brancas ou bem claras.

Odará é um Exu muito requintado, portanto, tudo para ele deve ser bem refinado.

EBÓ 21
Pedindo a Exu Odará para trazer felicidade, paz, equilíbrio em sua vida, em sua casa

Elementos
- um pedaço de pano branco
- um alguidar médio pintado de branco (pode ser com efum ou com cal)
- uma farofa feita com farinha de mandioca, duas colheres (de sopa) de maisena, duas colheres (de sopa) de açúcar e efum ralado
- uma maçã-verde, cortada em quatro partes
- um cacho de uvas verdes
- um inhame-cará (ixu) cozido, sem casca
- açúcar refinado
- algodão
- uma bandeirinha branca, de pano
- *gim*

Como fazer
Forre o alguidar com o pano branco e, a seguir, passe a farofa no corpo da pessoa e coloque-a no alguidar. Passe a maçã, o cacho de uva e o inhame, sempre pedindo ao Exu Odará pela harmonia, pelo equilíbrio etc. Ponha um pouco de açúcar e cubra tudo com o algodão. Finque a bandeira no inhame. Se você tiver o assentamento de Odará, coloque esse presente próximo a ele. Pode também deixá-lo dentro de sua casa, em local limpo, bem arrumado, com uma toa-

lhinha branca e afastado de olhares indiscretos. Ponha um pouco de gim na boca e borrife por cima do presente.

Se quiser, leve e coloque o presente próximo à beira de um rio limpo. Faça a mesma coisa com o gim. O que sobrar despeje em volta do presente, mas leve de volta a garrafa para jogar no lixo. Boa sorte e muito axé!

EBÓ 22
Para Exu Odará ajudar a aliviar seu sofrimento, na saúde, no lado afetivo, na parte psicológica

Elementos
- *um saco branco*
- *uma roupa clara, usada, da pessoa*
- *dez bolas de inhame-cará (ixu), cozido*
- *dez ovos brancos, crus*
- *dez doces claros*
- *dez búzios abertos, pequenos*
- *dez conchinhas*
- *dez quiabos crus, lavados e secos*
- *um quilo de açúcar refinado ou cristal*
- *efum ralado*
- *dez fios de palha da costa*

Como fazer
Passe pelo corpo da pessoa, de cima para baixo, a roupa usada e coloque-a no saco. Vá passando pelo corpo da pessoa, de cima para baixo, os outros elementos, fazendo os pedidos. Jogue bastante açúcar e, no final, coloque efum ralado por cima. Feche o saco com a palha da costa e coloque-o embaixo de uma árvore frondosa, à beira de um rio limpo, ou ponha em um gramado, mas em local bem escondido de olhares indiscretos. Boa sorte e muito axé!

EBÓ 23
Para Exu Odará ajudar a pessoa a sair da depressão, combater a ansiedade, a tristeza, a melancolia

Elementos
- *um alguidar pintado de branco (com efum ou cal)*
- *um inhame-cará (ixu) cozido, sem casca*
- *sete bolas de arroz cozido*
- *um cacho de uvas verdes*
- *quatro maçãs-verdes, fatiadas*
- *quatro acaçás brancos, grandes*
- *uma farofa de creme de arroz com gim e uma pitada de sal*
- *um pássaro branco (pode ser pombo)*

Como fazer
Passe o alguidar simbolicamente pelo corpo da pessoa, de cima para baixo. Coloque-o à sua frente e vá passando os elementos citados e colocando no alguidar, sempre fazendo os pedidos. Leve para um local afastado, bem tranquilo, arborizado, e ponha embaixo de uma árvore bonita, sem espinhos. Passe o pássaro na pessoa e solte-o, pedindo que ele leve a doença, os problemas etc. para o Astral. Tudo de bom e axé!

EBÓ 24
Para Exu Odará cortar as guerras, os feitiços, o olho-grande, as perseguições; também para aliviar o estresse, a ansiedade, a depressão, a melancolia

Elementos
- *um saco branco, de algodão*
- *uma faca pequena*
- *oito nabos, crus*
- *oito bolas de inhame (ixu) cozido, sem casca*
- *oito ovos brancos, inteiros*

- *oito acaçás brancos, sem a folha*
- *açúcar cristal*
- *efum ralado*
- *oito fios de palha da costa*

Como fazer

Passar o saco no corpo da pessoa, de cima para baixo, e colocar no chão à sua frente. Passar os nabos, um a um, pelo corpo, cortá-los em quatro, com a faca, passando-a no corpo, simbolicamente, e colocando-a deitada no saco. Passar os demais elementos, cobrir com açúcar e polvilhar com efum. Amarrar a boca do saco com os fios e pendurar em uma árvore seca ou que esteja bem fraca, quase seca. Peça o que deseja a Exu Odará, em nome de Oxetuwá, de Odudua, de Obatalá e de Olofín. Boa sorte e muito axé!

EBÓ 25
Para Odará trazer paz e tranquilidade, afastando o estresse, as mágoas

Elementos
- *um alguidar forrado com algodão*
- *sete nabos pré-cozidos, sem a casca*
- *canjica bem catada, lavada, cozida e bem escorrida*
- *um cacho de uvas verdes*
- *efum ralado*
- *uma garrafa de espumante*
- *flores brancas*

Como fazer

Passe os elementos pelo corpo, de baixo para cima, e coloque-os no alguidar, com o cacho de uva enfeitando o presente. Faça seus pedidos. Leve para uma mata e coloque-os embaixo de uma árvore, com as flores por cima. Peça a Odará, em nome de Orixalá, o que deseja. Regue o presente com um pouquinho do espumante e, com o restante, regue em volta. Retorne com a garrafa vazia. Tudo de bom!

EBÓ 26
Presente para Odará trazer saúde, boa sorte e amigos sinceros

Elementos
- um saco branco, tipo fronha
- dez maçãs-verdes ou dez peras moles, cortadas em quatro partes
- dez ovos brancos, crus
- dez quiabos inteiros, crus
- dez cocadas brancas
- dez punhados de açúcar cristal
- dez búzios abertos (abertura da parte de cima do casco, feita pelo homem)
- um obi aberto em Aláfia
- um pássaro branco

Como fazer
Passe tudo pelo corpo e coloque no saco, pedindo ao Exu Odará, em nome de Orixalá, de Ifá, de Orunmilá, que atenda aos seus pedidos. Amarre em um galho com formato de forquilha, de uma árvore frondosa, em lugar bem tranquilo. Passe o pássaro pelo corpo, solte e peça que Exu Odará, o grande mensageiro da paz, o senhor da tranquilidade, do amor, em nome de Orixalá, atenda aos seus pedidos.

EBÓ 27
Para Exu Odará trazer saúde e livrá-lo da melancolia, retirando o rancor do seu coração

Elementos
- um alguidar pintado de branco
- sete cebolas brancas, sem a casca
- sete acaçás brancos, sem a folha
- canjica cozida, lavada e bem escorrida
- efum ralado
- açúcar cristal
- uma bandeira branca, de pano

Como fazer

Arrumar no alguidar a canjica, as cebolas e os acaçás e cobrir com o açúcar e polvilhar o efum ralado. Colocar a bandeira no centro. Passar no corpo, de baixo para cima, e levar para um local tranquilo, de preferência em uma mata.

EBÓ 28
Para Exu Odará acalmar e tornar mais dócil a pessoa rebelde, agitada; também para melhorar o relacionamento entre pais e filhos, marido e esposa

Elementos
- um alguidar médio forrado com morim branco
- uma abóbora pequena, de casca clara, crua
- um peixe claro, de preferência de água doce, sem escamar e sem retirar as vísceras
- canjica cozida, lavada e escorrida
- um acaçá branco, sem a folha
- um obi claro, aberto
- óleo de coco
- açúcar de confeiteiro
- efum ralado

Como fazer

Retire a tampa da abóbora e coloque as sementes no pé de uma árvore. Ponha a abóbora no alguidar, com um pouco de canjica em volta, e o restante coloque dentro da abóbora, com o peixe por cima, fazendo os pedidos. Acrescente o acaçá, o obi, regue com o óleo de coco, polvilhe com o efum e cubra com o açúcar. Passe o alguidar pelo corpo, de baixo para cima, e leve para local afastado, bem tranquilo e próximo da natureza. Boa sorte!

Exu Elebó (*Èlèbò*)

É aquele que recebe todos os ebós e depois os distribui.

EBÓ 29
Para Exu Elebó desprender do seu corpo um grande feitiço

Elementos
- *um saco preto, tipo fronha*
- *sete pedras de carvão*
- *sete limões*
- *sete agulhas grandes e grossas*
- *sete ovos*
- *sete sardinhas inteiras*
- *sete pedaços de bofe, crus*
- *sete pedaços de fígado, crus*
- *sete pedaços de bucho, crus*
- *sete passarinhas bovinas, cruas*
- *sete corações de galinha, crus*
- *um pedaço de barbante forte*

Como fazer
Passar o saco no corpo da pessoa e colocá-lo no chão, à sua frente, fazendo seus pedidos. Ir passando os elementos na pessoa e colocando dentro do saco. Enterrar as agulhas nos limões, sempre pedindo. Após tudo passado, amarrar o saco com o barbante e levar para enterrá-lo embaixo de uma árvore seca, em local afastado, ermo. Saia do lugar sem olhar para trás.
(Não faça esse ebó sozinho[a], leve alguém para acompanhá-lo[a]).

EBÓ 30
Para Exu Elebó tirar uma pessoa indesejável dos seus caminhos, da sua vida, da sua casa

Elementos
- uma cabaça média
- nove pedaços de carvão
- nove pimentas-da-costa (atarê)
- nove agulhas grossas
- um pedaço de papel
- um copo de tapioca
- uma colher, de sopa, de pimenta calabresa moída
- uma colher, de sopa, de sal amargo
- uma pitada de sal
- óleo de rícino
- óleo queimado (de carro)
- um pedaço de pano preto

Como fazer

Abra a cabaça no pescoço e não tire as sementes. Escreva nove vezes no papel, a lápis, o nome do(a) indesejável e coloque a cabeça dentro de uma banda da cabaça. Ponha os demais elementos e feche com a outra banda da cabaça. A seguir, passe-a na pessoa, de cima para baixo, fazendo seus pedidos ao Exu Elebó. Enrole no pano preto e enterre em local de lama, ou leve para um lugar bem afastado e coloque o presente num matinho, pedindo que essa pessoa saia da sua vida. Boa sorte!

EBÓ 31
Para Exu Elebó desatar os nós, tirar as pragas, desembaraçar a vida da pessoa

Elementos
- 21 ovos
- três folhas de espada-de-são-jorge

- *três folhas de espada-de-santa-bárbara*
- *três folhas de lança-de-ogum*
- *uma faca pequena, com cabo de madeira*
- *um pombo escuro*
- *uma garrafa de gim*

Como fazer

Procure um local afastado e discreto. Passe os ovos pelo corpo da pessoa, e quebre-os, pedindo que Exu Elebó quebre as forças de "fulano(a)" etc. A seguir, passe simbolicamente as folhas e corte cada uma em três pedaços. Jogue a faca no meio do ebó. Passe o pombo, de cima para baixo, fazendo os pedidos, e solte o pombo.

Ao sair, lave os pés e as mãos da pessoa com o gim, e saiam sem olhar para trás. Ao chegar em casa, passe um banho de folhas frescas na pessoa.

Exu Ijelu (*Ijèlú*)

É o "senhor das coisas ocultas", o Exu da cor azul.

EBÓ 32
Pedindo ao Exu Ijelu que mostre a verdade, doa a quem doer

Elementos
- um alguidar lavado, pintado de azul (com wáji ou anil, misturados com água)
- farinha de mandioca
- óleo de coco
- uma pitada de sal
- uma colher, de chá, de wáji
- uma colher, de sopa, de açúcar mascavo
- sete búzios abertos, pequenos (abertura da parte de cima do casco, feita pelo homem)
- sete ovos, crus
- sete pregos de aço
- uma chave usada
- um copo de milho picado (canjiquinha) pré-cozido, com sal, e bem escorrido
- cachaça ou gim

Como fazer
Misture com as mãos a farinha, o óleo de coco, o sal, o wáji e o açúcar, fazendo uma farofa bem soltinha. Passe simbolicamente pelo corpo da pessoa e coloque-a no alguidar, sempre pedindo o que deseja ao Exu Ijelu. Vá passando os demais elementos e ponha em cima da farofa. Passe o milho picado e espalhe por cima do presente. Entregue em uma mata limpa e coloque o presente embaixo de uma palmeira. Ponha um pouco da bebida na boca e borrife no presente; o restante, despeje em volta, e leve a garrafa para jogar no lixo. Boa sorte e axé!

EBÓ 33
Pedindo que Exu Ijelu mostre o que está oculto

Elementos
- um alguidar forrado com um pano azul (ou pintado com wáji)
- milho picado (canjiquinha) bem lavado, cozido com sal, e bem escorrido
- óleo de coco
- uma colher de chá de wáji (ou anil)
- açúcar mascavo
- sete búzios abertos (abertura da parte de cima do casco, feita pelo homem)
- sete ovos, crus
- sete pregos de aço
- uma chave

Como fazer
Misture bem a canjiquinha, o óleo de coco, o wáji e o açúcar mascavo e coloque-os no alguidar. Acrescente os demais elementos, sempre chamando e pedindo o que deseja ao Exu Ijelu. Ponha a chave por cima. Leve o presente para um local movimentado, mas o coloque em um canto isolado, longe dos olhares dos passantes. Boa sorte!

EBÓ 34
Para Exu Ijelu mostrar a verdade, ajudando na solução de problema difícil

Elementos
- um alguidar forrado com um tecido azul, de algodão
- uma cabaça média, cortada no pescoço, no sentido horizontal, pintada de azul (wáji) por dentro
- um ímã
- dois acaçás (um vermelho e um branco), sem a folha
- uma maçã-vermelha, bem bonita
- um peixe vermelho (sem retirar vísceras e escamas)
- um ovo
- azeite de dendê

- *wáji*
- *uma bebida doce*

Como fazer
Coloque dentro da cabaça o peixe com um acaçá de cada lado e arrume os demais elementos ao seu gosto. Passe a cabaça pelo corpo, de baixo para cima, fazendo seus pedidos. Leve para uma estrada movimentada e coloque o presente embaixo de uma árvore bem bonita. Peça ao Exu Ijelu para trazer a verdade e soluções para o problema apresentado e para o dia a dia da pessoa, que ele corte as falsidades, as traições etc. Regue tudo com a bebida.

EBÓ 35
Para Exu Ijelu atrair positividade, bons amigos

Elementos
- *um alguidar lavado, pintado de azul (wáji ou anil)*
- *milho vermelho cozido (quando estiver bem cozido, acrescentar sal e retornar ao fogo por mais cinco minutos)*
- *um peixe (bagre) médio, inteiro, lavado, sem retirar as vísceras e escamas*
- *um ímã*
- *dois búzios pequenos, abertos (abertura da parte de cima do casco, feita pelo homem)*
- *duas conchas do mar*
- *dois orobôs, cortados em duas partes*
- *azeite de dendê*
- *gim*

Como fazer
Passe o milho pelo corpo da pessoa, fazendo os pedidos ao Exu Ijelu, e coloque-os dentro do alguidar. Faça o mesmo com o peixe e coloque-o por cima do milho. Passe os demais elementos e vá arrumando ao seu gosto em volta do peixe. Regue tudo com o azeite de dendê. Leve para a rua e coloque o presente em um matinho limpo e resguardado. Ponha um pouco de gim na boca e borrife no presente. Despeje o resto da bebida em volta do presente e leve a garrafa para jogar no lixo. Já deu certo!

EBÓ 36
Para Exu Ijelu ajudar a conquistar pessoa considerada impossível, difícil

Elementos
- *um alguidar forrado com pano branco, de algodão*
- *canjica vermelha, bem cozida e com uma pitada de sal (lavar bem após o cozimento)*
- *uma pedra pequena, de enxofre*
- *um ímã*
- *sete búzios pequenos, abertos (abertura da parte de cima do casco, feita pelo homem)*
- *sete tentos-de-exu*
- *sete atarês (pimenta-da-costa)*
- *sete cabacinhas pequenas, inteiras*
- *sete quiabos crus, retinhos*
- *sete cocadas brancas*

Como fazer
Passe todos os elementos pelo corpo, de baixo para cima, fazendo seus pedidos, e arrume-os dentro do alguidar ao seu gosto. Entregue em um local alto, num gramado, em local rochoso ou em uma mata limpa. Peça a solução para o seu problema, em nome de Exu, Ogum, Oxósse e Ossâim. Axé!

EBÓ 37
Para Exu Ijelu ajudar a pessoa a abrir seu comércio e que este tenha sucesso, prospere

Elementos
- *uma cabaça grande, de pescoço, cortada pouco abaixo do pescoço, sem retirar as sementes*
- *wáji*
- *efum*
- *ossum*

- *dois metros de pano azul*
- *terra de sete encruzilhadas*
- *terra de sete praças movimentadas*
- *terra de sete obras recém-iniciadas, grandes (ex.: shoppings, condomínios etc.)*
- *uma fava de aridã inteira*
- *um par de favas de olho-de-boi (macho e fêmea)*
- *um pouco de cinza de fogueira (ou de forno de padaria)*
- *areia de praia (maré alta em Lua Crescente ou Cheia)*
- *um obi aberto em Aláfia*
- *um orobô aberto em Aláfia, sem a película*
- *um pedaço de ouro*
- *um pedaço de prata*
- *sete tentos-de-exu grandes*
- *fava de pichurim, ralada*
- *fava de lelecum, ralada*
- *fava de bejerecum, ralada*
- *noz-moscada, ralada*

Como fazer

Pinte a cabaça com os dedos, em pingos, com ossum, efum e wáji. Vá colocando os elementos dentro da cabaça, fazendo seus pedidos a Ijelu. Enrole a cabaça no pano azul, mentalizando seus desejos, sempre positivamente, com o coração, muita fé e concentração. Passe pelo seu corpo, de baixo para cima, e coloque-a atrás da porta da sua casa ou do novo comércio. Se este ainda não tiver um local, deixe em sua casa e depois leve o presente para onde for instalar o comércio. Depois, de três em três meses, dê um presente para o Exu Ijelu; procure informações de como fazê-lo.

Procure colocar as favas, para fortalecer ainda mais o presente. Muita sorte e prosperidade! Axé!

(Quando for montar este presente, procure estar bem arrumado, para agradar a esse Exu. Este presente é muito profundo e muito sério, procure fazê-lo com amor, acreditando que vai conseguir seu intento.)

Exu Elepô

É o Exu "senhor do azeite de dendê", usuário da cor vermelha.

EBÓ 38
Para Exu Elepô apaziguar, trazer harmonia e entendimento na família ou na vida amorosa

Elementos
- *um alguidar de barro, médio*
- *três acaçás vermelhos, sem a folha*
- *três acaçás brancos, sem a folha*
- *três acarajés*
- *três pregos grandes, virgens*
- *três pedaços de ímã*
- *três pedras de laterita*
- *três pimentas-da-costa (atarê – optativo)*

Como fazer
Arrume os elementos no alguidar, ao seu gosto, e passe-o pelo seu corpo, de baixo para cima, pedindo o que deseja. Mastigue as pimentas e depois borrife por cima do presente. Entregue esse presente à margem de uma estrada e coloque-o embaixo de uma árvore sem espinho. Antes de sair de casa acenda uma vela, tendo muito cuidado. Evite acender velas nas ruas ou nas matas, para evitar queimadas.

EBÓ 39
Para ativar Exu Elepô e trazer vitalidade e energia para seu corpo

Elementos
- *um cesto de palha ou de palmeira, coberto com pano vermelho*
- *um copo de farinha de mandioca*
- *um copo de fubá*
- *um orobô, dividido em sete pedaços*

- *pó de ferro ou de magnetita*
- *azeite de dendê*
- *óleo de copaíba*
- *sal*
- *uma colher, de chá, de páprica doce, defumada ou picante*
- *uma colher, de sopa, de pimenta calabresa*
- *gim*

Como fazer

Misture bem todos os elementos, fazendo uma farofa, e coloque-a em cima do pano. Passe o cesto pelo seu corpo, de baixo para cima, fazendo seus pedidos com firmeza e fé. Entregue esse ebó em um local de subida, com movimento, e ponha embaixo de árvore frondosa, sem espinhos, ou em um gramado bonito e limpo. Coloque um pouco do gim na boca, borrife por cima do presente e peça a Elepô que renove sua energia, sua vitalidade física e sexual etc. Muito axé!

EBÓ 40
Para Exu Elepô trazer vigor, força para vencer as batalhas do dia a dia, e viver bem sua sexualidade

Elementos
- *um alguidar ou um cesto, forrado com tecido vermelho*
- *sete tipos de frutas vermelhas (uma de cada), cortadas em quatro pedaços*
- *sete acaçás vermelhos, sem a folha*
- *sete pimentas-da-costa (atarê)*
- *sete búzios abertos*
- *sete pregos grandes, virgens*
- *azeite de dendê*
- *ossum*
- *efum*
- *wáji*
- *uma bebida vermelha*

Como fazer

Passe cada elemento pelo seu corpo, de baixo para cima, chamando pelo Exu e fazendo seus pedidos. Arrume-os no cesto ou alguidar, a seu gosto. Entregue em um local alto, como na subida de uma serra, de um morro, de um mirante, em um lugar afastado, evitando, assim, que pessoas mexam no ebó; a natureza se encarregará de destruí-lo.

Exu Idouobó
(Idoú Obó, *Idowo Ogbo*)

É o Exu de Ibeji, "o senhor da sabedoria, da alegria".

EBÓ 41
Para Exu Idouobó trazer harmonia, alegria, união

Elementos
- *uma gamela média*
- *farinha de mandioca*
- *açúcar mascavo*
- *suco de uva*
- *uma pitada de sal*
- *sete frutas claras, cortadas em quatro pedaços*
- *sete cocadas brancas*
- *sete roletes de cana-de-açúcar*
- *sete brinquedos pequenos, simples (conforme sua situação financeira)*
- *sete acaçás de leite, com leite de coco e coco ralado*
- *uma bandeirinha branca, de pano*

Como fazer
Misture, com as pontas dos dedos, a farinha com o açúcar mascavo, um pouco de suco de uva e uma pitada de sal e faça uma farofa não muito molhada. Coloque-a na gamela e acrescente os demais elementos, passando-os antes pelo corpo, de baixo para cima, fazendo seus pedidos a Idouobó. Leve e ofereça à margem de uma estrada, longe dos centros urbanos, e que tenha poucas residências ao redor.

EBÓ 42
Para Exu Idouobó acalmar pessoa super-ativa, agitada

Elementos
- um alguidar nº 4, lavado e forrado com folhas de mamona (sem o talo) ou de bananeira
- uma porção de arroz-doce
- sete balas de leite
- um carrinho de plástico, simples
- sete uvas verdes
- um pião de madeira
- pétalas de rosas-brancas
- água de flor de laranjeira

Como fazer

Arrume o arroz doce no alguidar. Passe cada elemento pelo corpo, de baixo para cima, fazendo seus pedidos ao Exu Idouobó, e enfeite ao seu gosto. Regue com a água de flor de laranjeira. Coloque o presente em um jardim, em um mato ou mata, limpinha. Muita sorte e axé!

EBÓ 43
Para Idouobó cortar conflitos

Elementos
- um alguidar forrado com chitão de motivos infantis
- sete roletes de cana-de-açúcar
- sete varas de goiabeira ou de aroeira
- sete bolas de gude
- um boneco pequeno, de plástico ou de madeira
- sete cocadas brancas
- sete doces finos
- sete bananadas
- uma maçã-vermelha, cortada em quatro partes
- uma pera, cortada em quatro partes

- *sete bolas de soprar, para enfeitar o presente*
- *um brinquedo usado, de uma criança*

Como fazer

Passe pelo corpo todos os elementos, de baixo para cima, e coloque-os no alguidar, arrumando ao seu jeito, fazendo seus pedidos ao Exu Idouobó. Leve o presente a seguir para colocar em um mato limpinho ou em uma praça com flores e plantas, bem-cuidada. Boa sorte! Axé!

EBÓ 44
Para Idouobó ajudar a melhorar relação afetiva

Elementos

- *um cesto médio forrado com chitão estampado nas cores branca, rosa e azul*
- *um copo de canjica catada, lavada, cozida e bem escorrida*
- *melado*
- *farinha de mandioca*
- *sete tipos de frutas, cortadas em quatro pedaços*
- *sete pedaços de rapadura*
- *sete pedaços de canela em pau*
- *sete batatas-doces, cozidas e cortadas ao meio, na horizontal*
- *variados brinquedos pequenos, ao seu gosto*

Como fazer

Passe pelo corpo da pessoa todos os elementos, de baixo para cima, fazendo seus pedidos ao Exu Idouobó, e vá colocando no cesto forrado. Procure uma mata bonita e coloque o presente em um local bem afastado do movimento, para deixá-lo ser consumido integralmente pela natureza. Boa sorte!

Exu Barabô (*Baraungbó*)

É um Exu ligado à justiça, senhor da força corporal.

EBÓ 45
Para Exu Barabô lhe dar forças e trazer vitórias

Elementos
- um alguidar forrado com chitão estampado em cores fortes
- sete pedaços de aipim (mandioca), bem cozidos, com sal
- fécula de batata
- azeite de dendê
- sal
- um peixe claro, pequeno, de água salgada (sem escamar e sem tirar as vísceras), lavado

Como fazer
Misture a fécula de batata com um pouco de dendê e uma pitada de sal e faça uma farofa com as pontas dos dedos. Ponha no alguidar e coloque por cima o peixe. Rodeie este com os pedaços de aipim. Passe o alguidar pelo corpo, de baixo para cima, fazendo os pedidos. Leve o presente para um mato e ponha embaixo de uma árvore, à sombra, chamando pelo Exu Barabô.

EBÓ 46
Presente para Exu Barabô afastar o desânimo, a tristeza, a melancolia

Elementos
- um alguidar forrado com um pano estampado, de algodão
- sete jilós, crus, cortados em quatro partes
- sete limões, cortados em quatro partes
- sete ovos crus
- sete búzios pequenos, abertos (abertura da parte de cima do casco, feita pelo homem)

- *sete pedaços de carne de boi, de segunda*
- *açúcar*
- *erva-doce*

Como fazer
Ponha todos os elementos no alguidar e passe este pelo seu corpo, de cima para baixo, chamando pelo Exu Barabô e fazendo seus pedidos. A seguir, cubra com o açúcar misturado com a erva-doce. Coloque o presente em um terreno rochoso, em cima de uma pedra. Boa sorte e axé!

EBÓ 47
Para Exu Barabô ajudar a melhorar a parte financeira, a vida pessoal e a profissional, para trazer prosperidade

Elementos
- *um alguidar médio*
- *farinha de mandioca*
- *vinho tinto*
- *sal*
- *sete batatas-doces, pequenas, cozidas e sem a casca*
- *sete ovos de casca vermelha, crus*
- *sete limões, cortados em quatro pedaços*
- *sete conchas do mar*
- *sete cocadas brancas*
- *sete ramos (espigas) de trigo*
- *21 cravos-da-índia, espetados nas batatas-doces*

Como fazer
Misture bem a farinha, um pouco do vinho tinto e o sal, fazendo uma farofa não muito molhada. Coloque-a no alguidar. Vá colocando por cima os demais elementos, enfeitando ao seu gosto. Passe, a seguir, os elementos pelo corpo, de baixo para cima, pedindo o que deseja a Barabô. Entregue em local de movimento, mas procure um lugar discreto para depositar o presente. Boa sorte!

EBÓ 48
Para Barabô ajudar a pessoa a sair vitoriosa em causas difíceis

Elementos
- um alguidar médio ou uma gamela
- um pouco de fubá
- um pouco de farinha de mandioca
- óleo de amêndoa doce
- sal
- três pimentões vermelhos
- três pimentões verdes
- um pimentão amarelo
- sete tomates não muito maduros
- um acaçá branco
- um acaçá vermelho
- uma chave velha
- um cadeado velho com chave, aberto

Como fazer

Misture o fubá, a farinha, um pouco do óleo de amêndoa e sal, fazendo uma farofa não muito oleosa, e coloque-a no alguidar. Vá colocando por cima os demais elementos, enfeitando ao seu gosto. Passe o alguidar pelo corpo, de baixo para cima, sempre pedindo ajuda ao Exu Barabô, em nome de Oxetuá. Leve para a subida de uma serra, procure um local de mata e ponha embaixo de uma árvore alta e bonita, chamando por Barabô. Sorte!

(Guarde a chave. Depois que conseguir ter seu pedido atendido, precisará fazer um agradecimento para Exu Barabô.)

Exu Larin-Otá (*Larin Òtá*)

É o Exu da palavra, senhor da comunicação, a "pedra que fala", amigo de quem é seu amigo.

EBÓ 49
Para Larin-Otá atrair boas amizades

Elementos
- *um alguidar forrado com pano branco, de algodão*
- *farinha de mandioca*
- *azeite de dendê*
- *sal*
- *oito conchinhas, claras*
- *uma concha marinha, grande*
- *um búzio aberto*
- *uma maçã-verde, cortada em quatro partes*
- *uma pera, cortada em quatro partes*
- *um kiwi, cortado em quatro partes*
- *uma cocada branca*
- *ramos (espigas) de trigo*
- *ossum*
- *efum*
- *wáji*
- *bebida alcoólica doce*

Como fazer
Faça uma farofa com a farinha, o dendê e sal, misturando com as pontas dos dedos, e coloque-a no alguidar. Acrescente os elementos por cima, ao seu gosto, passando-os pelo seu corpo, de baixo para cima, enfeitando e chamando por Larin-Otá. Polvilhe com ossum, efum e wáji. Entregue à margem de uma estrada, em rua de terra, num gramado ou mata, conversando com Larin-Otá. Despeje em volta a bebida e leve a garrafa com você. Tudo de bom! Axé!

EBÓ 50
Para Larin-Otá trazer bons amigos, a paz e a tranquilidade

Elementos
- um alguidar médio pintado com wáji (ou anil)
- farinha de mandioca
- óleo de coco
- gim
- sal
- sete cebolas brancas, descascadas
- sete acaçás brancos
- sete balas de leite, desembrulhadas
- sete carambolas, inteiras
- uma bandeira branca, de tecido

Como fazer

Faça uma farofa com a farinha, o óleo de coco, um pouco de gim e sal, não muito seca. Coloque-a no alguidar e enfeite ao seu gosto com os demais elementos, passando-os pelo seu corpo, de baixo para cima. Por último, passe a bandeira e finque em um elemento do presente, pedindo que o Exu Larin-Otá dê trégua, traga paz, amizade etc. Leve para um campo aberto, bem limpo. Axé!

EBÓ 51
Para Exu Larin-Otá ajudar um amigo leal a conquistar paz, saúde, sucesso

Elementos
- um saco branco, tipo fronha
- um acaçá branco
- um quiabo cru, retinho
- um prego de aço
- um búzio aberto (abertura da parte de cima do casco, feita pelo homem)
- um ímã pequeno

- *um obi aberto em Aláfia*
- *um orobô inteiro, sem a película*
- *um copo de feijão-fradinho torrado*
- *um copo de milho vermelho torrado*
- *um caramujo do mar (ocotô)*
- *um pedaço de corda*

Como fazer

Passe no corpo da pessoa os elementos descritos na lista, de baixo para cima, e vá colocando no saco, fazendo os pedidos a Larin-Otá. Feche o saco com o pedaço de corda e prenda em uma palmeira, no galho mais alto que você alcançar. Peça ao Exu Larin-Otá, em nome de Oxetuá e de Orunmilá, para ajudar seu(sua) amigo(a). Boa sorte e muito axé!

EBÓ 52
Para Larin-Otá ajudar a transformar a doença em saúde, trazer boa sorte

Elementos
- *um alguidar pintado com efum ou cal*
- *um pouco de canjica cozida, lavada e escorrida*
- *farinha de mandioca*
- *óleo de coco*
- *sal*
- *uma bola de arroz branco bem cozido (em formato de cabeça)*
- *sete ovos crus*
- *sete acarajés fritos em óleo de coco ou de girassol*
- *sete acaçás brancos*
- *água de melissa*
- *gim*

Como fazer

Misture a farinha com uma pitada de sal e um pouco de óleo de coco, fazendo com as pontas dos dedos uma farofa não muito oleosa, e coloque-a no alguidar. Acrescente a bola de arroz, os ovos, os acarajés e os acaçás, arrumando-os ao seu gosto. Salpique um pouco de água de melissa e de gim. Ponha num local de grama, bem fresco e com muita sombra. Despeje o resto do gim em volta do presente, levando de volta a garrafa vazia. Axé!

Exu Ina (*Ìna*)

É o Exu do fogo, da energia, símbolo do calor e da vida.

EBÓ 53
Para Exu Ina cortar o desânimo, trazer força e energia

Elementos
- *um alguidar pintado de vermelho, com ossum*
- *sete cebolas roxas, com casca*
- *sete pimentas-da-costa (atarê)*
- *21 pimentas-malaguetas (verdes e vermelhas)*
- *azeite de dendê*
- *vinho tinto*

Como fazer
Coloque dentro do alguidar as cebolas e as pimentas, e cubra com o azeite de dendê. Borrife um pouco de vinho. Leve para entregar à beira de uma estrada e procure uma árvore bem copada. Coloque o presente embaixo, pedindo ao Exu Ina para trazer claridade, ânimo etc. nos caminhos da pessoa.

Se morar em local que tenha quintal, pode fazer uma fogueira e deixar o presente próximo, para poder ativar o Exu. Quando a fogueira estiver acabando, tire sete brasas pequenas e coloque-as em cima do presente. Leve para a rua, com cuidado para não se queimar, ponha embaixo de uma árvore e despeje o vinho tinto ou uma bebida avermelhada em volta. Boa sorte!

EBÓ 54
Para Exu Ina neutralizar as negatividades, dar força, ativar o lado positivo

Elementos
- *um alguidar nº 6*

- *um copo de fubá*
- *um copo de fécula de batata*
- *azeite de dendê*
- *sal*
- *duas colheres, de sopa, de mel*
- *um pedaço de carne bovina fresca, crua, com gordura*
- *um pimentão verde, cortado em rodelas grossas*
- *um pimentão amarelo, cortado em rodelas grossas*
- *uma cebola roxa grande, cortada em rodelas grossas*
- *sete pimentas-malaguetas, dedo-de-moça ou calabresa*

Como fazer

Faça com as mãos uma farofa com o fubá, a fécula de batata, um pouco de dendê, sal e o mel. Coloque-a no alguidar e enfeite ao seu gosto com os demais elementos. Passe pelo corpo da pessoa, de cima para baixo, pedindo ao Exu Ina, em nome de Oxetuá, para ajudar a pessoa, levando as negatividades etc. Borrife com o vinho e leve para local alto, em terreno rochoso. Peça Mojubá ao Exu, despeje em volta o restante do vinho e faça seus pedidos. Boa sorte!

EBÓ 55
Para Exu Ina cortar o desânimo e trazer força para aquela pessoa inerte, sem força para trabalhar

Elementos

- *um alguidar nº 6*
- *sete pedras de rua*
- *sete pimentas-da-costa (atarê)*
- *sete pregos grandes*
- *um ímã*
- *sete pedras de carvão*
- *álcool ou querosene*
- *caixa de fósforos*

Como fazer
Coloque o alguidar no chão e vá passando os elementos no corpo da pessoa, de cima para baixo, pedindo a ajuda do Exu Ina. Ponha um pouco de álcool dentro e, com muito cuidado, acenda um fósforo. Mantenha as pessoas, especialmente crianças e idosos, afastadas. Faça os pedidos para Exu Ina ativar a pessoa, cortar o desânimo etc. Quando chegar em casa, dê um banho de água limpa e depois um banho de folhas frescas e suaves na pessoa. Boa sorte!
(Este ebó deve ser feito em um campo aberto ou em um descampado. Leve uma pessoa para acompanhá-lo[a].)

EBÓ 56
Pedindo a Exu Ina para melhorar seu apetite sexual

Elementos
- *um alguidar nº 6*
- *sete beterrabas cozidas, sem a casca*
- *sete pimentas-malaguetas*
- *sete pimentas-da-costa (atarê)*
- *sete olhos-de-boi, machos*
- *sete favas de cumaru*
- *sete tentos-de-exu (olho-de-cabra)*
- *azeite de dendê*
- *gim*

Como fazer
Passar os elementos pelo corpo, de baixo para cima, e colocar no alguidar. Cobrir com o dendê e com o gim. Colocar em cima de uma rocha ou de uma pedra grande, bem firme, fazendo seus pedidos ao Exu Ina. Boa sorte e muito axé!

EBÓ 57
Para Exu Ina ajudar a deixar seu amor mais agarradinho e apaixonado por você

Elementos
- uma panela de barro com tampa
- um coração de boi, inteiro
- sete pedaços de papel branco, com o nome do seu amor escrito a lápis
- meio litro de azeite de dendê
- sal
- essência de patchuli
- essência de opium
- essência de verbena
- essência de rosa-mosqueta
- pimenta em pó branca
- pétalas de rosas-amarelas e de rosas-vermelhas
- cravo-da-índia à sua vontade
- canela em pó à sua vontade
- um quilo de açúcar mascavo

Como fazer
Ponha os papéis nas veias do coração de boi e coloque-o na panela. Acrescente os demais elementos, na ordem da lista. Cubra com o açúcar mascavo. Tampe a panela e leve-a ao fogo, por 15 minutos; repita durante nove dias seguidos, sempre no mesmo horário. Após esse período, enterre a panela num campo bem limpinho. Pode enterrar no quintal, se você morar em casa, próximo a uma árvore.

(Este presente só deve ser feito na presença de pessoa de sua plena confiança, e mais ninguém deve saber de sua confecção.)

Exu Ojixebó (*Ojísebò*)

É o Exu responsável por receber todos os ebós entregues nas ruas. Um grande defensor do ser humano.

Quando é cuidado para as funções de Babá Egum, chama-se Exu Eleru.

EBÓ 58
Para pedir ao Exu Ojixebó para tirar os vícios (bebidas, drogas etc.) de uma pessoa

Elementos
- um pano preto (aproximadamente dois metros)
- sete ovos de pata
- sete ovos de galinha-d'angola
- sete ovos de codorna
- sete bolas de feijão-preto cozido
- sete bolas de farinha de mandioca crua
- sete pedras de rua, de estrada (se possível de uma entrada de favela ou da porta de um botequim)
- sete rolhas de cortiça
- sete pedaços de vidro (de garrafa quebrada, clara ou escura)
- sete chapinhas de garrafa de cachaça
- sete velas pretas

Como fazer
Acenda as sete velas. Passe primeiramente o tecido pelo corpo da pessoa e, a seguir, os elementos dados, seguindo a ordem da lista, de cima para baixo. Vá colocando no pano, chamando pelo Exu Ojixebó, em nome de Oxetuá, e fazendo seus pedidos. Pegue as velas, passe-as na pessoa e quebre-as, colocando junto no pano. Enrole e ponha em uma lixeira ou em local de movimentos negativos. Boa sorte!

EBÓ 59
Para Ojixebó cortar as dificuldades para a pessoa arrumar um emprego

Elementos
- um saco branco, tipo fronha, de algodão
- uma cabaça de pescoço, média
- um copo de feijão-fradinho lavado e torrado
- um copo de feijão-preto lavado e torrado
- um copo de feijão-mulatinho lavado e torrado
- um copo de feijão-vermelho lavado e torrado
- um copo de feijão-branco lavado e torrado
- três ovos vermelhos
- três pedras de carvão
- três peixes pequenos (menos sardinha), inteiros (sem retirar vísceras e escamas)
- três acaçás brancos, sem a folha
- três acaçás vermelhos, sem a folha

Como fazer
Passe os elementos da lista pelo corpo da pessoa, de cima para baixo, pedindo o que deseja ao Exu Ojixebó. Peça à pessoa que pise com o pé direito e quebre a cabaça (pode usar um calçado). Vá colocando tudo no saco. Feche a boca do saco e despache em uma lixeira ou numa coletora de lixo. Muita sorte e axé!

EBÓ 60
Para Exu Ojixebó afastar as más companhias do caminho e da convivência de uma pessoa

Elementos
- um alguidar forrado com pano preto
- um boneco de pano (tipo um bruxo)
- um pedaço de papel com o nome do(a) inconveniente escrito a lápis três vezes

- *três agulhas grossas*
- *três pregos de aço*
- *três sardinhas cruas, inteiras (sem abrir)*
- *um pedaço de bofe ou de fígado, cru*
- *farinha de mandioca*
- *sal*
- *óleo de lamparina*
- *gasolina ou óleo queimado (de carro, já usado e que não serve mais)*

Como fazer

Misture com a ponta dos dedos a farinha de mandioca com o óleo de lamparina, uma pitada de sal e um pouquinho de gasolina ou de óleo, fazendo uma farofa, e coloque-a no alguidar. Passe os elementos no corpo da pessoa, na ordem descrita na lista, e vá colocando no alguidar forrado, fazendo os pedidos ao Exu Ojixebó. Espete as agulhas e os pregos nas sardinhas e ponha-as no alguidar. Coloque o papel com o nome, ponha por cima o pedaço de bofe ou fígado e cubra tudo com a farofa. Com certeza, essa energia tão poderosa que é o Exu Ojixebó irá atender às súplicas da pessoa. Axé!

(Na impossibilidade de a pessoa estar presente, a mãe poderá representá-lo[a]. Numa necessidade, o ebó poderá ser feito na irmã. Somente mulheres podem fazer essa substituição.)

EBÓ 61
Para Exu Ojixebó cortar as guerras e as perseguições do seu dia a dia, dos seus caminhos

Elementos
- *dois metros de chitão estampado (faça um tipo de fronha)*
- *uma espada de madeira*
- *uma faca pequena, de cabo de madeira*
- *uma bala de festim*
- *barbante*
- *sete pedaços de madeira, do tronco de uma árvore forte (mangueira, jaqueira, guiné, cedro, jacarandá etc.)*

- *sete pedras de rua*
- *sete ovos de galinha, vermelhos*
- *sete ovos de galinha, brancos*
- *sete velas pretas*
- *sete velas vermelhas*
- *sete agulhas grossas e grandes*
- *meio quilo de canjica cozida, lavada e bem escorrida*
- *açúcar refinado*

Como fazer

Passe o pano pelo corpo da pessoa, de cima para baixo, e coloque-o no chão, em frente à pessoa. Passe os elementos, de cima para baixo, fazendo os pedidos para Exu Ojixebó tirar essas negatividades. Coloque-os cima do pano e cubra com o açúcar. Amarre o pano com um pedaço de barbante forte e despache em uma mata fechada, em local distante de onde a pessoa reside. Dias após esse ebó, entregue um presente para Ogum, na estrada. Boa sorte! Axé!

Exu Lalu (*Làlú*)

É um Exu ligado a Oxalá, a Obatalá/Orixalá.
Traz tranquilidade, harmonia, e é muito solidário com o ser humano.

EBÓ 62
Para Exu Lalu atrair fluidos positivos e afastar a influência de espíritos obsessores, negativos

Elementos
- *um alguidar médio, forrado com ramos de alecrim bem verdinhos*
- *farinha de mandioca*
- *óleo de coco*
- *óleo de girassol*
- *azeite de oliva*
- *sal*
- *um coco seco pintado com wáji (ou anil)*
- *sete acaçás brancos, sem a folha*
- *um cacho de uvas verdes*
- *galhos de alecrim verdinho*
- *folhas de abre-caminho bem verdinhas*

Como fazer
Passe o alguidar pelo corpo da pessoa e deposite-o no chão. Faça com os dedos uma farofa com a farinha, o óleo de coco, o óleo de girassol, o azeite de oliva e uma pitada de sal e passe-a pelo corpo da pessoa, de cima para baixo. Deposite no alguidar. Faça o mesmo com os demais ingredientes, fazendo seus pedidos ao Exu Lalu. Ponha o coco por cima da farofa, rodeie com os acaçás de um lado e o cacho de uva do outro. Cubra bem com o alecrim e o abre-caminho. Leve para um local descampado, com grama, e coloque o presente embaixo de árvore frondosa, sem espinhos, chamando pelo Exu Lalu. Boa sorte!

EBÓ 63
Para Exu Lalu ajudar a melhorar a saúde da pessoa

Elementos
- um alguidar grande, pintado de branco ou forrado com morim branco
- meio quilo de canjica vermelha cozida, sem sal, bem escorrida
- uma bola de inhame (ixu) cozido (pode ser inhame comum, inhame-do--norte ou inhame-cará), com formato de cabeça, com olhos, boca etc.
- dez nabos crus, descascados
- dez ovos brancos
- dez búzios abertos (abertura da parte de cima do casco, feita pelo homem)
- dez conchas do mar
- dez quiabos crus, retinhos
- dez suspiros ou marias-moles
- uma cebola branca, cortada em quatro partes
- uma bandeira branca, de morim
- ossum
- efum
- wáji
- um obi

Como fazer
Arrume no alguidar a canjica. Coloque no centro a cabeça de inhame e vá acrescentando os demais elementos. Polvilhe com um pouco de ossum, efum e wáji. Finque a bandeirinha. Abra o obi em Aláfia e coloque-o por cima do presente. Passe-o pelo corpo da pessoa, de baixo para cima, fazendo os pedidos ao Exu Lalu, em nome de Oxalá. Entregue em local ermo, bem tranquilo e limpo. Muita sorte e axé!

EBÓ 64
Para Exu Lalu ajudar a trazer movimento para seu comércio, sua casa de axé ou para o local onde você trabalha

Elementos
- um cesto forrado com chita estampada de cores suaves
- um inhame-cará (ixu), assado e cortado ao meio, no sentido horizontal
- sete acarajés fritos no azeite de dendê, sem camarão
- sete cebolas roxas, descascadas, cortadas ao meio
- sete ovos vermelhos
- sete tentos-de-exu grandes (olho-de-pombo)
- sete cocadas brancas
- um cacho de uvas vermelhas (rubi)
- uísque ou vinho rosé

Como fazer
Arrume os elementos dentro do cesto ao seu gosto. Leve o presente para um local de subida e procure uma mata ou um gramado limpo. Passe simbolicamente o cesto no corpo da pessoa, de baixo para cima, chamando pelo Exu Lalu, em nome de Orixalá. Faça seus pedidos e arrie o presente embaixo de uma árvore bem alta e bonita, sem espinhos. Ponha um pouco da bebida na boca e borrife por cima do presente. Jogue o restante em volta do presente e leve a garrafa para colocar no lixo. A natureza agradece! Axé!

EBÓ 65
Para Exu Lalu ajudar a realizar seus sonhos (arrumar emprego, passar em concurso, comprar casa etc.)

Elementos
- um alguidar médio, forrado com morim branco
- sete inhames (ixu) pequenos, cozidos, sem a casca

- *sete búzios abertos (abertura da parte de cima do casco, feita pelo homem)*
- *sete conchas do mar*
- *sete frutas variadas (menos banana), cortadas em quatro partes*
- *sete ovos de galinha*
- *sete pêssegos em calda*
- *gim*

Como fazer

Arrume todos os elementos no alguidar e passe-os no corpo da pessoa, de baixo para cima, fazendo seus pedidos ao Exu Lalu. Leve o presente para colocar à margem de uma estrada bem movimentada e coloque-o embaixo de uma árvore bonita. Ponha um pouco de gim na boca e borrife no presente. O que sobrar coloque em volta do presente. Leve de volta a garrafa vazia. Boa sorte! Axé!

Exu Tibirirí (Tibití)

É um Exu ligado a Ogum, que corta as guerras e as demandas.
Vai sempre à frente, abrindo os caminhos e abrandando as dificuldades.

EBÓ 66
Para Exu Tibirirí trazer prosperidade, grandes negócios, coisas boas, respostas positivas

Elementos
- sete folhas de mamona (corte os talos das folhas em sete pedaços e coloque por cima)
- dois metros de chitão estampado, cortado em sete pedaços
- uma faca de cabo de madeira
- um pedaço de bucho bovino
- um pedaço de fígado bovino
- um pedaço de coração bovino
- um pedaço de rim bovino
- um pedaço de carne de segunda
- um pedaço de língua bovina
- um pedaço de passarinha
- um pedaço de miolo bovino
- farinha de mandioca
- sal
- sete pimentas-da-costa
- azeite de dendê
- sete acaçás vermelhos
- gim

Como fazer
Sem conversar com ninguém e em ambiente tranquilo, corte os miúdos em pedaços pequenos, fazendo seus pedidos para retirar as negatividades e trazer somente as coisas boas. (Após cortar, ponha a

faca dentro do presente.) Misture tudo com as duas mãos, salpique uma pitada de sal e ponha um pouco em cada folha.

Faça uma farofa, com as pontas dos dedos, com a farinha, o sal e o dendê. Cubra os miúdos com um pouco da farofa e ponha uma pimenta e um acaçá em cada. Coloque cada folha de mamona em um dos pedaços de pano.

Procure uma mata com um caminho que dê para você entrar. A cada passo, ofereça um dos pedaços de pano com um dos presentes, chamando pelo Exu Tibirirí. Ponha um pouco de gim na boca e borrife em cada folha arriada. Se puder, evite sair pelo mesmo lugar por onde entrou. Ao sair, derrame o resto da bebida e leve a garrafa para jogar no lixo. Tudo de bom! Axé!

(Se preferir, faça em sete encruzilhadas, arriando uma folha em cada.)

EBÓ 67
Para Exu Tibirirí ajudar a pessoa a obter sucesso em suas viagens de negócios

Elementos
- *um alguidar forrado com folhas de couve, lavadas e secadas*
- *fubá grosso*
- *sal*
- *azeite de dendê*
- *mel*
- *cachaça ou bagaceira*
- *sete limões-sicilianos, cortados em quatro partes*
- *sete pregos de aço, grandes*
- *uma ferradura usada*
- *um acaçá branco, grande, sem a folha*

Como fazer
Com as pontas dos dedos, faça, com o fubá, o dendê, sal, mel e um pouco de bagaceira ou cachaça, uma farofa, não muito seca, e coloque-a no alguidar. Enfeite com os limões e finque neles os pregos. Coloque a ferradura e o acaçá por cima, fazendo seus pedidos ao

Exu Tibiriri. Passe pelo corpo da pessoa, de baixo para cima, chamando pelo Exu. Leve o presente para colocar em uma estrada de subida e coloque-o em local afastado do asfalto, embaixo de uma árvore, pedindo que Tibiriri atenda aos seus pedidos. Use o poder de sua fé. Axé!

EBÓ 68
Para Exu Tibiriri ajudar a cortar do seu caminho os feitiços, o olho-grande, as maldades

Elementos
- *um alguidar grande*
- *uma peça de roupa usada da pessoa*
- *água de canjica cozida (ekó), misturada com açúcar*
- *sete pedaços de madeira, com 17 cm (pode ser de eucalipto, figueira, aroeira)*
- *sete ovos vermelhos*
- *um litro de álcool*
- *fósforo*

Como fazer
Coloque a peça de roupa, toda rasgada, no fundo do alguidar. Passe os pedaços de madeira, um a um, pelo corpo da pessoa, de cima para baixo, pedindo que Exu Tibiriri retire do caminho o olho-grande, a inveja, os feitiços etc., e coloque-os no alguidar. A seguir, passe os ovos e ponha por cima da madeira. Acrescente um pouco de álcool e, com cuidado, acenda o fósforo. Deixe queimar e vá fazendo os pedidos, com fé e muita firmeza. Quando a fogueira pegar fogo, jogue a água da canjica por cima, verificando se realmente apagou todo o fogo. Dê três passos para trás, vire-se e saia sem olhar para trás. Ao chegar em casa, tome um banho com água morna e três gotas de baunilha, da cabeça aos pés. Tudo de bom! Axé!

(Procure fazer esse ebó em uma mata tranquila, com cuidado para não se queimar, e bem distante das árvores e das ervas. Faça em um chão de terra.)

Exu Akesan

É um Exu ligado nas funções de Ifá e Orunmilá.
Gosta de trabalhar para as causas difíceis.

EBÓ 69
Para Exu Akesan trazer boas vibrações e ajudar nas causas problemáticas

Elementos
- *um cesto de palha ou um alguidar forrado com bastantes folhas-de-fortuna*
- *200 g de farinha de mandioca crua*
- *200 g de fubá*
- *uma colher, de sopa, de sal grosso*
- *óleo de copaíba*
- *azeite de dendê*
- *sete pimentas-da-costa (atarê) socadas*
- *uma colher, de sopa, de colorau*
- *uma colher, de sopa, de páprica doce ou defumada*
- *uma noz-moscada, ralada*
- *um copo de gim*
- *um peixe vermelho, bem bonito, que caiba no cesto/alguidar, sem escamar e sem retirar as vísceras*
- *sete búzios abertos*
- *sete olhos-de-boi (favas macho e fêmea)*
- *sete conchas*
- *sete pedacinhos de ímã*
- *sete pregos, grandes e virgens*
- *sete pedras de cristal, variadas (quartzo, turmalina, magnetita etc.)*
- *um acaçá vermelho (de fubá), sem a folha, ao entregar*
- *um acaçá branco, sem a folha, ao entregar*
- *ossum*
- *efum*
- *wáji*

Como fazer

Misture bem, com as mãos, os dez primeiros elementos da lista, fazendo uma farofa, chamando por Akesan e fazendo seus pedidos. Coloque a farofa no cesto/alguidar e acrescente o peixe ereto, como se estivesse nadando, com a cabeça virada para a entrada da casa. Enfeite com os búzios, os olhos-de-boi, os ímãs, os pregos (finque-os delicadamente no peixe, rodeie com os cristais e ponha por cima os acaçás). Polvilhe com os pós (ossum, efum e wáji). Entre em um caminho de terra, uma trilha, um local ermo, discreto e bem limpo. Chame pelo Exu Akesan e peça a ele movimento na sua vida, amor, que retire os atrapalhos, as invejas, que traga bons amigos, boas vendas, livre dos conflitos, traga prosperidade e dinheiro. Tudo que precisamos para viver bem no aiê. Muito boa sorte e muito axé!

EBÓ 70
Para Exu Akesan resolver situações que não foram concretizadas

Elementos
- *um cesto forrado com folhas de antúrio ou folhas de coqueiro bem verdinhas*
- *300 g de fubá*
- *azeite de dendê*
- *sal*
- *17 carambolas, inteiras (verdes ou maduras)*
- *um acaçá branco, grande, sem a folha (na hora da entrega)*
- *gim ou bebida doce*
- *ossum*
- *efum*
- *wáji*

Como fazer
Coloque em um recipiente o fubá, o dendê e uma pitada de sal, fazendo uma farofa não muito molhada. Coloque-a no cesto e enfeite ao redor com as carambolas. No centro ponha o acaçá e polvilhe

com um pouquinho dos pós. Ponha um pouco de gim na boca, bocheche e borrife por cima, para o Exu conhecer o seu hálito, a sua fala. O restante do gim, espalhe em volta do presente e leve a garrafa para colocar em uma lixeira.

Chame por Akesan e peça sua ajuda e seu socorro para ajudar nas dificuldades. Com certeza você será atendido. É só ter fé e firmeza em sua crença em Exu. Muito axé!

Exu Oritá

Tem grande ligação com Xangô.
Trabalha pela justiça, pela paz, pela harmonia.

EBÓ 71
Para Exu Oritá lhe ajudar a ter confiança, acreditar em seu encantamento, em seu fascínio, em suas possibilidades

Elementos
- um cesto de palha ou de folhas de coqueiro, forrado com folhas de couve lavadas e secas
- 300 g de fubá
- sal
- sete pimentas-da-costa (ataré) inteiras
- uma colher, de sopa, de pimenta calabresa
- uma colher, de sopa, de cominho
- uma colher, de sopa, de cravo-da-índia pilado
- um pedaço de magnetita
- um pedaço de laterita
- três acarajés (sem camarão na massa)
- sete frutas lavadas (uma de cada tipo, menos banana), cortadas em quatro partes
- um acaçá vermelho (de fubá), grande, sem a folha na entrega
- um par de olhos de boneca
- efum
- ossum
- wáji
- gim ou cachaça

Como fazer
Misture muito bem, com os dedos, o fubá, o sal, as pimentas, o cominho e o cravo-da-índia e coloque-os no cesto. Enfeite ao redor com os demais elementos, colocando no centro o acaçá e os olhos

de boneca (simbolizam a visão do mundo em você). Polvilhe com os pós, sempre pedindo o que deseja a esse Exu tão poderoso. Peça sempre em nome de Oxetuá. Chame pelo Exu Oritá e peça-lhe que a sua vida brilhe, resplandeça, que você atraia fascinação, encantamento, tenha o dom da palavra, sempre com pensamentos positivos. Bocheche com um pouco de gim ou cachaça e borrife por cima do presente. Leve a garrafa; não suje a natureza. Sorte, sorte, sorte e muito axé! Seja feliz!

EBÓ 72
Para Exu Oritá para trazer sucesso, paz e boas notícias

Elementos
- *um cesto de palha ou um prato de barro grande, forrado com folhas de taioba ou de couve*
- *um peixe bem clarinho (de água salgada ou doce), sem escamar e sem eviscerar*
- *azeite de dendê*
- *sal*
- *sete maçãs vermelhas, cortadas em quatro pedaços*
- *sete acaçás vermelhos (sem a folha após abertos)*
- *ossum*
- *bebida doce, cachaça ou gim*

Como fazer
Faça uma salmoura com um pouco de dendê e sal; passe pelo peixe e pelas guelras. Ponha em cima das folhas, em posição como se estivesse nadando e com a cabeça virada para a saída da casa. Ponha em volta, enfeitando, as maçãs e os acaçás. Polvilhe com ossum. Bocheche com uma das bebidas e borrife por cima do ebó. Faça seus pedidos, em nome de Oxetuá, com o seu coração limpo e alegre, sentindo que as coisas já estão dando certo. Fé e muito axé!

Exu Atarê

É um Exu ligado a Xangô e Ogum.

Ligado às demandas, à estabilidade, ao sucesso conseguido com muito esforço.

EBÓ 73
Para Exu Atarê afastar seus inimigos, vencer as demandas, as invejas e conquistar o sucesso, a vitória

Elementos
- *um cesto de palha ou de folhas de coqueiro, forrado com folhas de salsão ou bastantes folhas de salsinha*
- *um copo de farinha de inhame*
- *um copo de farinha de mandioca*
- *sal*
- *azeite de dendê*
- *ossum*
- *uma colher, de chá, de pimenta-da-costa socada*
- *três colheres, de sopa, de arroz com casca*
- *um anis-estrelado inteiro*
- *uma colher, de sopa de páprica defumada*
- *uma colher, de chá, de pimenta-malagueta seca*
- *um inhame (ixu) cru, lavado e besuntado com azeite de dendê e sal*
- *um acaçá vermelho, grande, sem a folha após aberto*
- *um acarajé grande, sem camarão*
- *sete pedras de pirita*
- *sete maçãs vermelhas, cortadas em quatro pedaços*
- *um peixe vermelho (ou um bagre), cru, sem escamar e sem retirar as vísceras*
- *wáji*
- *gim, cachaça ou bebida doce*
- *uma faca pequenina, nova*

Como fazer
Faça uma farofa, com as mãos, usando os dez primeiros elementos. Misture bem e ponha no cesto. Passe o inhame, simbolicamente, pelo seu corpo, fazendo seus pedidos a Atarê, e ponha por cima da farofa. Passe uma salmoura com dendê e sal no peixe e coloque-o de lado. Rodeie com os demais elementos, enfeite com as piritas e polvilhe com o wáji, sempre pedindo o que deseja ao Exu Atarê. Entregue esse ebó em uma estrada movimentada, procure um local afastado e gramado, arrie aos pés de uma árvore bonita, sem espinhos. Passe a faquinha pelo seu corpo, pedindo que Atarê corte as negatividades da sua vida, a força do inimigo, que ele guerreie por você, e ponha ela dentro do presente, bem escondidinha. Coloque um pouco da bebida na boca, bocheche e borrife pelo presente. O restante da bebida jogue em volta do presente, entregando ao Exu Atarê. Que ele lhe ajude, lhe traga vitórias. Peça em nome de Oxetuá, Ogum, Xangô e Iemanjá. Sorte, sorte, sorte!

EBÓ 74
Para Exu Atarê trazer estabilidade amorosa ou comercial, alegrias, vitórias

Elementos
- *um cesto pequeno de palha ou um alguidar médio, forrado com bastante salsinha*
- *três laranjas, lavadas e cortadas em quatro pedaços*
- *três maçãs vermelhas, lavadas e cortadas em quatro pedaços*
- *três kiwis, lavados e cortados em quatro pedaços*
- *um pedaço de ímã*
- *um pedaço de quartzo rosa ou ônix, bem pequeno*
- *purpurina prata*
- *uma bebida doce*

Como fazer
Passe os elementos pelo seu corpo, de baixo para cima, fazendo seus pedidos ao Exu Atarê, e coloque-os no cesto. Polvilhe um pouco de

purpurina, para embelezar o ebó. Leve para uma mata limpa; procure um local bem bonito, com folhagens bem vivas e sem espinhos, e arrie o ebó. Passe um pouco da bebida em suas pernas e em seus braços e regue em volta do cesto com a bebida, chamando pelo Exu Atarê, pedindo o que deseja. Leve a garrafa para jogar numa lixeira. Deixe a natureza limpa. Boa sorte, alegrias e saúde! Já deu certo, tenha certeza! Esse Exu é muito amigo dos homens. Axé!

(Se você estiver sofrendo de alguma doença ou mazela, leve sete sardinhas inteiras e passe-as pelo seu corpo, de cima para baixo, pedindo ao Exu Atarê que leve as negatividades, as impurezas e os feitiços do seu corpo. Coloque as sardinhas com a cabeça virada para dentro do cesto.)

Exu Apatá

É ligado a Ogum e a Odé.
Propicia prosperidade, alegria, felicidade.

EBÓ 75
Para Exu Apatá trazer paz, harmonia e defesa

Elementos
- *um cesto de palha forrado com folhas de figueira ou de couve, cobertas com folhas de três maços de cebolinha*
- *300 g de fubá torrado com uma pitada de sal, lentamente, em fogo brando, sem queimar*
- *duas colheres, de sopa, de óleo de coco*
- *uma colher, de sopa, de páprica*
- *gengibre ralado*
- *folhas de louro, picadas*
- *sete cebolas roxas, pequenas, cortadas em quatro pedaços*
- *um acaçá branco, grande, sem a folha*
- *sete pimentões amadurecidos, grandes*
- *sete pimentas-da-costa, pequenas*
- *sete favas de anis-estrelado, inteiras, pequenas*
- *sete favas de cumaru, pequenas*
- *sete favas de aridã, pequenas*
- *sete favas de olho-de-boi*
- *pó de ouro (se puder)*
- *limalha de ferro (se puder)*
- *pó de prata (se puder)*
- *ossum*
- *wáji*

Como fazer
Corte a tampa dos pimentões (reserve a tampa). Dentro de cada um coloque: uma pimenta-da-costa, um anis-estrelado, uma fava de cumaru, uma fava de aridã e uma fava de olho-de-boi. Se puder,

ponha uma pitada de pó de ouro, de limalha de ferro e de pó de prata. Tampe os pimentões.

Misture com as mãos o fubá, o óleo de coco, a páprica, o gengibre e as folhas de louro, fazendo uma farofa, e coloque-a no cesto, fazendo seus pedidos. Enfeite com as cebolas e os pimentões, em volta. Polvilhe com os pós. Leve para um local bonito e alto. Suba com o ebó na mão, fazendo seus pedidos e chamando pelo Exu Apatá, em nome de Ogum, de Ossâim, de Oxetuá. Ponha embaixo de uma mangueira bonita ou de uma árvore frondosa, sem espinhos. Muito axé!

EBÓ 76
Para Exu Apatá trazer alegria, união, estabilidade no lar, no comércio

Elementos
- *um cesto de palha ou de folhas de palmeira, forrado com folhas de bananeira limpas ou folhas de mamona, sem o talo*
- *sete morangos, inteiros*
- *sete cerejas, inteiras*
- *sete maçãs vermelhas, cortadas em quatro pedaços*
- *sete pregos grandes, virgens*
- *duas favas de olho-de-boi, macho e fêmea, inteiras*
- *sete pimentas-da-costa, inteiras*
- *uma pedra olho de tigre*
- *um acaçá branco, grande, sem a folha*
- *wáji*
- *gim ou vinho branco*

Como fazer
Arrume os elementos ao seu gosto dentro do cesto, com o acaçá e a pedra no centro. Passe as pimentas pelo corpo, de baixo para cima, fazendo seus pedidos. Mastigue-as e borrife por cima do ebó. Salpique o wáji. Leve para um local bonito, em uma mata clara e bem limpa. Ponha embaixo de uma árvore ou coloque em uma

moita limpinha, afastada dos olhares. Ponha um pouco da bebida na boca, bocheche e borrife no presente. Entregue ao Exu Apatá em nome de Oxetuá, de Iemanjá e de Ogum. Sorte e muito axé!

Exu Languirí

Chamado de Exu da paz, é ligado aos orixás funfum, protetor dos filhos de Oxaguiã.

Ao oferecer ebós para Exu Languirí, procure ir, você e seu (sua) acompanhante, sempre vestidos(as) com roupas claras.

EBÓ 77
Para Exu Languirí trazer alegria, felicidade, paz e harmonia

Elementos
- um cesto de palha ou de folhas de coqueiro, forrado com tecido branco e folhas de alfazema ou de alecrim
- 200 g de farinha de inhame
- 200 g de farinha de mandioca
- uma colher, de sopa, de amido de milho (maisena)
- quatro colheres, de sopa, de óleo de coco
- uma colher, de chá, de pimenta-branca, moída
- uma colher, de chá, de amônia ou de acetona
- sete dandás-da-costa, triturados ou moídos
- sete pedaços de fava de aridã
- sete pedaços de fava de cumaru, triturados
- um inhame (ixu) médio, cozido, descascado, cortado ao meio, horizontalmente
- um pepino grande, com casca, cortado em rodelas bem finas
- oito pedaços pequenos de cristal de rocha, de quartzo ou pedras brancas
- oito acaçás brancos, sem a folha
- efum
- wáji
- vinho branco ou gim

Como fazer
Faça, com as mãos, uma farofa com os primeiros nove elementos, mexendo bem, e coloque-a no cesto. Arrume por cima o inhame,

com os acaçás por cima e rodeado com as rodelas do pepino, e vá pedindo o que deseja, em nome de Oxetuá. Enfeite com os cristais e polvilhe com os pós. Ponha um pouco da bebida na boca e borrife por cima do presente, para o Exu conhecer o seu hálito, a sua fala. Coloque o presente em local afastado, uma mata bem viva ou uma trilha de terra, lugar resguardado; coloque ao lado de uma árvore nova, em todo o seu esplendor, e chame pelo Exu Languirí, fazendo seus pedidos. Muitas felicidades e alegria no seu lar. Axé!

EBÓ 78
Para Exu Languirí afastar doenças depressivas, transformar a tristeza em alegria, renovar sua vida

Elementos
- *um cesto médio de palha ou de folhas de coqueiro, forrado com folhas de mamona branca (sem o talo), de manjericão ou de parreira*
- *um inhame (ixu) pequeno descascado e picado, cozido*
- *um peixe claro (de mar ou rio) sem escamar e sem retirar as vísceras*
- *oito maçãs-verdes, cortadas em dois pedaços*
- *oito peras, cortadas em dois pedaços*
- *farinha de mandioca*
- *sal*
- *óleo de coco*
- *gim*
- *camomila*
- *azeite de dendê*
- *pimenta-da-costa*
- *pimenta-branca*
- *um acaçá branco, grande, sem a folha*
- *ramos (espigas) de trigo*
- *folhas-da-fortuna*
- *efum*

Como fazer

Faça uma farofa, com a mão, usando farinha de mandioca, sal, óleo de coco, gim e uma colher de sopa de camomila. Soque o inhame cozido com óleo de coco, uma colher de sopa de azeite de dendê, uma colher de chá de pimenta-da-costa socada e uma colher de café de pimenta-branca.

Coloque a farofa no cesto e o purê de inhame por cima. Passe o peixe pelo seu corpo, de baixo para cima, fazendo seus pedidos, com fé e firmeza. Ponha o peixe em pé no cesto, na posição de nadar. Rodeie com as frutas e coloque no centro o acaçá grande. Enfeite ao redor com os ramos (espigas) de trigo e as folhas-da-fortuna. Polvilhe com efum. Leve para uma estrada, um campo, afastado da passagem de pessoas, e arrie embaixo de uma árvore sem espinhos, chamando por Languirí, em nome de Oxetuá. Ponha um pouco da bebida na boca e borrife em todo o presente. Se quiser, lave as mãos e os pés também e despeje o restante em volta do presente. Leve a garrafa e coloque-a em uma lixeira. Preserve sempre a natureza. Boa sorte e vitórias. Axé!

(Vista roupas claras.)

Exu Laguiquí

Tem afinidades com Ogum, Oxum e Iemanjá.
É ligado à paz, à harmonia e à estabilidade.

EBÓ 79
Para Exu Laguiquí cortar a força do seu inimigo, livrar das perseguições, trazer paz

Elementos
- *um cesto grande de palha ou folhas de coqueiro, forrado com morim e folhas de pimenteira*
- *três cocos secos pintados, cada um, com ossum, efum e wáji (furar o olho do coco por onde sai a água, soprar três vezes e fazer seus pedidos ali)*
- *sete acarajés (massa sem camarão)*
- *sete ecurus*
- *sete pedras pequenas, de rua*
- *sete orobôs (pôr um na boca e fazer os pedidos)*
- *sete pedaços grandes (roletes) de canela em pau (para trazer prosperidade e vitória)*
- *sete favas de cumaru*
- *uma noz-moscada quebrada em sete pedaços (para trazer defesa)*
- *um melão pequeno, cortado em sete pedaços*
- *vinho branco ou cachaça*

Como fazer
Coloque os cocos no centro do cesto e arrume os elementos ao seu gosto, passando sempre pelo seu corpo, de cima para baixo, e fazendo seus pedidos, em nome de Oxetuá, de Ogum, de Oxum e de Iemanjá. Leve para um local afastado, em uma rua longa ou estrada de subida. Coloque o presente em local arborizado, tranquilo, sem grande movimentação. Ponha um pouco da bebida na boca, borrife no presente e despeje o restante em volta do ebó. Leve a garrafa de volta, não suje a natureza. Vai dar certo, com certeza! Axé!

EBÓ 80
Para Exu Laguiquí trazer união e paz entre pais e filhos, harmonia, estabilidade, êxito nos negócios

Elementos
- *um cesto forrado com algodão e folhas de alfazema, alecrim e parreira*
- *meio quilo de farinha de mandioca*
- *sal*
- *óleo de coco*
- *gim*
- *uma colher, de sopa, de camomila*
- *três limões, cortados em dois pedaços*
- *três carambolas*
- *três maçãs-verdes, cortadas em quatro pedaços*
- *três peras macias, cortadas em quatro pedaços*
- *um acaçá branco, grande, sem a folha*
- *dois bonecos pequenos, de porcelana, de plástico ou de pano*
- *ossum*
- *efum*
- *wáji*
- *uma bebida doce*

Como fazer
Faça uma farofa, com a mão, juntando a farinha de mandioca, sal, óleo de coco, um pouco de gim e camomila. Mexa bem. Ponha a farofa no cesto e enfeite com os demais itens. Coloque o acaçá e os bonecos juntos, no centro, fazendo seus pedidos. Polvilhe com os pós.

Leve para uma mata bonita, natureza bem viva, e ponha em cima de uma pedra, em lugar afastado da passagem de pessoas. Se conseguir colocar entre várias pedras, meio escondido, é o ideal. Ofereça ao Exu Languirí, em nome de Oxetuá, chame por ele, pedindo tudo que desejar. Borrife um pouco da bebida no ebó e despeje o restante em volta. Leve a garrafa. Muita sorte, paz e muito amor no seu lar! Axé!

(Ao entregar este ebó, vá acompanhado(a) e ande com cautela na mata. Se quiser, leve sete ovos, passe pelo seu corpo, de cima para baixo, e vá jogando-os à medida que sai da mata, sem olhar para trás, para cortar todas as negatividades e a força dos inimigos.)

Exu Ijá

É o Exu das Matas, dos Ajás e dos Oxôs.
Tem grande ligação com Ossâim, Agué, Aroni, Odudua, Obatalá/Orixalá, com a magia.
Só faça ebó para esse Exu se for pedido, e se você tiver conhecimento. Ele faz parte das forças ocultas existentes nas matas, é um dos mais arredios, distante dos homens, tem grande poder de magia, portanto, são necessários cautela e saber. Todo Exu é faceiro, intrigante, e também perigoso para se tratar; portanto, não devemos fazer presentes aleatoriamente. Exu Ijá, quando bem tratado, proporciona muitas coisas positivas. Só não ouse fazer o que você desconhece! Procure informar-se mais.
Esse é um Exu bem arredio, mas se realmente houver necessidade de pedir sua ajuda, sua defesa, ele lhe atenderá e ajudará a abrandar os motivos, e vai agir nos seus caminhos.

EBÓ 81
Um agrado para Exu Ijá trazer proteção, prosperidade, claridade para sua vida, para seu comércio

Elementos
- um cesto forrado com pano estampado
- 21 frutas (cada uma de um tipo), lavadas e secas, cortadas em quatro pedaços
- um pedaço inteiro de fumo de rolo e alguns desfiados
- melado
- azeite de dendê
- bebida doce

Como fazer
Coloque as frutas no cesto, enfeite com o fumo de rolo, regue com o melado, com o azeite de dendê (o dendê acalma Exu) e um pouco

da bebida. Entregue o ebó embaixo de uma árvore grandiosa, bem viva, bonita, e faça seus pedidos em nome de Oxetuá, de Ossâim, Agué, Aroni, dos Ajás, dos Oxôs, de Odudua e de Obatalá. Ponha um pouco da bebida na boca e borrife no presente, para ele reconhecer seu hálito e sua fala. O restante espalhe em volta do presente. Faça seus pedidos com fé e carinho. Muito axé!
(Tome todo o cuidado ao penetrar na mata; é preciso saber andar nas matas. Vá sempre acompanhado[a]. Mulher usando ojá, homem com eketé, ambos com roupa clara, um fio de palha da costa no braço e um na perna. Muito silêncio e atenção.)

EBÓ 82
Para Exu Ijá clarear sua vida, lhe trazer prosperidade, defesa, proteção, novidades

Elementos
- *um cesto grande de palha, forrado com folhas de mangueira ou de mamona branca, sem o talo*
- *um inhame (ixu) grande, assado no braseiro e descascado (guarde as cascas)*
- *21 búzios abertos*
- *uma pena de pássaro (de qualquer cor, menos preta)*
- *sete ovos crus*
- *sete pedaços de cristais ao seu gosto*
- *sete ferraduras usadas*
- *sete acaçás feitos com farinha de arroz, bem cozidos e durinhos (colocar sem a folha)*
- *sete pimentas-da-costa (atarê)*
- *sete pregos bem grandes, virgens*
- *sete favas de cumaru*
- *sete nozes-moscadas inteiras*
- *efum*
- *ossum*
- *wáji*

- *moedas*
- *mel*
- *um cachimbinho de barro*
- *fumo de rolo*
- *vinho doce*

Como fazer

Arrume esse presente em um local de sua casa bem tranquilo, limpo e sem conversas. Usem roupa clara, você e seu acompanhante. Faça esse ebó com consciência e conhecimento.

Soque bem o inhame cozido e faça uma bola grande, dando a ela a forma de uma cabeça (faça uma boca aberta com um pequeno buraco; utilize alguns búzios para determinar os olhos, as orelhas e o nariz). Enfeite-a com os 21 búzios no alto e finque no centro a pena. Coloque a cabeça no cesto. Em volta ponha os ovos, os cristais, os acaçás no meio do ebó e os demais elementos, enfeitando ao seu gosto e pedindo a ajuda de Exu Ijá, em nome de Oxetuá. Ponha os pregos em pé (para dar defesa à sua casa e a quem vai oferecer o presente). Passe as favas pelo corpo, de baixo para cima. Polvilhe com os pós.

Leve o ebó para entregar dentro da mata (vá acompanhado). Antes de entrar na mata, peça licença às forças que guardam as florestas. Deixe um acaçá com um pouco de mel, um cachimbinho de barro, fumo de rolo picado e uma moeda, para agradar Ossâim e Aroni. Coloque o presente embaixo de uma árvore grandiosa ou em local bem resguardado, com folhagens em volta, pedindo licença, oferecendo "meus respeitos" ao Exu Ijá e fazendo seus pedidos, em nome de Odudua, de Orixalá/Obatalá, de Ossâim, dos Ajás e dos Oxôs. Espalhe um pouco dos pós por cima do ebó. Coloque um pouco do vinho na boca, bocheche e borrife por cima do ebó (para que Exu Ijá reconheça seu hálito, sua fala). Despeje a sobra em volta do ebó. Bata um paó e reze o oriqui de Exu, com fé e respeito. Saia sem olhar para trás e não volte a esse local durante alguns meses. Muita sorte e axé!

(Deixe de molho as cascas do inhame que guardou e faça um banho, do pescoço para baixo, antes de entregar o presente.)

Banhos variados

Todos esses banhos são feitos do pescoço para baixo.

- *Banho cozido, com dandá-da-costa ralado e erva-doce. Esfriar.*
- *Banho cozido, com fava de pichurim ralada. Esfriar.*
- *Banho cozido, com fava de aridã ralada. Esfriar.*
- *Banho de baunilha (vanilina) em pó, em extrato ou fava.*

Se for alérgico a qualquer fava ou folha, faça somente o de baunilha, com três gotas. A baunilha é uma fava universal, pertence ao Sagrado, portanto, seu banho pode ser usado para qualquer divindade.

Capítulo 2

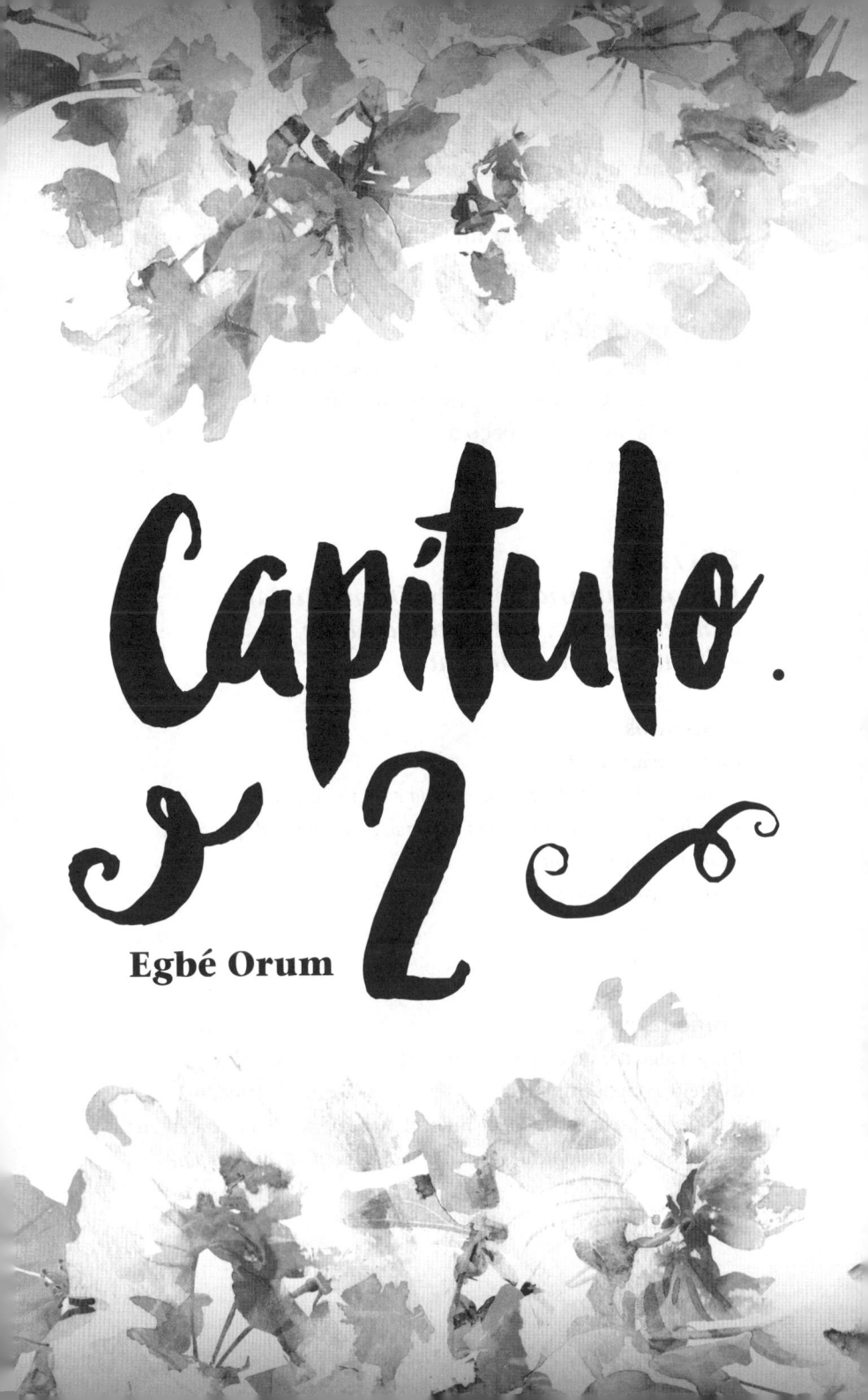

Egbé Orum

É a "comunidade infantil do orum".

Os Egbé Orum fazem parte de uma confraria composta pela união da ancestralidade infantil e gostam de proporcionar o bem-estar aos homens.

> **IMPORTANTE:**
> Em cada entrega do seu presente, proceda da seguinte forma:
> "Eu, ... [seu próprio nome], filho de ....
> [nome da sua mãe], peço a vós .... [fazer o pedido].
> Meus respeitos."

EBÓ 83
Para a confraria dos Egbé Orum ajudar a obter sucesso, sorte, prosperidade, êxito nos empreendimentos

Elementos
- um alguidar médio
- canjica (ebô) catada, lavada, cozida e bem escorrida
- um brinquedo (carrinho, bola pequena, bonequinha de pano etc.)
- um apito de madeira
- sete acaçás brancos
- sete doces
- sete bolas de gude
- um copo de plástico, com guaraná

Como fazer
Passe o alguidar no corpo, coloque nele a canjica, os acaçás e os doces e enfeite com os brinquedos ao seu gosto. Regue com guaraná e faça seus pedidos à ancestralidade infantil. Arrie perto de uma bananeira.
(Faça esse ebó diretamente em um bananal, na parte da manhã.)

EBÓ 84
Para a confraria dos Egbé Orum acalmar criança hiperativa, rebelde, desobediente

Elementos
- *um cesto de palha forrado com um pano azul*
- *um copo de farinha de mandioca*
- *um copo de fubá*
- *melado*
- *uma dúzia de bananas sem estarem muito maduras*
- *um brinquedo de madeira*
- *sete sonhos ou sete pães doces pequenos*
- *sete acaçás brancos*
- *sete bolas de inhame*
- *sete bolas de canjica*

Como fazer
Faça uma farofa com a farinha de mandioca, o fubá e o melado. Misture com as pontas dos dedos.

Procure um bananal e coloque o presente próximo ou dentro do bananal. Coloque dentro do cesto a farofa e, por cima, as bananas. Disponha os demais elementos ao redor, enfeitando ao seu gosto, chamando e pedindo ajuda para acalmar "fulano(a)" etc. Peça a ajuda dos Egbé Orum para trazer paz e tranquilidade àquela criança. Axé e boa sorte!

EBÓ 85
Para pedir a ajuda da confraria dos Egbé Orum para trazer alegria à criança apática, triste, desanimada, com dificuldade no aprendizado

Elementos
- *um saco azul, de pano*
- *uma peça, clarinha, de roupa da criança*
- *25 balas variadas, sem o papel*

- *arroz branco, cru*
- *sete pedaços de dandá-da-costa*
- *sete kiwis*
- *sete pedaços de cana-de-açúcar*
- *sete castanhas portuguesas ou castanhas-do-pará*
- *sete frutas cristalizadas, variadas*
- *um refrigerante ou suco de fruta*

Como fazer

Coloque todos os elementos (menos a bebida) dentro do saco. Passe-os no corpo da criança, de cima para baixo, pedindo aos Egbé Orum que levem a apatia, a tristeza, o desânimo etc. daquela criança. Vá a uma mata, procure uma árvore frondosa bem velha, próximo a um bananal, e amarre o saco em um galho. Leve um refrigerante ou suco de frutas, despeje um pouco no presente e o restante em volta de uma bananeira. Leve os recipientes vazios para jogar numa lixeira. Muita sorte e axé!

EBÓ 86
Para pedir à confraria dos Egbé Orum abertura dos caminhos, estabilidade, perfeita sintonia de você com as pessoas

Elementos
- *um caixote de madeira forrado com pano azul e branco*
- *cinco búzios abertos (abertura da parte de cima do casco, feita pelo homem)*
- *cinco conchas*
- *cinco nozes-moscadas*
- *cinco pedaços de canela*
- *cinco corações de bananeira*
- *cinco frutas variadas*
- *caldo de cana, um refrigerante, água bem açucarada ou chá de erva--doce bem docinho*

Como fazer
Passe os elementos pelo corpo da pessoa e arrume ao seu gosto dentro do caixote. Procure um bananal e coloque o presente aos pés de uma bananeira. Regue com os líquidos doces, fazendo seus pedidos a essa comunidade infantil. Use sua fé e seu amor pelas divindades e conseguirá seus desejos. Axé!

EBÓ 87
Para que a confraria dos Egbé Orum possa trazer bons presságios, riqueza, prosperidade

Elementos
- *um balaio médio, forrado com folhas de mamona ou com um pano azul*
- *nove tipos de frutas, lavadas*
- *um brinquedo de madeira*
- *um casal de bonecos de pano (só pode ser de pano)*
- *nove acaçás brancos*
- *nove balas variadas, sem papel*
- *nove suspiros*
- *nove búzios abertos (abertura da parte de cima do casco, feita pelo homem)*
- *nove moedas atuais*
- *um orobô, cortado em nove pedaços*
- *açúcar*
- *efum*
- *ossum*
- *wáji*

Como fazer
Vá passando os elementos no corpo da pessoa, de baixo para cima, e vá colocando no balaio, enfeitando ao seu gosto. Polvilhe com o açúcar, efum, ossum e wáji. Leve para um local com bastantes bananeiras ou procure um lugar alto, bem limpo e arborizado. Adentre na mata e siga sua intuição para arriar o presente, em local bem

bonito, pedindo tudo o que deseja à confraria dos Egbé Orum. Com certeza será atendido(a)! Axé!

EBÓ 88
Para energizar e agradar à confraria dos Egbé Orum, para que possam nos trazer benefícios

Elementos
- *um recipiente bonito, de porcelana, louça ou vidro*
- *areia molhada colhida em Lua Cheia ou Crescente (deixe secar)*
- *vários búzios abertos (abertura da parte de cima do casco, feita pelo homem)*
- *conchas*
- *caracóis marinhos*
- *moedas atuais*
- *ímãs*
- *carrinhos variados e pequeninos*
- *variados bonecos pequenos, masculinos e femininos, de pano ou de resina*
- *dois bonequinhos de porcelana (um casal)*
- *espelhos*
- *frutas variadas*
- *doces variados*
- *ramos (espigas) de trigo*

Como fazer
Arrume um lugar alto dentro de sua casa, limpo e livre de olhares alheios. Forre com um paninho branco, bem bonito.

Lave e seque bem o recipiente, ponha a areia e arrume os elementos ao seu gosto, rodeando com os brinquedos. Coloque as frutas, os doces e o trigo. Passeie com o presente pela casa, fazendo seus pedidos. Ponha no local desejado. Depois de alguns dias, retire somente os elementos perecíveis e coloque-os aos pés de uma árvore. A partir daí, quando desejar agradar os Egbé Orum, ofereça novos itens. Boa sorte!

EBÓ 89
Para a confraria dos Egbé Orum ajudar a cortar o desequilíbrio emocional, o retrocesso mental

Elementos
- três ovos
- três pedaços de carne suína
- três pedaços de carne bovina
- três bolas de farinha de mandioca com mel
- três doces claros ou três codadas
- três acaçás
- três acarajés vermelhos
- misturar feijão-fradinho, milho vermelho e feijão-preto com uma colher, de sopa, de açúcar e torrar

Como fazer
Leve a pessoa para um bananal e passe os elementos pelo corpo dela, conforme a ordem em que aparecem na lista, fazendo seus pedidos aos Egbé Orum. Vá colocando próximo ao pé de uma bananeira. Peça à pessoa que dê três passos para trás, sem olhar para baixo. Saia do local sem olhar para trás. Ao chegar em casa, dê um banho na pessoa com folhas frescas, como alecrim, manjericão, macaçá etc., e vista uma roupa clarinha.

(Este ebó só pode ser feito no bananal.)

Banhos variados

Todos estes banhos devem ser usados do pescoço para baixo.

- *Água morna, acrescentando três gotas de baunilha.*
- *Banho fervido de noz-moscada ralada. Esfriar.*
- *Banho fervido de folhas de mulungu. Esfriar.*
- *Alecrim e macaçá macerados, para alegria e prosperidade.*
- *Manjericão macerado, para dar defesa.*
- *Poejo macerado, para ajudar no equilíbrio.*
- *Saião macerado, para trazer calmaria.*
- *Folhas de colônia maceradas, ajudam na estabilidade emocional.*
- *Banho cozido com cravo, canela em pau ou em pó, erva-doce, dandá--da-costa. Tomar morno, para defesa.*
- *Banhos com fava de baunilha (vanilina), ou com folhas de baunilha maceradas, ou de essência de rosas-brancas, ou de essência de eucalipto, ou de essência de laranja, são banhos ideais para acalmar e trazer paz e felicidade. Sempre usar três gotas das essências.*

Capítulo 3

Iyamí Oxorongá (Eleiés, minhas mães, senhoras dos pássaros)

Não devemos pronunciar, aleatoriamente, o nome dessas forças poderosas e perigosas, por isso, o mais aconselhado é chamá-las de Eleiés, senhoras dos pássaros. Elas são uma força feminina muito séria dentro do candomblé, sendo tratadas com muitos preceitos. Ligadas ao princípio coletivo e ao poder mítico feminino, são catalisadoras do poder divino da união das mulheres.

É preciso que as pessoas saibam se o ebó para pedir ajuda às Mães Poderosas é realmente necessário. E isso só se consegue saber através de consulta ao oráculo, ao jogo de búzios. Não se faz ebó aleatoriamente, e nunca vá sozinho entregar seus ebós; procure sempre ir acompanhado por um iniciado, com conhecimento da religião.

EBÓ 90
Para que as Eleiés afastem confusões, discórdias, ansiedade, depressão

Elementos
- *um saco grande, branco (tipo fronha)*
- *nove fios de palha da costa*
- *nove ovos*
- *nove acarajés pupá (vermelhos), só com cebola, fritos no azeite de dendê*
- *nove bolas de farinha de mandioca crua*
- *nove alfinetes com cabeça*
- *nove bolas de canjica (ebô) cozida*

Como fazer
Passe o saco pelo corpo e coloque-o no chão, na frente da pessoa. A seguir, vá passando os elementos pelo corpo, de cima para baixo, pedindo tudo o que deseja às Eleiés, e colocando no saco. Enterre os alfinetes nos acarajés, sempre fazendo seus pedidos. Feche a boca do saco com a palha da costa. Leve para uma mata e amarre na forquilha de uma árvore, de preferência um pé de acácia, de amendoeira ou quaresmeira. Boa sorte!
(Deve ser feito na parte da manhã, antes de a pessoa tomar banho.)

EBÓ 91
Para que as Eleiés possam desatar os embaraços da sua vida, do amor, da saúde, das vendas truncadas. Para ter sucesso no trabalho

Elementos
- um pedaço de pano branco
- três berinjelas pequenas, cruas
- três ovos de casca vermelha
- três punhados de pipoca
- três punhados de açúcar
- uma faca de cabo de madeira, pequena

Como fazer
Coloque as berinjelas no pano, próximas à sua cama, quando for dormir. No dia seguinte, passe esse pano pelo corpo. Na mão direita, segure a faca; na esquerda, as berinjelas. Passe tudo pelo corpo e corte as berinjelas em quatro pedaços, pedindo às Eleiés para cortarem as dificuldades, quebrarem os embaraços, abrirem os caminhos etc. Coloque as berinjelas no pano e, a seguir, passe os ovos, as pipocas e o açúcar e coloque por cima. Amarre o pano, leve para um mato e coloque o presente ao pé de uma árvore sem espinhos. Axé!

EBÓ 92
Para as Eleiés tirarem os vícios de uma pessoa e dar paz à sua família

Elementos
- um saco preto (tipo fronha)
- um peixe de água salgada, inteiro (sem escamar e sem retirar as vísceras)
- nove acaçás vermelhos (de fubá), sem as folhas
- nove acaçás brancos, sem as folhas
- nove acarajés vermelhos, fritos no azeite de dendê
- nove bolas de feijão-preto (sem tempero)
- açúcar mascavo ou açúcar cristal
- sete fios de palha da costa

Como fazer

Abra o saco na frente da pessoa. Passe o peixe pelo seu corpo, abra a boca do peixe e mande a pessoa cuspir dentro, lentamente, nove vezes. Coloque o peixe no saco, pedindo a todas as forças da ancestralidade feminina que ajudem aquela pessoa (falar o nome completo) a vencer o seu vício.

Passe os acaçás, os acarajés, as bolas de feijão. Ponha por cima o açúcar até cobrir tudo. Amarre a boca do saco com a palha da costa e enterre o ebó, pedindo que as Mães Poderosas enterrem o vício de "fulano(a)", para trazer a paz e a união da família. Boa sorte e axé!

(Este ebó não deve ser feito em casa, pois é de muito fundamento; precisa ser realizado em uma mata, para ser enterrado. Ele poderá ser feito sem que a pessoa saiba. Sua mãe ou irmã poderá receber o ebó em seu lugar.)

EBÓ 93
Para as Eleiés tirarem o vício e a agressividade dos viciados; para afastar más companhias

Elementos
- *um saco de pano estampado*
- *um peixe vermelho (pargo, cioba, olho-de-cão), sem escamar e sem retirar as vísceras*
- *nove ovos de casca vermelha*
- *nove ovos de casca branca*
- *nove ovos de casca azul*
- *nove bolas de farinha de mandioca com azeite de dendê e açafrão*
- *farofa de azeite de dendê, farinha de mandioca, açafrão e açúcar*
- *nove pedaços de madeira*
- *barbante*
- *nove fitas coloridas (cada uma medindo um metro), não acetinadas*

Como fazer
Abrir o saco, passar no corpo da pessoa e colocar no chão. Ir passando os elementos na ordem em que aparecem na lista, do pescoço para baixo, e colocar no saco. Por último, as fitas, sempre pedindo

às Eleiés pela pessoa. Amarre a boca do saco com barbante forte e despache numa lixeira. Tome um banho de ervas frescas da sua preferência, ao chegar em casa.

(A pessoa deve evitar comer o tipo de peixe usado durante um bom tempo.)

EBÓ 94
Para as Eleiés trazerem soluções para problemas difíceis do dia a dia (sentimental, de doença, jurídico, profissional)

Elementos
- *um cesto de vime pequeno, forrado com um pedaço de pano estampado*
- *três berinjelas*
- *três beterrabas*
- *três nabos ou batatas-doces pequenas*
- *azeite de dendê*
- *cebola em rodelas finas*
- *um copo pequeno de camarão seco*
- *açafrão*
- *sal*
- *folhas de alface*

Como fazer
Dê um pré-cozimento nos legumes, com casca. Corte todos ao meio e coloque-os dentro do cesto. Em uma panela, coloque azeite de dendê, cebola picada ou em rodelas finas, o camarão seco, uma colher de sopa de açafrão e uma pitada de sal. Refogue rapidamente, de modo a não deixar amolecer a cebola. Ponha em cima dos legumes. Se quiser, enfeite em volta com folhas de alface. Leve a um local alto, de pouco acesso, bem arborizado, tranquilo, e entregue às Eleiés, conversando com elas e fazendo seus pedidos. Boa sorte!

EBÓ 95
Para agradecer e agradar às Eleiés por ter seus pedidos atendidos e pedir que tragam boas notícias

Elementos
- um cesto de vime forrado com pano estampado
- dois copos de feijão-fradinho bem cozido com uma pitada de sal, duas colheres, de sopa, de açafrão e uma cebola picadinha, e que fique bem pastoso
- cinco figos cristalizados ou em calda
- cinco maçãs vermelhas
- cinco acaçás brancos
- fitas vermelhas, amarelas e azuis, finas, de algodão
- gim

Como fazer
Quando o feijão-fradinho já estiver frio, coloque-o no cesto e dê um formato arredondado. Por cima, coloque os figos e enfeite ao redor com as maçãs cortadas ao meio, os acaçás e as fitas. Leve para um local afastado do centro urbano, de mata, limpo, com pouco acesso, e ponha em um canto de pouca visibilidade. Coloque um pouco de gim na boca e borrife por cima do presente, fazendo sempre os seus pedidos às Eleiés. Muita claridade e sorte! Axé!

EBÓ 96
Para pedir às Eleiés que cortem influências negativas, tristeza, conflitos, insônia

Elementos
- galhos de guiné
- açúcar

Como fazer
Vista uma roupa clara. Procure um local bem rochoso ou uma árvore seca na mata. Bata levemente no seu corpo com os galhos de

guiné, pedindo às Mães Poderosas para livrá-la(o) das más influências, tristezas, brigas, depressão etc. Coloque os galhos aos pés da árvore e ponha em cima bastante açúcar. Saia sem olhar para trás. Ao chegar em casa, tome um banho de folhas frescas, bem verdinhas, maceradas, com três gotas de baunilha, do pescoço para baixo.

EBÓ 97
Para as Eleiés ajudarem a trazer paz, a melhorar o lado afetivo e amoroso

Elementos
- um melão aberto, sem as sementes (colocá-las num vaso ou numa árvore)
- farinha de mandioca crua
- azeite de dendê
- uma colher, de café, de canela em pó
- uma colher, de café, de cravo-da-índia moído
- uma colher, de café, de açafrão
- uma colher, de café, de anis-estrelado
- uma bandeirinha branca, de pano

Como fazer
Misture os elementos da lista e coloque-os dentro do melão, com a bandeira no meio. Leve para um local alto, limpo e arborizado. Passe pelo seu corpo, de baixo para cima, fazendo seus pedidos, e coloque o presente num gramado ou embaixo de uma árvore que dê flor. Procure estar bem arrumada, cheirosa e com o coração limpo, aberto, e pensamentos positivos. Boa sorte e axé!

EBÓ 98
Para as Eleiés lhe darem caminho, sucesso, proteção

Elementos
- uma garrafa com água
- uma colher, de sopa, de açafrão

- *licor de menta*
- *açúcar refinado*

Como fazer

Misture na água o açafrão, um pouco do licor de menta e do açúcar. Procure uma praça ou um gramado sem muito movimento, à noite (após as 18 horas). Lave bem os pés com a água, pedindo às Eleiés que abram seus caminhos etc. A seguir, lave bem as mãos, e o restante da água despeje no gramado, chamando pelas Mães Poderosas.

Se puder, leve um pombo escuro, passe pelo seu corpo, de cima para baixo, e solte, pedindo para levar e afastar a parte negativa da sua vida.

Banhos variados

Todos esses banhos são tomados do pescoço para baixo.

- *Banho com folhas de jasmim maceradas e três gotas de essência de jasmim.*
- *Banho com três gotas de essência de dama-da-noite.*
- *Banho de água de flor de laranjeira (essência de flor de laranjeira) com folhas de guiné maceradas.*
- *Banho com essência de rosa-mosqueta e essência de magnólia (por três dias seguidos).*
- *Banho com essência de opium e pétalas de rosas-amarelas.*
- *Banho cozido: dois litros de água, uma colher, de sopa, de noz-moscada ralada, três gotas das essências de verbena e de jasmim. Cozinhe por três minutos e deixe esfriar.*
- *Banhos de folhas de saião, de fortuna ou de alecrim, maceradas, que são consideradas folhas frescas e neutras.*

Não abuse do uso das essências; utilize somente três gotinhas. Você pode também utilizar as folhas do seu orixá ou as folhas do seu orí. Se não conseguir, use sabão da costa ou um sabonete neutro.

Capítulo 4

Odus

Os Odus são os transmissores enviados por Olorum, para o aiê, para trazer aos homens as mensagens e determinações do Sagrado. Eles mostram o momento positivo (Iré) ou o negativo (Ossôbo). TODOS os Odus têm ligação direta com a ancestralidade, com Odudua, com Obatalá e com Orunmilá.

Notas:
O homem, através dos tempos, de estudos e dos conhecimentos, aprendeu que existem locais específicos para presentear os Odus. Porém, na dúvida, consulte o oráculo, através do jogo de búzios.

Todos os presentes para os Odus devem ser entregues sempre antes das 15 horas.

Todas as vezes em que se faz um ebó de Odu para limpar as negatividades, algum tempo depois é necessário fazer-se um presente para neutralizar o negativo e levantar o positivo.

1 – Odu Okaran
(Okanran, Òkànràn)

Um búzio aberto e 15 fechados.
Principais divindades que respondem: Exu, Ogum, Orixá Mapô e Orunmilá.

EBÓ 99
Para o Odu Okaran afastar guerras, discórdias, fuxicos, falatórios

Elementos
- *uma folha de mamona branca ou roxa, grande, sem o talo*
- *um ovo cru*
- *um prego virgem*
- *um acaçá branco*
- *uma agulha de costura, grande e grossa*

Como fazer
Coloque todos os elementos na folha e dobre como se fosse um embrulho, amarrando com palha da costa. Passe pelo corpo, de cima para baixo, pedindo para o Odu afastar as negatividades. Despache em uma esquina de terra, em local afastado, onde você não passe muito.
(Fazer em Lua Minguante ou Nova.)

EBÓ 100
Para o Odu Okaran cortar inveja e olho-grande

Elementos
- *um metro de pano preto*
- *um acaçá vermelho*
- *uma sardinha grande, inteira*
- *um ovo de casca vermelha*

- *uma bola de farinha de mandioca com água*
- *uma vela branca, pequena*

Como fazer

Passe os elementos pelo seu corpo, de baixo para cima, e coloque-os no pano preto, fazendo seus pedidos ao Odu. Enrole e despache num mato fechado, longe da sua residência.
(Fazer em Lua Minguante ou Nova.)

EBÓ 101
Para o Odu Okaran ajudá-lo a sair vitorioso em questões de justiça (se você for merecedor!)

Elementos
- *um alguidar médio forrado com pano vermelho*
- *um peixe de água doce, pequeno, sem escamar e sem tirar as vísceras*
- *farinha de mandioca*
- *azeite de oliva*
- *sal*
- *canela em pó*
- *páprica picante*
- *açúcar mascavo*
- *gergelim*
- *erva-doce*
- *um acaçá branco*
- *uma pera, cortada em quatro partes*
- *uma laranja descascada, cortada em quatro partes*
- *um búzio aberto (abertura da parte de cima do casco, feita pelo homem)*
- *uma bandeira branca, de pano*

Como fazer

Misture com as pontas dos dedos a farinha, o azeite, o sal, a canela, a páprica, o açúcar mascavo, o gergelim e a erva-doce, fazendo uma farofa não muito úmida. Ponha o peixe em pé no sentido horizontal e cerque-o com a farofa, para mantê-lo firme. Coloque o acaçá, os pedaços da pera e da laranja. Finque o búzio e a bandeira no acaçá.

Passe no corpo da pessoa, de baixo para cima, pedindo o que deseja ao Odu Okaran. Coloque o presente em uma estrada longa, embaixo de uma árvore, longe do asfalto. Se você puder, saia da estrada e pegue uma trilha de terra. É mais indicado. Seja perseverante e vencerá! Axé!
(Fazer em Lua Cheia ou Quarto Crescente.)

EBÓ 102
Para o Odu Okaran afastar seu inimigo ou um falso amigo, fazendo-o sumir do seu caminho. Para afastar pessoa inconveniente de sua casa. Afastar mesmo!

Elementos
- um metro de pano preto
- um saco preto
- meio quilo de fígado bovino, cru
- um papel com o nome da pessoa, escrito a lápis
- uma agulha grossa e grande
- farinha de mandioca
- pó de carvão
- sal
- sete tipos de pimenta
- duas colheres, de sopa, de óleo de rícino
- fel de galinha
- algumas folhas de corredeira

Como fazer
Use uma luva, pois o ebó tem elementos que podem trazer alergia.

    Com a farinha, o pó de carvão, uma pitada de sal, as pimentas, o óleo de rícino e o fel de galinha, faça uma farofa, com as pontas dos dedos. Enfie o papel e a agulha no fígado, fazendo seus pedidos. Coloque tudo no pano e cubra com as folhas de corredeira. Feche o pano e coloque-o no saco preto. Passe pelo corpo da pessoa, de cima para baixo. Leve para longe e enterre numa vala, ou em local com bastante lama, ou num mangue, fazendo seus pedidos. Tenha

consciência do que está fazendo. Você não quer o mal da pessoa, somente afastá-la da sua vida, da sua casa, do seu caminho, ok? Boa sorte e muito axé!
(Fazer em Quarto Minguante ou Lua Nova.)

EBÓ 103
Para o Odu Okaran ajudar a afastar o vício de álcool ou de drogas de uma pessoa

Elementos
- um saco preto, de algodão
- três ovos de casca vermelha
- três pregos grandes
- três ecurus
- três acarajés fritos no azeite de dendê
- três bolas de tapioca
- três bolas de farinha de mandioca crua
- três punhados de barro vermelho ou de terra vermelha
- sete fios de palha da costa ou corda de sisal

Como fazer
Passe o saco pelo corpo da pessoa, de cima para baixo. Coloque-o no chão e vá passando os elementos pelo corpo da pessoa, também de cima para baixo, fazendo seus pedidos ao Odu Okaran, em nome de Exu, e coloque-os dentro do saco. (Se preferir, ou tiver qualquer dificuldade, arrume tudo no saco e passe simbolicamente pelo corpo.) Amarre a boca do saco com os fios de palha da costa ou um pedaço de corda de sisal. Leve para uma mata e enterre o saco aos pés de uma palmeira ou de um coqueiro seco. Esse ebó é trabalhoso, mas funciona, com certeza! Boa sorte!
(Fazer em Lua Minguante ou Nova.)

EBÓ 104
Para o Odu Okaran ajudar a abrir seus caminhos e atrair sucesso profissional, ou para afastar as perseguições de colega de trabalho, que deseja o seu lugar

Elementos
- uma cabaça de pescoço, média
- um ímã
- um prego de aço, médio
- ossum
- wáji
- azeite de dendê

Como fazer
Abra a cabaça abaixo do pescoço, sem retirar as sementes. Passe os elementos no corpo, de baixo para cima, e coloque-os na cabaça. Polvilhe com um pouco de ossum e wáji, e cubra com o azeite de dendê. Passe a cabaça no corpo e faça seus pedidos ao Odu Okaran, em nome de Exu. Leve para um local alto e procure uma árvore bem alta, antiga, e coloque o presente aos pés dessa árvore. Faça com fé e atingirá seus objetivos. Axé!
(Fazer em Lua Cheia ou Quarto Crescente.)

EBÓ 105
Para Okaran trazer claridade e prosperidade para o dia a dia dos seus negócios

Elementos
- uma folha de mamona sem o talo (cortar o talo em três pedaços e colocar em cima da folha)
- um acaçá branco, grande, sem a folha
- uma bala de leite ou de coco
- uma maçã-vermelha, cortada em quatro pedaços
- wáji

Como fazer
Arrume os elementos na folha pela ordem em que aparecem na lista. Passe pelo corpo, de baixo para cima, pedindo tudo de positivo que deseja ao Odu Okaran. A seguir, coloque essa folha embaixo de uma árvore bem copada, sem espinhos, e ofereça ao Odu, em nome de Exu. Polvilhe com um pouco de wáji. Axé!
(Fazer em Lua Cheia ou Quarto Crescente.)

2 – Odu Ejiokô
(Ejí Oko, *Èjí Òkò*)

Dois búzios abertos e 14 fechados.
Principais divindades que respondem: Obaluaiê e Ibeji.

EBÓ 106
Para o Odu Ejiokô ajudar a pessoa a receber aprovação em uma reunião importante, para que tudo corra a seu favor. Para realizar bons negócios no seu comércio

Elementos
- *um prato de papelão, grande*
- *dois pães doces, grandes e bem bonitos*
- *mel de abelha (ou melado)*

Como fazer
Se preferir, arrume o presente no local da entrega. Passe simbolicamente os pães no seu corpo, de baixo para cima, e coloque-os no prato, regando com o mel de abelhas ou melado. Passe o prato pelo seu corpo, de baixo para cima, fazendo seus pedidos para Ejiokô. Use sua fé e faça tudo com o coração limpo, mentalizando somente coisas boas, positivas, produtivas. Leve para uma mata e coloque o presente à frente de uma palmeira bem alta e inteira, com folhas intactas e exuberantes, chamando por Ejiokô, em nome de Exu.

Procure estar com um bom astral, bem vestido(a), perfumado(a) e com pensamentos leves, libertos. Abrace a árvore, bata um "paó" e faça seus pedidos. Boa sorte!
(Fazer em Lua Cheia ou Quarto Crescente.)

EBÓ 107
Um talismã para o Odu Ejiokô lhe ajudar a conseguir estabilidade no emprego, ser bem reconhecido por seus superiores

Elementos
- uma tigela estampada bonita, sem tampa
- areia de rio (maré alta, Lua Cheia ou Quarto Crescente)
- areia de praia de mar (maré alta, Lua Cheia ou Quarto Crescente)
- um boneco pequeno (de barro, resina ou porcelana)
- um cristal de quartzo rosa
- uma ametista ou olho de tigre
- dois ímãs
- dois búzios abertos (abertura da parte de cima do casco, feita pelo homem)
- duas favas de olho-de-boi (macho e fêmea)

Como fazer
Coloque as areias dentro da tigela e os demais elementos por cima, arrumando-os ao seu gosto. Ponha em local alto, bem limpo e resguardado, na sua casa, pedindo que Ejiokô lhe traga estabilidade e reconhecimento em seu emprego, que em nome de Exu esse Odu vá buscar coisas positivas para você e para o seu lar. Boa sorte!
(Fazer em Lua Cheia ou Quarto Crescente.)

EBÓ 108
Para o Odu Ejiokô acalmar seu relacionamento afetivo, cortando os desentendimentos, as discórdias; que os dois falem a mesma língua

Elementos
- um alguidar pintado de branco, com efum
- um papel com o nome do seu amor, escrito a lápis
- um coração de cristal, de porcelana ou de metal dourado
- meio quilo de araruta em pó

- *uma colher, de sopa, de semente de girassol*
- *uma colher, de sopa, de canela em pó*
- *uma colher, de sopa, de camomila*
- *uma colher, de sopa, de erva-doce*
- *uma colher, de sopa, de cravo-da-índia*
- *pétalas de rosas-amarelas, rosas-brancas e rosas-vermelhas*
- *duas colheres, de sopa, de açúcar cristal*
- *duas colheres, de sopa, de grãos de gergelim*
- *óleo de amêndoa*
- *purpurina ou glitter dourado*

Como fazer

Misture a araruta com os ingredientes secos, um pouco das pétalas de rosas, o açúcar cristal e os grãos de gergelim, fazendo com os dedos uma farofa. Coloque o papel no alguidar e o coração por cima e cubra tudo com a farofa, fazendo seus pedidos. Espalhe por cima, separadamente, as pétalas de rosas, ao seu gosto. Pingue algumas gotas de óleo de amêndoa e borrife o glitter ou a purpurina dourada. Leve para um lugar calmo, bem bonito (um jardim, por exemplo), arborizado, florido, e ponha aos pés de uma árvore sem espinhos, que dê flor, pedindo ao Odu Ejiokô, em nome de Exu, paz, harmonia, tranquilidade e felicidade para você e seu/sua amado(a). Com certeza vai dar certo! Boa sorte!

(Fazer em Lua Cheia ou Quarto Crescente.)

EBÓ 109
Para o Odu Ejiokô ajudar a cortar a perseguição profissional, os inimigos

Elementos
- *um melão amarelo, cortado ao meio, sem as sementes*
- *um papel branco, com seu nome escrito a lápis*
- *um copo de açúcar cristal*
- *água de flor de laranjeira*
- *água de coco*

Como fazer
Corte uma tampa no melão e retire as sementes, colocando ao pé de uma árvore. Ponha o papel com o nome e cubra com o açúcar e as águas. Passe pelo seu corpo, de baixo para cima, fazendo seus pedidos a Ejiokô, em nome de Ogum. Leve para um local de natureza e coloque o presente embaixo de uma árvore sem espinhos, num campo aberto. Boa sorte e axé!
(Fazer em Lua Cheia ou Quarto Crescente.)

EBÓ 110
Para o Odu Ejiokô trazer claridade para sua vida e de sua família

Elementos
- *um alguidar médio, de barro cru, forrado com morim branco*
- *dois figos cristalizados*
- *duas maçãs-verdes, cortadas em quatro pedaços*
- *dois búzios abertos (abertura da parte de cima do casco, feita pelo homem)*
- *dois cavalos-marinhos*
- *duas conchas*
- *dois acaçás brancos, sem a folha*
- *dois quiabos crus, retinhos*

Como fazer
Passe os elementos pelo seu corpo, de baixo para cima, e ponha no alguidar, chamando pelo Odu Ejiokô e fazendo seus pedidos. Leve e entregue em local bem arborizado e limpo.
(Fazer em Lua Cheia ou Quarto Crescente.)

3 – Odu Etaogundá (*Ogundá*)

Três búzios abertos e 13 fechados.
Principais divindades que respondem: Ogum e Xoroquê/Sorroquê.

EBÓ 111
Para o Odu Etaogundá lhe trazer prosperidade no seu comércio, que sua vida comercial flua positivamente

Elementos
- *um alguidar n° 3, forrado com ramos de alecrim*
- *um inhame-do-norte, assado e cortado em três pedaços, na vertical*
- *três nozes-moscadas, inteiras*
- *três favas-da-montanha*
- *três orobôs inteiros, sem a película*
- *três acaçás brancos, sem a folha*
- *óleo de coco*
- *wáji (ou anil)*

Como fazer

Após esfriar, passe os pedaços de inhame pelo seu corpo, de baixo para cima, fazendo seus pedidos a Etaogundá. Coloque-os no alguidar e acrescente os demais itens, arrumando ao seu gosto. Regue com o óleo de coco, pulverize um pouco de wáji e enfeite com alguns ramos bem verdinhos de alecrim. Coloque o presente no lugar mais alto dentro do seu comércio, ou em local próximo ao seu comércio, ou onde pretende abrir seu estabelecimento comercial. Boa sorte! Axé!
(Fazer em Lua Cheia ou Quarto Crescente.)

EBÓ 112
Para o Odu Etaogundá lhe ajudar a ter presença marcante, ser notada(o) ao entrar em qualquer lugar

Elementos
- três folhas de mamona branca, grandes, sem o talo
- um inhame-do-norte (ou inhame-cará) cozido, descascado e cortado em três pedaços
- três acaçás vermelhos, sem a folha
- três acaçás brancos, sem a folha
- três pregos de aço, virgens
- três cocadas brancas
- três bananas descascadas
- melado ou açúcar mascavo

Como fazer
Em um local alto, procure três árvores bem frondosas, altas e sem espinhos; podem ser três coqueiros. À frente de cada árvore coloque uma folha com um elemento de cada um dos citados na lista, passando primeiramente pelo corpo, de baixo para cima, e fazendo seus pedidos ao Odu Etaogundá. Regue cada folha com um pouco do melado ou com o açúcar mascavo. Peça brilho na vida da pessoa, que seja notada, que seja o centro das atenções, bastante movimento na sua vida, muito sucesso etc. Boa sorte!
(Fazer em Lua Cheia ou Quarto Crescente.)

EBÓ 113
Para o Odu Etaogundá lhe ajudar a terminar um projeto de difícil conclusão (pode ser uma obra ou uma compra desejada)

Elementos
- um alguidar grande, forrado com folhas de abre-caminho e amor-do--campo (ewe ajejê)
- flocos de milho (fubá grosso)

- *azeite de dendê*
- *sal*
- *cravo-da-índia, sem a cabecinha*
- *noz-moscada, ralada*
- *açúcar mascavo*
- *três espigas de milho verde, desfiadas na palha*
- *três pedras de jardim (pode ser de material da sua obra)*
- *três bolas de inhame-do-norte cozido*
- *azeite de oliva*

Como fazer
Coloque os elementos no alguidar, regue com o azeite e passe pelo seu corpo, de baixo para cima, fazendo seus pedidos. Leve para uma serra e coloque o presente em frente a uma árvore bem copada, sem espinhos, em local próximo à estrada, oferecendo ao Odu Etaogundá, pedindo pela sua ajuda. Você vai conseguir! Axé!
(Fazer em Lua Cheia ou Quarto Crescente.)

EBÓ 114
Para Etaogundá ajudá-lo(a) a ser feliz em seu relacionamento amoroso

Elementos
- *um saco, feito com tecido estampado, de algodão*
- *três bolas de arroz cozido*
- *três bolas de inhame cozido*
- *três acaçás vermelhos, sem a folha*
- *três pregos de aço*
- *três frutas de sua preferência*
- *três pedaços de canela em pau*
- *três obis abertos (de dois ou quatro gomos)*
- *três orobôs inteiros, sem a película*
- *três búzios abertos (abertura da parte de cima do casco, feita pelo homem)*
- *três ímãs*

Como fazer

Passe cada item da lista pelo corpo da pessoa, de baixo para cima, pedindo com o coração aberto tudo o que deseja a Etaogundá, e coloque-os no saco. Ponha esse saco ao lado do lugar onde a pessoa dorme. No dia seguinte, pendure-o na forquilha de uma árvore bem copada, antes das 15 horas. Abrace a árvore e mentalize somente coisas boas. Boa sorte! Axé!
(Fazer em Lua Cheia ou Quarto Crescente.)

EBÓ 115
Para que o Odu Etaogundá venha em sua defesa, em nome de Ogum, e que corte tristezas, melancolia, fadiga, perturbações, guerras e atrapalhos do seu dia a dia

Elementos
- *sete folhas de espada-de-são-jorge*
- *sete ovos*
- *sete acaçás brancos, sem a folha*
- *sete acaçás vermelhos, sem a folha*
- *gim*
- *folhas de bananeira sem o talo*
- *um inhame-cará assado e enfeitado com taliscas de mariwo (mariô)*
- *um ímã*

Como fazer
Procure em mata afastada uma árvore sem espinhos e faça o presente embaixo dessa árvore. Bata, de cima para baixo, no corpo da pessoa as folhas da espada-de-são-jorge, corte-as em três pedaços e jogue-as aos pés da árvore. Vá fazendo seus pedidos e passe, a seguir, os ovos, quebrando-os em cima das folhas. A seguir, passe os acaçás e, após, coloque um pouco de gim na boca e borrife por cima. Bem próximo, arrie nas folhas de bananeira o inhame assado e o ímã fincado nele e peça o que deseja a Etaogundá, em nome de Ogum. Peça misericórdia, que consiga se livrar dos sofrimentos, da

tristeza etc. Jogue em volta o restante do gim e leve a garrafa para colocar no lixo. Tenha fé e conseguirá o que deseja. Boa sorte! Axé!
(Fazer em Lua Cheia ou Quarto Crescente.)

EBÓ 116
Para o Odu Etaogundá atrair coisas boas e prósperas para sua vida e de sua família

Elementos
- *folhas de bananeira*
- *três inhames-cará assados, cortados horizontalmente*
- *três folhas de mamona, lavadas e secas*
- *21 taliscas de dendê*
- *melado*
- *azeite de dendê*
- *250 g de feijão-fradinho lavado e bem escorrido, torrado, com uma pitada de sal*
- *250 g de milho vermelho lavado e bem escorrido, torrado, com uma pitada de sal*
- *três acaçás brancos, sem a folha*
- *açúcar refinado*

Como fazer
Faça esse ebó no próprio local de entrega. Procure uma estrada de subida ou o alto de um morro. Forre com as folhas de bananeira o chão em frente a um coqueiro. Vá passando pelo corpo, de baixo para cima, as três folhas de mamona, com um inhame cozido em cada, enfeitados com sete taliscas cada um. Regue tudo com um pouco de melado e azeite de dendê, fazendo seus pedidos a Etaogundá, em nome de Ogum. Deposite os acaçás e coloque um pouco do açúcar por cima, sempre fazendo seus pedidos. Passe pelo corpo, de cima para baixo, o feijão-fradinho e o milho vermelho torrados e jogue em volta do presente (ebó).
(Fazer em Lua Cheia ou Quarto Crescente.)

4 – Odu Iorossum
(Irosun, *Ìrosùn*)

Quatro búzios abertos e 12 fechados.
Principais divindades que respondem: Iemanjá, Xangô.
Ancestralidade masculina: Babá Egum; ancestralidade feminina: as Iyamís.

EBÓ 117
Para o Odu Iorossum atrair a união e a harmonia para um casal ou para uma família

Elementos
- um cesto enfeitado com fitas finas de algodão, de cores variadas (menos preto e roxo), ou apenas fitas brancas e azuis
- um pano branco, de algodão ou morim
- canjica cozida, lavada e bem escorrida
- quatro maçãs-verdes, cortadas em quatro partes
- quatro peras macias, cortadas em quatro partes
- um melão pequeno, cortado em quatro partes
- quatro bolas de arroz branco, cozido
- quatro búzios abertos (abertura da parte de cima do casco, feita pelo homem)
- quatro caracóis do mar
- pétalas de rosas-brancas
- efum ralado
- grãos de gergelim

Como fazer
Forre o cesto com o pano branco. Passe os ingredientes da lista pelo corpo, de baixo para cima, fazendo os pedidos. Por último, cubra com os grãos de gergelim e com o efum. Ofereça esse presente em local de mata onde a natureza esteja bem viva, resplandecente, com muito verde e, de preferência, com algumas flores por perto.

Se preferir, leve para um lugar com um rio ou regato limpo, com muito verde em volta. Coloque o presente embaixo de uma árvore, à beira da água. Boa sorte e muitas alegrias! Axé!
(Fazer em Lua Cheia ou Quarto Crescente.)

EBÓ 118
Para Iorossum tirar o ódio, a raiva, o rancor do coração e da mente de uma pessoa

Elementos
- *uma panela de barro com tampa, grande*
- *dois metros de morim branco*
- *um bagre cru, inteiro e lavado (sem retirar escamas e vísceras)*
- *um acaçá branco, sem a folha*
- *um ovo de pata*
- *uma faca de aço, comum*
- *um obi aberto*
- *um orobô inteiro, sem a película*
- *óleo de coco*
- *açúcar refinado*

Como fazer
Passe tudo pelo seu corpo, de cima para baixo, coloque dentro da panela e faça seus pedidos ao Odu Iorossum. Ao final, regue tudo com o óleo e cubra com o açúcar. Despache num local deserto, afastado do centro urbano, onde não haja movimento de pessoas. Peça para Iorossum arrancar do seu coração essas coisas negativas, que o machucam e magoam. Se próximo houver um imóvel em ruínas ou local de lixo, de despejo, pode colocar a panela ali.

Leve um coco maduro; passe pelo seu corpo, pedindo a Orunmilá que retire do seu corpo o ódio, a melancolia, a solidão etc. Jogue o coco com firmeza no chão, para quebrá-lo. Boa sorte! Axé!
(Fazer em Lua Minguante ou Nova.)

EBÓ 119
Para que o Odu Iorossum ajude a aliviar as dores do seu corpo

Elementos
- *um metro de morim branco*
- *canjica catada, cozida, lavada e bem escorrida*
- *um peixe pequeno, de água salgada*
- *quatro bolas de farinha de mandioca*
- *quatro bolas de tapioca*
- *quatro ecurus*
- *efum ralado*

Como fazer
Passe o pano pelo corpo, de cima para baixo, fazendo seus pedidos. A seguir, passe os demais elementos da lista e ponha sobre o pano. Coloque o peixe por cima da canjica, com as bolas e os ecurus em volta. Polvilhe o efum. Dobre o pano como se fosse um embrulho. Entregue próximo a um rio de água doce, limpo, pedindo ao Odu Iorossum o que deseja e precisa. Axé!
(Fazer em Lua Nova ou Minguante.)

EBÓ 120
Para que o Odu Iorossum lhe ajude a combater o mau humor, a falta de vitalidade

Elementos
- *um metro de pano estampado, de algodão, onde predomine o tom azul*
- *quatro acarajés fritos no azeite de dendê*
- *quatro ovos inteiros*
- *quatro sardinhas cruas, sem escamar nem retirar as vísceras*
- *quatro pedaços de corda grossa, de sisal*

Como fazer

Não entregue esse presente sozinho, vá acompanhado(a).

Passe o pano no corpo, de cima para baixo, fazendo seus pedidos.

A seguir, passe os demais elementos e coloque em cima do pano.

Enrole e leve para despachar em local de muita vegetação seca, com rochas e terrenos ressecados. Ponha em cima de uma rocha.

(Fazer em Lua Cheia ou Quarto Crescente.)

5 – Odu Oxê (Òsè)

Cinco búzios abertos e 11 fechados.
Principais divindades que respondem: Oxum, Oyá e Iemanjá.

EBÓ 121
Para o Odu Oxê ajudar no crescimento financeiro

Elementos
- um prato de papelão grande, dourado, ou um cesto pequeno, forrado com morim amarelo
- farinha de mandioca, crua
- sal
- mel
- açúcar mascavo
- cinco rosas-amarelas
- cinco peras bem macias, cortadas em fatias
- cinco conchas do mar
- cinco quiabos bem retinhos
- cinco balas de coco, sem o papel
- cinco moedas atuais, douradas

Como fazer
Misture bem a farinha com uma pitada de sal, açúcar e um pouco de mel, e coloque-a no prato/cesto. Por cima, arrume ao seu gosto os demais elementos. Deixe dentro de sua casa por cinco dias, em local alto. Passado esse período, leve para um lugar de grama, limpo e bonito. Boa sorte!
(Fazer em Lua Cheia ou Quarto Crescente.)

EBÓ 122
Para que Oxê ative o seu brilho, seu encanto, sua simpatia, que seja bem-vindo(a) onde chegar

Elementos
- um cesto pequeno, forrado com morim amarelo

- *250 g de feijão-fradinho*
- *uma pitada de sal*
- *uma cebola média, ralada*
- *cinco pedaços de cristal amarelo*
- *cinco espelhos*
- *cinco conchinhas do mar*
- *cinco quindins*
- *cinco uvas verdes*

Como fazer
Cozinhe bem o feijão-fradinho com um pouco da cebola e o sal. Escorra e deixe esfriar. Coloque-o no cesto e enfeite com os demais itens. Passe pelo corpo, de baixo para cima, pedindo ao Odu Oxê, em nome de mãe Oxum, tudo que deseja. Deixe em sua casa por cinco dias, em local limpo e arrumado. Após esse tempo, leve para entregar às margens de um rio limpo ou em uma cachoeira, em local tranquilo e bem afastado dos centros urbanos. Se quiser, leve algumas flores brancas ou amarelas e entregue nas águas para Mãe Oxum, refazendo seus pedidos. Axé!
(Fazer em Lua Cheia ou Quarto Crescente.)

EBÓ 123
Para que o Odu Oxê lhe ajude a encantar, a exercer seu fascínio e conseguir grandes conquistas e realizações
(Pode ser feito também para conquistar um novo amor!)

Elementos
- *uma bacia de ágata*
- *areia de rio*
- *areia de praia*
- *cinco corações de louça, vidro ou porcelana (ou cinco corações dourados)*
- *cinco ímãs*
- *cinco conchas do mar*
- *cinco cristais variados, ao seu gosto*
- *cinco rosas-amarelas*

- *cinco bolas de vidro, pequenas*
- *cinco espelhos*
- *cinco pentes*
- *cinco pulseiras douradas*
- *cinco maçãs-verdes*
- *cinco doces finos*
- *cinco ramos (espigas) de trigo*
- *um pouco de pó de ouro ou similar*

Como fazer

Misture as areias e coloque-as na bacia. Passe os demais elementos no seu corpo, de baixo para cima, e vá colocando-os ao seu gosto na areia, fazendo seus pedidos ao Odu Oxê. Ponha dentro de sua casa em local limpo, onde só fique esse presente. Deixe-o por cinco dias; passado esse tempo, verifique se as maçãs e os doces estão passados e retire-os, colocando-os embaixo de uma árvore. Guarde o presente no mesmo local. De três em três meses, se puder, em todo dia 5, de preferência num sábado ou domingo, coloque doces ou frutas. Faça também no dia 5/5 (5 de maio). Esteja sempre bem arrumada(o) e cheirosa(o), peça o que quer a Oxê, em nome de mãe Oxum. Quando puder, coloque um pedaço ou uma peça de ouro dentro desse presente. Boa sorte e muito encantamento!

(Fazer em Lua Cheia ou Quarto Crescente.)

EBÓ 124
Para o Odu Oxê atrair um amor por você

Elementos

- *um cesto médio, forrado com morim branco e amarelo*
- *um copo de araruta*
- *pó de ouro*
- *pó de prata*
- *pó de cobre*
- *um melão, cortado em cinco pedaços*
- *cinco bolas de batata-doce cozida*

- *cinco quindins*
- *cinco pares de olhos de boneca*
- *cinco quiabos crus, retinhos*
- *cinco espelhos*
- *cinco ramos (espigas) de trigo*

Como fazer
Misture a araruta com os pós e coloque no cesto. Distribua os demais elementos por cima. Coloque os quiabos e os ramos (espigas) de trigo ao redor, pedindo o que você deseja ao Odu Oxê. Faça tudo com muito carinho, bom gosto e muita fé, acreditando que seu desejo será atendido. Guarde em local alto, dentro de sua casa, coberto com um paninho amarelo ou branco. Deixe por cinco dias e, em todas as manhãs, renove seus pedidos ao Odu Oxê, em nome de Oxum. Depois, leve o presente e coloque-o às margens de um rio limpinho, ou à beira do mar, em momento de calmaria, em local discreto, para que a natureza se encarregue de destruí-lo. Grandes conquistas e muito axé!
(Fazer em Lua Cheia ou Quarto Crescente.)

EBÓ 125
Para Oxê ajudar a manter firme seu relacionamento amoroso, pois o amor é fundamental na vida

Elementos
- *uma tigela forrada com pano amarelo, de algodão*
- *um pedaço de papel branco, com o nome do casal escrito a lápis*
- *250 g de feijão-fradinho*
- *cebola ralada*
- *uma pitada de sal*
- *azeite de dendê*
- *cinco ovos de codorna, crus*
- *cinco búzios abertos*
- *cinco conchas do mar*

- um boneco pequenino, de resina, porcelana ou louça
- cinco quindins
- cinco quiabos crus, retos
- óleo de amêndoa doce
- melado
- fitas amarelas, para enfeitar
- uma bandeira branca, de morim
- uma bandeira azul, de morim

Como fazer

Coloque o papel em cima do pano. Peça a uma pessoa do sexo feminino que faça um omolocum bem pastoso e firme com o feijão-fradinho, a cebola, sal e o azeite de dendê e coloque-o na tigela. Enfeite com os demais elementos ao seu gosto. Regue com o óleo de amêndoa doce e o melado e ponha as bandeiras. Passe pelo seu corpo simbolicamente, de baixo para cima, fazendo seus pedidos ao Odu Oxê. Deixe dentro de sua casa por 24 horas, em local limpo e calmo. Quando sair, enfeite o presente com as fitas amarelas e leve-o para colocar à beira de um rio ou próximo a uma cachoeira ou fonte de água limpa. Peça a Oxê, em nome de Oxum, a paz, a união e uma paixão renovada. Boa sorte!

(Fazer em Lua Cheia ou Quarto Crescente.)

EBÓ 126
Para o Odu Oxê ajudar a amarrar seu amor e deixá-lo dócil e apaixonadinho por você

Elementos
- uma panela de barro com tampa
- cinco pedaços de papel branco ou amarelo tendo escritos o nome e a data de nascimento do seu amor, a lápis
- cinco obis de duas bandas (banja) (abrir com a unha)
- fios de palha da costa ou linha branca
- cinco colheres, de sopa, de óleo de amêndoa doce
- cinco colheres, de sopa, de óleo de coco

- *essência de rosas*
- *essência de cravo-da-índia*
- *essência de canela*
- *essência de jasmim*
- *essência de girassol*
- *cinco ímãs*
- *um copo e meio de arroz branco, com uma pitada de sal*
- *açúcar refinado*

Como fazer

Cozinhe o arroz com uma pitada de sal, bem soltinho. Após cozido, lave-o bem e seque. Guarde. Coloque cada pedaço de papel dentro de um obi, amarre com a palha ou linha e ponha dentro da panela. Acrescente o óleo de amêndoa doce, o óleo de coco, três gotas de cada uma das essências e os ímãs, sempre pedindo tudo que deseja para o seu romance ao Odu Oxê. A seguir, cubra com o arroz e com o açúcar. Tampe a panela, mentalizando somente coisas boas e positivas para sua vida amorosa. Deixe em sua casa, em local limpo e tranquilo, por três dias. Passado esse tempo, enterre essa panela em lugar limpo, resguardado e bem fresco, de preferência próximo à areia de um rio. Ofereça ao Odu Oxê, pedindo sempre em nome de Oxum. Felicidades e boa sorte!

(Fazer em Lua Cheia ou Quarto Crescente.)

EBÓ 127
Para o Odu Oxê ajudar a mulher a ter sucesso em sua gravidez, ou para ajudá-la a engravidar

Elementos
- *um prato laminado, grande, prateado ou dourado, coberto com folhas de parreira*
- *um peixe de água doce, médio e lavado (sem escamar e sem retirar as vísceras)*
- *azeite de oliva*
- *sal*

- *cinco cocadas brancas*
- *cinco ovos de galinha de quintal ou ovos de codorna*
- *cinco doces feitos com coco ralado (quindim, beijinho etc.)*
- *fios de ovos*

Como fazer

Prepare uma pasta com um pouco de azeite de oliva e sal e passe no peixe, por dentro e por fora. Coloque-o em cima de folhas de bananeira e leve para assar. Retire o peixe, sem deixar quebrá-lo, e ponha no prato com os demais elementos, enfeitando ao seu gosto. Cubra com os fios de ovos, fazendo seus pedidos ao Odu Oxê, em nome de Oxum. Passe pelo corpo da pessoa, de baixo para cima, sempre renovando seus desejos. Leve para um local limpo, uma mata ou jardim, de preferência em um ambiente florido. Isso é o ideal. Muito boa sorte!

(Fazer em Lua Cheia ou Quarto Crescente.)

EBÓ 128
Para que o Odu Oxê possa trazer harmonia, transformando você em pessoa mais passiva, tranquila, menos implicante

Elementos
- *uma bacia de louça, coberta com morim amarelo*
- *um pedaço de papel com o nome da pessoa, escrito a lápis*
- *um melão médio aberto na tampa, sem as sementes (coloque-as em um matinho)*
- *cinco quindins pequenos*
- *cinco conchas do mar*
- *uma bonequinha pequena, de tecido, resina ou porcelana*
- *cinco búzios abertos (abertura da parte de cima do casco, feita pelo homem)*
- *uma noz-moscada inteira*
- *cinco peras bem macias*
- *cinco acaçás brancos, sem a folha*

- *uma bandeira branca, de morim*
- *uma bandeira amarela, de morim*
- *água de flor de laranjeira*
- *água de rosas*

Como fazer
Coloque na bacia o papel com o nome da pessoa e, por cima, ponha o melão. Acrescente dentro do melão os demais elementos, com a bonequinha no centro, em pé. Enfeite com as peras e os acaçás ao redor do melão; finque nos acaçás as bandeiras. Regue tudo com a água de flor de laranjeiras e a água de rosas. Passe pelo corpo da pessoa, de baixo para cima. Converse com o Odu Oxê, em nome de Oxum, pedindo tudo de que precisa. Deixe em sua casa por alguns dias e depois leve para colocar aos pés de uma árvore acolhedora ou dentro de um rio de água limpa. Despeje e traga a bacia de volta. Boa sorte! Axé!
(Fazer em Lua Cheia ou Quarto Crescente.)

EBÓ 129
Para o Odu Oxê fazer seu amor ficar mais apaixonado, lhe dar mais atenção, ser mais atuante e participativo na sua vida

Elementos
- *um cesto de vime, forrado com morim amarelo*
- *papel com o nome da pessoa amada, escrito a lápis (se você for fazer para outra pessoa, ponha o nome do homem por baixo e o da mulher por cima)*
- *duas colheres, de sopa, de farinha de mandioca*
- *essência de patchuli*
- *essência de rosas*
- *essência de opium*
- *sementes de girassol*
- *uma colher, de sopa, de cravo-da-índia*
- *um pedaço de canela em pau*

- *uma colher, de sopa, de erva-doce*
- *uma colher, de sopa, de anis-estrelado*
- *açúcar cristal*
- *pétalas de rosas-brancas e rosas-amarelas*
- *um obi aberto em Aláfia*

Como fazer

Coloque o papel embaixo do morim, dentro do cesto. Vá acrescentando os cereais e as especiarias, mentalizando somente coisas boas e positivas. Polvilhe a farinha de mandioca, pingue cinco gotas de cada essência, cubra com o açúcar e enfeite com as pétalas de rosas. Coloque o obi por cima. Passe pelo corpo, de baixo para cima, conversando com o Odu Oxê, em nome de Oxum, pedindo que ele atenda aos seus pedidos. Entregue em um local aberto, bem arborizado, embaixo de uma árvore grandiosa, bonita. Tudo de bom! Axé!

(Fazer em Lua Cheia ou Quarto Crescente.)

6 – Odu Odí (*Òdí*)

Seis búzios abertos e dez fechados.
Principais divindades que respondem: Exu, Obaluaiê e Orixalá.

Odí, quando tratado adequadamente, traz sorte, saúde, energias positivas e coisas favoráveis para o nosso dia a dia.

EBÓ 130
Para que o Odu Odí afaste a ansiedade, a depressão e a tendência ao suicídio

Elementos
- um metro de pano marrom
- 250 g de fígado bovino, cru
- um copo de milho de pipoca
- três colheres de sopa de alpiste
- um orobô ralado
- dois copos e meio de açúcar mascavo
- um acaçá branco, sem a folha

Como fazer
Misture o milho de pipoca com o alpiste, o orobô e o açúcar, fazendo com as pontas dos dedos uma farofa. Ponha a farofa em cima do pano e acrescente todos os demais elementos. Una as quatro pontas do pano e passe pelo corpo da pessoa, de cima para baixo. Enrole e ponha aos pés de uma árvore ou de uma palmeira seca, ou despache em um local de água parada, um mangue. Após o descarrego, passe pelo corpo um pássaro claro, pedindo que leve essas tendências negativas do corpo da pessoa, e solte-o.

Ao chegar em casa tome um banho de acaçá macerado com pétalas de rosas-brancas, por três dias, do pescoço para baixo. Boa sorte!

EBÓ 131
Para que o Odu Odí afaste as dificuldades financeiras e a falta de emprego

Elementos
- *um saco de tecido estampado, com predominância do preto*
- *uma pedra de carvão, grande*
- *pipoca estourada no azeite de dendê*
- *canjica (ebô) cozida, lavada e escorrida*
- *fios de palha da costa*

Como fazer
Passe o saco pelo corpo e deposite aberto no chão. Faça o mesmo com a pedra de carvão e coloque-a no saco. Com o pé esquerdo (pode ser calçado), pise no carvão para triturá-lo, fazendo seus pedidos. A seguir, passe a pipoca e a canjica. Amarre a boca do saco com os fios de palha e despache em lugar com bastante lixo.

Ao chegar em casa, tome banho de folhas de manjericão e de poejo maceradas, durante três dias, do pescoço para baixo. Durante sete dias a pessoa não poderá comer carne de porco nem carne bovina, nem ingerir bebida alcóolica. Boa sorte!

EBÓ 132
Para que o Odu Odí ajude a retirar as dores da perna, a má circulação

Elementos
- *um saco branco, grande*
- *um par de mocotó, cortado em três pedaços*
- *uma bola de farinha de mandioca, grande*
- *um ecuru*
- *um acarajé*
- *seis ovos inteiros*
- *pipoca estourada no azeite de oliva, no óleo de soja ou na areia*
- *efum ralado*
- *corda de sisal*

Como fazer

Passar o saco no corpo da pessoa, de cima para baixo. Faça o mesmo com os outros ingredientes, pedindo ao Odu Odí o que mais desejar, e coloque-os no saco. Finalize com o efum ralado. Feche a boca do saco com um pedaço da corda. Leve para despachar em um mangue ou em uma lagoa. Após o ebó, tome um banho de folhas de macaçá maceradas, do pescoço para baixo, e repita por mais dois dias.
(Esse ebó também é muito bom para doenças, inchaços nas pernas, nos braços.)

EBÓ 133
Para que o Odu Odí tire o fracasso e os obstáculos difíceis, ajude a desatar os nós e desbloqueie as dificuldades da sua vida

Elementos
- *um saco de estopa ou dois metros de juta*
- *um quilo de canjica cozida, lavada e escorrida*
- *uma bola de inhame, grande*
- *um obi aberto em Aláfia*
- *um acarajé, frito no azeite de dendê*
- *uma faca velha, de cabo de madeira*
- *uma tora de madeira, de 30-40 cm, de árvore seca*
- *ossum*
- *efum*
- *wáji*
- *palha da costa*

Como fazer

Passe o saco ou o pano no corpo da pessoa e coloque-o no chão, à sua frente. Vá passando os demais elementos e pedindo que o Odu Odí tire as negatividades que emperram o seu sucesso, a sua prosperidade etc. Para encerrar, salpique os pós e feche a boca do saco com a palha da costa. Despache em local alto e rochoso, por onde você não passará durante muito tempo.

EBÓ 134
Para que o Odu Odí afaste complicações graves de saúde, ajude os médicos a conseguirem encontrar a sua cura

Elementos
- um pano branco, de algodão
- um ratinho branco
- um pássaro branco
- um ovo de pata
- um ovo de galinha-d'angola
- um ovo de franga de quintal
- um acaçá branco, desembrulhado
- um acaçá vermelho, desembrulhado
- uma farofa feita com farinha de mandioca, sal, azeite de dendê, erva-doce, pó de café (fresco ou já usado), misturados com as pontas dos dedos
- uma garrafa com dois litros de água e uma colher, de sopa, de bicarbonato de sódio

Como fazer
A pessoa que for fazer esse ebó deve usar luvas.
Passe o ratinho, simbolicamente, pelo corpo da pessoa e solte-o.
A seguir, passe o pano, de cima para baixo, pedindo ao Odu pela descoberta do seu problema de saúde, que ele guie a mão e os olhos do médico etc., e estenda-o no chão. Passe os acaçás, os ovos, vá quebrando um a um e colocando em cima do pano. Na sequência, passe a farofa e cubra tudo, sempre pedindo com fé e firmeza. Leve um pássaro branco, passe-o no corpo, de baixo para cima, e solte-o.
Ao afastar-se do local, lave as mãos e os pés da pessoa com a água com bicarbonato; faça o mesmo com a pessoa que passou o ebó.
Chegando em casa, tome um banho de limpeza e outro de folhas frescas maceradas (pode ser manjericão, alecrim ou macaçá).
A pessoa nunca mais deverá voltar a esse local.
(Esse ebó deve ser feito, de preferência, em uma espécie de gruta afastada do centro urbano, ou em um local rochoso, onde você encontre um buraco com pedras por cima, formando um tipo de oca.)

7 – Odu Obará (*Òbárá*)

Sete búzios abertos e nove fechados.
Principais divindades que respondem: Exu, Xangô, Sobô.

EBÓ 135
Para o Odu Obará ajudar a atrair prosperidade, coisas favoráveis para você e sua família

Elementos
- *uma gamela grande, lavada*
- *sete punhados de areia do mar (apanhada em Lua Cheia)*
- *sete punhados de areia de rio limpo (apanhada em Lua Cheia)*
- *sete doces finos, de boa qualidade*
- *sete maçãs vermelhas, inteiras*
- *sete nozes-moscadas, inteiras*
- *sete conchas marinhas, grandes*
- *sete orobôs inteiros, sem a película*
- *sete ramos (espigas) de trigo*

Como fazer
Espalhe na gamela as areias, coloque as conchas e, dentro de cada uma, coloque um doce, com os demais elementos arrumados ao seu gosto. Passe pelo corpo, de baixo para cima, fazendo os pedidos ao Odu Obará, e passeie com o presente pela casa, chamando pelo Odu. Se quiser, deixe o presente dentro de sua casa, em lugar alto, por 24 horas. Leve-o para ser colocado em uma pedra alta, próximo a uma mata. Se for comerciante, ponha no local mais alto do seu comércio.

Não se esqueça de que está fazendo um presente para positividade, então tome seu banho, coloque uma boa roupa e perfume-se para que também esteja bem energizado. Tudo de bom! Axé!

(Fazer em Lua Cheia ou Quarto Crescente.)

EBÓ 136
Para que o Odu Obará atraia prosperidade para o seu cabaré, sua boate, seu salão de diversão

Elementos
- uma gamela
- folhas de louro, bem verdinhas
- folhas de amor-do-campo (ajejê)
- farinha de mandioca
- uma pitada de sal
- azeite de dendê
- sete búzios abertos (abertura da parte de cima do casco, feita pelo homem)
- sete ímãs
- sete pedras de cristal, ao seu gosto
- sete acaçás brancos, bem cozidos, sem a folha
- sete suspiros
- sete maçãs-verdes, inteiras
- sete quiabos crus, inteiros e retos

Como fazer

Faça uma farofa com a farinha de mandioca, o sal e o azeite de dendê, misturando com os dedos.

Forre a gamela com as folhas de louro e de amor-do-campo. Ponha a farofa e vá colocando os demais elementos, passando-os antes pelo seu corpo, de baixo para cima, com fé e amor no coração. Enfeite ao redor com os quiabos. Deixe dentro de sua casa por 24 horas. Ao entardecer do dia seguinte, leve para o alto de um morro ou para uma serra com bastante natureza. Coloque o presente em local limpo, em cima de uma pedra, pedindo o que deseja ao Odu Obará, em nome do rei Xangô. Saúde e força! Axé!

(Fazer em Lua Cheia ou Quarto Crescente.)

EBÓ 137
Para o Odu Obará lhe dar sorte com seus sócios e com seus funcionários, que corte roubos, prejuízos, que seja seu apoiador e lhe mostre sempre a verdade

Elementos
- *uma cabaça grande, aberta ao meio, abaixo do pescoço (não retirar as sementes)*
- *fubá*
- *farinha de linhaça*
- *azeite de dendê*
- *uma pitada de sal*
- *óleo de copaíba*
- *sete caroços de dendê*
- *sete orobôs inteiros, sem a película*
- *sete cavalos-do-mar*
- *sete favas de emburama ou de bejerecum*
- *sete búzios abertos (abertura da parte de cima do casco, feita pelo homem)*
- *sete acarajés, fritos no dendê*
- *sete quiabos crus, retinhos*
- *sete pedras de cevar (magnetita)*
- *ossum em pó*

Como fazer
Misture bem o fubá, o sal, o dendê e a linhaça e coloque-os na cabaça. Vá colocando os demais elementos na ordem da lista, passando-os pelo seu corpo, de baixo para cima, pedindo ao Odu Obará que atenda aos seus pedidos, em nome de Xangô. Polvilhe com ossum. Leve para uma mata e coloque o presente na forquilha de uma árvore. Se não puder subir na árvore, peça auxílio a uma pessoa mais jovem; na total impossibilidade, ponha aos pés da árvore.

Chame por Obará em voz alta, abrace a árvore com amor e agradecimento pela sua existência, pedindo tudo que deseja.

(Fazer em Lua Cheia ou Quarto Crescente.)

EBÓ 138
Para o Odu Obará ajudar a atrair dinheiro para você, para sua casa de candomblé ou seu comércio

Elementos
- uma gamela grande, ou um pote de madeira
- areia do mar (apanhada na maré alta, na Lua Cheia), sequinha
- fubá
- farinha de mandioca
- uma pitada de sal
- pó de ouro
- pó de prata
- pó de ferro
- noz-moscada, ralada
- canela em pó
- gergelim
- açúcar mascavo
- seis cristais variados
- seis caracóis do mar
- seis estrelas-do-mar
- seis pregos de aço
- seis orobôs inteiros, sem a película
- seis obis abertos
- seis favas de andará ou de cumaru
- seis chaves, usadas
- seis quiabos, crus e retos

Como fazer
Misture bem o fubá, a farinha, o sal, os pós, a noz-moscada, a canela em pó, o gergelim e o açúcar mascavo, e coloque-os na gamela ou no pote. Ponha o restante dos elementos por cima, arrumando-os ao seu gosto, fazendo seus pedidos. Coloque o presente em local alto dentro de sua casa, de sua roça ou de seu comércio, que não fique à vista das pessoas. Isso ficará como um simbolismo desse Odu, que

irá ajudá-lo e trazer tudo de bom. Se puder, cubra com um pano estampado clarinho. Felicidades e prosperidade! Axé!
(Fazer em Lua Cheia ou Quarto Crescente.)

EBÓ 139
Uma representação simbólica de Obará
Odu não se assenta; faz-se um local consagrado somente para ele.

Elementos
- *um pote de madeira ou uma gamela (pode ser também de louça ou de cristal)*
- *areia de rio ou de praia, colhida em Lua Crescente, Cheia ou Nova, bem limpinha*
- *sete pedras semipreciosas*
- *sete favas de olho-de-boi (macho e fêmea)*
- *sete ímãs*
- *sete pedaços de ouro (joias quebradas)*
- *sete pedaços de prata (joias quebradas)*
- *sete conchas do mar, bem bonitas*
- *sete orobôs, inteiros, sem a película*
- *sete tentos-de-exu*
- *sete moedas prateadas*
- *sete moedas douradas*
- *sete moedas de cobre*
- *sete caracóis marinhos (tipo oca)*
- *sete obis abertos*
- *ossum*
- *efum*
- *wáji*
- *folhas de louro*
- *folhas de amor-do-campo (ewe ajeje)*

Como fazer

Essa representação deve ser feita com muito amor, com o coração aberto, muita fé, em ambiente limpo, sempre mentalizando e pedindo a Obará, em nome de Xangô, tudo de bom para você, para sua família, para sua casa.

Coloque a areia no recipiente escolhido e vá pondo os elementos por cima, enfeitando ao seu gosto. Polvilhe tudo com um pouco de efum, ossum e wáji. Coloque o presente em local alto, coberto com um pano. Não deixe à mostra, evite os olhares. Ao lado do recipiente, mantenha uma jarra com folhas de louro verdinhas. Embaixo do recipiente, coloque folhas de amor-do-campo. Para enfeitar e trazer prosperidade, você também pode colocar um vaso ou pote com um pouco de areia e ramos (espigas) de trigo à vontade.

No dia seis de cada mês, a pessoa pode bater um ajabó, com seis quiabos, e colocar na frente dessa representação. Pode também oferecer frutas e doces. Chame por Obará, com pensamentos positivos, e, tenha certeza, é excelente, muito bom e funciona mesmo. Tudo de bom! Axé!

(Fazer em dia de Quarto Crescente ou Lua Cheia.)

8 – Odu Ejionile
(Ejiogbê, *Ejí Ogbè*)

Oito búzios abertos e oito fechados.
Principais divindades que respondem: Exu, Ajagunã, Orunmilá, Odudua, Babá Dancô, Bessém, Ogum, Iemanjá.

EBÓ 140
Para que Ejionile traga saúde,
paz, boas amizades, amor

Elementos
- *uma cesta sem alça, pequena, coberta com morim branco*
- *canjica (ebô) catada, cozida, lavada e bem escorrida*
- *um casco de igbim*
- *açúcar cristal*
- *pétalas de rosas-brancas*
- *wáji*

Como fazer
Coloque a canjica no cesto e polvilhe com um pouquinho de wáji. Ponha o casco do igbim no centro e polvilhe ao redor com o açúcar cristal, pedindo que o Odu Ejionile, em nome de Oxaguiã, traga paz, amor, coisas positivas etc., e cubra com as pétalas. Deixe em sua casa por 24 horas, ao lado da sua cama, no chão bem limpinho e perfumado. Depois, procure um local com pés de eucalipto, passe pelo corpo, de baixo para cima, e coloque o presente embaixo de um pé de eucalipto que seja bem novinho e muito alto. Boas conquistas e muito axé!

EBÓ 141
Para que o Odu Ejionile corte a ansiedade e traga paz e tranquilidade

Elementos
- *uma tigela, forrada com morim branco*
- *um copo de arroz branco, cozido com uma pitada de sal, lavado e bem escorrido*
- *uma bola de inhame cozido, com formato de cabeça*
- *oito balas de coco*
- *uma maçã-verde, cortada em rodelas*
- *um cacho de uvas verdes*
- *uma bandeira branca, de tecido*
- *efum ralado*

Como fazer
Coloque o arroz na tigela, com a cabeça de inhame no centro. Vá acrescentando os demais elementos ao seu gosto. Polvilhe com o efum, sempre fazendo seus pedidos ao Odu Ejionile. Deixe por uma noite em sua casa, em local limpo e resguardado. Procure uma mata limpa, leve a tigela, retire com cuidado o pano e ponha-o na frente de uma palmeira ou de um eucalipto bem alto. Esse presente é muito profundo e muito bom. Pode fazê-lo com fé ou em sinal de gratidão por um pedido atendido. Boa sorte, muito axé!

EBÓ 142
Para que o Odu Ejionile corte os conflitos espirituais, os conflitos com orixás

Elementos
- *um alguidar pintado de branco (efum com água)*
- *canjica (ebô) catada, cozida, lavada e bem escorrida*
- *oito conchas do mar*
- *oito búzios abertos (abertura da parte de cima do casco, feita pelo homem)*

- *oito pedaços de cristal de rocha*
- *oito figos cristalizados*
- *uma bandeirinha branca, de tecido*
- *efum ralado*
- *wáji*

Como fazer
Coloque a canjica no alguidar e arrume por cima os demais elementos, enfeitando ao seu gosto. Ponha a bandeira no centro e polvilhe o efum e o wáji. Deixe em casa por três dias e depois leve para colocar à margem de um riacho ou rio bem tranquilo e limpinho. Boa sorte! *(Vista-se de branco e faça esse presente com calma, em um local bem tranquilo, com a casa bem limpa. Faça em Lua Crescente, pela manhã. Se quiser, forre o alguidar com morim branco e traga-o de volta, para usá-lo em novo presente.)*

EBÓ 143
Para que o Odu Ejionile ajude a cortar as discórdias e os conflitos familiares ou externos

Elementos
- *um alguidar pintado de branco, forrado com pano branco*
- *um pirão de farinha de acaçá bem cozido, firme, sem sal*
- *oito cocadas brancas ou oito doces claros*
- *oito bolas de inhame cozido, pequenas*
- *oito acaçás brancos, sem a folha*
- *oito nozes-moscadas, inteiras*
- *oito rosas-brancas*
- *efum ralado*
- *um passarinho branco, se puder*

Como fazer
Coloque o pirão na tigela, após esfriar, e enfeite com os demais elementos. Cubra tudo com um pouco de efum ralado. Ofereça embaixo de uma árvore frondosa, de preferência um pé de jasmim, de acácia ou amendoeira branca, que são consideradas "árvores frias".

Passe pelo corpo, de cima para baixo, com calma e fé, fazendo seus pedidos ao Odu Ejionile, em nome de Oxaguiã. Passe o pássaro pelo corpo, de baixo para cima, e solte-o. Muito axé!

EBÓ 144
Para que o Odu Ejionile dê força e ânimo, para a pessoa ter vitórias, não desistir nunca de seus objetivos

Elementos
- *um alguidar, forrado com algodão*
- *oito rodelas de inhame cozido*
- *oito bananas-prata, sem a casca*
- *oito acaçás de leite, com coco e açúcar, sem a folha*
- *oito búzios abertos (abertura da parte de cima do casco, feita pelo homem)*
- *oito cebolinhas-brancas, descascadas*
- *coco ralado e fresco*
- *efum ralado*
- *um pássaro branco*

Como fazer
Arrume os elementos da lista no alguidar, ao seu gosto, passando-os pelo corpo, de baixo para cima, fazendo seus pedidos ao Odu Ejionile. Polvilhe com o coco ralado e com o efum. Coloque o presente em um local bem limpo, num campo, em uma mata ou um gramado, onde seu coração mandar, e ofereça a Ejionile, em nome de Orunmilá, Odudua e Obatalá, pedindo que a pessoa tenha ânimo e forças para lutar, para que saia vitoriosa. Permaneça no local por um certo tempo, conversando com o Odu e sentindo sua vibração. Passe um pássaro branco pelo corpo e solte-o. Com certeza vai dar certo!

EBÓ 145
Para o Odu Ejionile cortar guerras, demandas, feitiços, perseguições de pessoas que queiram o seu

mal; para mostrar os inimigos ocultos e cortar as guerras entre babalorixá ou ialorixá e seus filhos

Elementos
- *uma panela de barro, grande, pintada de branco*
- *um peixe de água salgada, pequeno (sem escamar e sem retirar as vísceras)*
- *oito ovos crus, inteiros*
- *oito bolas de inhame cozido*
- *oito bolas de tapioca*
- *oito ecurus, sem sal*
- *oito bolas de feijão-branco (cozinhar bem o feijão com casca, depois socar bem e fazer as bolas)*
- *oito bolas de batata-doce, sem a casca*
- *oito agulhas grossas*
- *açúcar cristal*
- *efum ralado*
- *dandá-da-costa, ralado*
- *arroz branco, cru*
- *um pombo branco*

Como fazer
Passe os elementos da lista pelo corpo da pessoa, de cima para baixo, pedindo a ajuda do Odu Ejionile, em nome de Oxaguiã, e coloque-os na panela. Cubra com o açúcar e polvilhe o efum. Tampe a panela. Entregue esse presente na areia de um rio ou em uma praia bem deserta, na maré vazante, meio afastada da água.

Após isso, na beira da água, passe no corpo da pessoa, desde a cabeça, uma mistura de dandá-da-costa, arroz branco cru e açúcar cristal. Passe um pombo branco e solte-o. Após sete dias, essa pessoa precisará fazer novo jogo de búzios para ver se o Odu Ejionile deseja mais alguma coisa. Boa sorte!

(Esse ebó precisa ser feito no primeiro dia da Lua Minguante, na maré vazante.)

9 – Odu Ossá (Òtúá)

Nove búzios abertos e sete fechados.
Principais divindades que respondem: Oyá, Oxósse, Logum-Edé, Averequete, Bessém.
Ancestralidade masculina, Babá Egum, e ancestralidade feminina, as Iyamís.

EBÓ 146
Para que o Odu Ossá possa atrair boa sorte, movimento, coisas favoráveis

Elementos
- um cesto de vime ou uma peneira grande, forrada com morim branco
- um peixe vermelho (não retire vísceras nem escame-o), cru e lavado
- nove maçãs vermelhas
- nove doces finos
- nove búzios abertos
- nove conchas do mar
- nove ocotôs
- nove acaçás brancos, cozidos com açúcar, sem a folha
- açúcar mascavo misturado com grãos de gergelim
- azeite de oliva

Como fazer
Arrume os elementos no cesto, colocando o peixe no centro, cercado pelas maçãs (se quiser, corte em quatro pedaços) e pelos doces, para não ficar deitado, ficar de lado. Passe pelo corpo da pessoa, de baixo para cima, pedindo somente coisas boas e positivas. Polvilhe com açúcar, gergelim e algumas gotas de azeite de oliva. Procure uma árvore próxima ao mar, no horário da maré alta, e deposite o cesto embaixo da árvore.

EBÓ 147
Para que o Odu Ossá traga sabedoria, disciplina, inteligência e tranquilidade para aquela pessoa, ou mesmo uma criança, com dificuldades no aprendizado

Elementos
- um cesto de palha ou de vime, forrado com pano branco
- folhas de algodoeiro ou o próprio algodão
- uma cabeça de cera (se for para homem, cabeça masculina; para mulher, cabeça feminina)
- um papel com o nome da pessoa, escrito a lápis
- um miolo de boi, fresco e inteiro
- canjica (ebô) catada, cozida, lavada e bem escorrida, até encher a cabeça toda
- um obi aberto
- um prato raso, branco
- uma bacia
- nove acaçás brancos, desembrulhados
- nove peras macias, cortadas em quatro partes
- nove cocadas, bem branquinhas
- nove quiabos crus, retinhos
- pétalas de rosas-brancas
- água de flor de laranjeira
- água de rosas
- um ojá branco

Como fazer
Forre o cesto com o pano branco e com as folhas do algodoeiro (ou o algodão) por cima. Coloque o papel e o miolo dentro da cabeça, acrescente a canjica e o obi, e ponha a cabeça no prato raso, com cuidado para a canjica não cair. Ponha o prato dentro da bacia e, se sobrar canjica, rodeie a cabeça e vá colocando os demais elementos bem arrumados. Rodeie com os quiabos, as pétalas de rosas, as águas, sempre pedindo entendimento, sabedoria etc. para a pessoa.

Enrole o ojá na cabeça, bem arrumado. Leve para uma mata, em local limpinho, e deixe embaixo de uma árvore frondosa, bem alta, nova, em local tranquilo, se possível próximo a um rio limpo, em lugar bem escondido, onde ninguém possa mexer no presente e ele possa ser destruído pela própria natureza.

(Esse ebó deve ser feito no primeiro dia da Lua Nova, antes das 18 horas, chamando por Ossá e pedindo tudo que deseja.)

EBÓ 148
Para que o Odu Ossá corte os pensamentos de vingança, a raiva, o ódio, o rancor e a maldade de uma pessoa

Elementos
- *um metro de morim branco*
- *um metro de morim preto*
- *um metro de morim vermelho*
- *canjica (ebô) cozida, lavada e bem escorrida*
- *nove ovos*
- *nove acaçás brancos, sem a folha*
- *nove folhas de cana-do-brejo*
- *nove folhas de mamona branca*
- *um metro de barbante forte*
- *efum ralado*

Como fazer

Passe os panos pelo corpo da pessoa, de cima para baixo, e coloque-os no chão, em formato de cruz. Passe os ovos, pedindo para o Odu Ossá tirar a revolta, a raiva, os vícios, afastar as más companhias, acabar com o sofrimento da família, de uma mãe etc. Cozinhe bem os ovos, em fogo brando, sem deixar quebrar. Quando estiverem mornos, torne a passar no corpo da pessoa, de cima para baixo. Ponha no pano, passe os acaçás e coloque-os no pano, ao redor dos ovos. Ponha bastante canjica, polvilhe efum e cubra com as folhas de cana-do-brejo e de mamona. Feche com barbante e leve para colocar no galho de uma árvore bem seca, em lugar bem afastado, onde a pessoa dificilmente irá passar novamente.

Ao chegar em casa, dê na pessoa um banho de efum misturado com água, da cabeça aos pés. Deixe no corpo por um tempo. Após, dê um banho limpo e outro de folhas frescas maceradas. A pessoa que passou o ebó deve agir do mesmo modo. Axé!

(Esse ebó é muito bom e ajuda bastante.)

EBÓ 149
Para que o Odu Ossá tire a tendência ao suicídio de uma pessoa depressiva

Elementos
- um saco grande, de chitão, estampado nas cores preta, vermelha e branca
- uma cabeça de cera do mesmo sexo da pessoa que vai receber o ebó
- um miolo bovino, inteiro
- um pedaço de papel, com o nome da pessoa, escrito a lápis
- a cabeça de uma franga, fresca
- a cabeça de um frango, fresca
- um coração de boi, inteiro
- nove acarajés fritos no azeite de dendê
- nove ovos de pata
- nove ovos de galinha de quintal
- nove ovos de codorna
- nove bolas de farinha de mandioca
- nove acaçás brancos e vermelhos, sem a folha
- uma faca de cabo de madeira, pequena e usada
- pipoca de milho, milho vermelho e feijão-fradinho torrados
- um quilo de canjica branca, cozida, bem escorrida
- nove fios de palha da costa

Como fazer
Passe o saco pelo corpo da pessoa, de cima para baixo, pedindo ajuda ao Odu Ossá, e coloque-o no chão, na frente da pessoa. Coloque o papel com o nome dentro da cabeça de cera e, a seguir, passe o

miolo na pessoa e ponha na cabeça; proceda do mesmo modo com as cabeças de franga e de frango. Ponha dentro do saco, ao lado da cabeça, o coração. Passe os outros elementos na ordem da lista; passe a faca simbolicamente, pedindo que o Odu Ossá corte todos os pensamentos negativos etc., e coloque-os no saco. Cubra com bastante canjica e feche a boca do saco com os fios de palha da costa. Leve para despachar em lugar longe da moradia da pessoa e deixe na entrada de uma mata, em local escondido dos olhares alheios.

Ao chegar em casa, tome um banho com folhas de macaçá e cana-do-brejo, ou de água de coco, da cabeça aos pés. A pessoa que passou ebó também deverá tomar esse banho. Acredite, vai dar certo! *(Esse ebó é muito profundo, de grande responsabilidade, portanto, a pessoa deve respeitar um resguardo de três dias, após a sua feitura. Não comer nada do que levou o ebó, evitar sexo e bebida alcoólica. Caso não tenha conhecimento do assunto, não assuma a responsabilidade de fazer sozinho(a) os ebós considerados mais profundos.)*

EBÓ 150
Para que o Odu Ossá desbloqueie a negatividade do seu corpo, dos seus caminhos, e lhe proporcione sorte

Elementos
- *um saco de pano, branco, de algodão*
- *nove bolas de arroz branco, cozido*
- *nove bolas de farinha de mandioca, crua*
- *nove acarajés fritos no azeite de dendê*
- *nove ecurus*
- *nove punhados de pipoca, estouradas na areia ou no azeite de oliva*
- *nove fios de palha da costa*
- *nove pães salgados, pequenos*

Como fazer
Passe o saco pelo corpo da pessoa, de cima para baixo, pedindo o que deseja ao Odu Ossá, e coloque-o no chão, na frente da pessoa.

Passe os elementos no corpo da pessoa, com calma, sempre fazendo os pedidos para que o Odu afaste a negatividade, a falta de sorte, de amigos, enfim, o que estiver atrapalhando a vida da pessoa. Feche a boca do saco com os fios da palha da costa e leve para uma mata, deixando o saco em local longe dos passantes. Boa sorte!
(Esse ebó é para ser feito no primeiro dia de Lua Minguante.)

EBÓ 151
Para o Odu Ossá desprender do seu corpo físico e espiritual as interferências de espíritos obsessores, as perturbações mentais

Elementos
- *um saco de chitão estampado*
- *nove ecurus*
- *nove bolas de tapioca*
- *nove aberéns*
- *nove acaçás brancos, sem a folha*
- *nove ovos de franga de quintal*
- *nove pedaços de toucinho branco (barriga)*
- *nove punhados de canjica catada, cozida, lavada e escorrida*
- *nove punhados de feijão-fradinho torrado*
- *fios de palha da costa*

Como fazer
Passe o saco pelo corpo da pessoa, de cima para baixo, e coloque-o no chão, à sua frente. Vá passando os demais elementos com calma e fazendo os pedidos ao Odu Ossá. Leve o ebó para uma estrada e procure uma casa velha abandonada. Se puder, entre e deixe lá o saco ou coloque o presente no quintal.

Ao chegar em casa, tome um banho com folhas frescas; de água de coco; ou água com três gotas de baunilha, da cabeça aos pés. Também as pessoas que participaram devem fazê-lo. Boa sorte!
(Esse ebó é muito profundo, não se aventure a fazer sozinho se não tiver conhecimento.)

EBÓ 152
Para o Odu Ossá afastar Iku (uma morte acidental) do seu caminho (para pessoas que estão em situação desesperadora de saúde)

Elementos
- um saco de tecido preto, de algodão
- nove carretéis de linha branca
- nove pedaços de carvão, pequenos
- nove bolas de feijão-preto, sem tempero, bem cozido, socado
- nove bolas de feijão-fradinho, sem tempero, bem cozido, socado
- nove aberéns
- nove ecurus
- nove pedaços de carne de segunda, crua
- nove pedaços de fígado bovino, cru
- nove pedaços de bucho, cru
- nove acarajés de feijão-branco
- nove velas pequenas, pretas
- nove palmos de corda de sisal
- nove punhados de pipoca
- nove punhados de canjica cozida e bem escorrida

Como fazer
Passe o saco pelo corpo da pessoa e coloque-o na frente dela. Passe os carretéis pelo corpo da pessoa, de cima para baixo, pedindo que o Odu Ossá afaste Iku, pedindo pela saúde, pela vida; desenrole-os na frente da pessoa e coloque-os no saco. Faça o mesmo com os demais elementos, com calma, segurança e fé. Feche o saco e leve para um local bem longe de onde a pessoa mora, de preferência em mata fechada. Saia sem olhar para trás. Ao chegar em casa, tome um banho de ervas frescas, ou de água com três gotas de baunilha, da cabeça aos pés.

(Lembre-se de que você está mexendo com seres sagrados, que requerem algum saber, portanto, não o faça se não tiver conhecimento.)

10 – Odu Ofum (*Òfún*)

Dez búzios abertos e seis fechados.
Principais divindades que respondem: Orixalá/Obatalá, Orunmilá, Odudua, Babá Aje Xalunga, Airá.

> Nos ebós para o Odu Ofum, é aconselhável que se leve sempre um pássaro branco para passar pelo corpo da pessoa e, a seguir, soltá-lo.

EBÓ 153
Para o Odu Ofum ajudar a trazer fartura, para que nunca faltem os alimentos dentro de sua casa

Elementos
- *um cesto de palha, forrado com pano branco*
- *canjica (ebô) bem catada, cozida, lavada e bem escorrida*
- *um coco-verde, inteiro*
- *dez bolas de arroz branco, bem cozido*
- *dez cachos pequenos de uvas verdes, sem caroço*
- *dez pedaços de laranja cristalizada*
- *dez ovos crus*
- *dez búzios abertos (abertura da parte de cima do casco, feita pelo homem)*
- *dez conchas do mar*
- *efum ralado, misturado com um pouco de açúcar cristal, noz-moscada ralada e gergelim bem claro*
- *dez pães pequenos, salgados*
- *uma garrafa de guaraná*

Como fazer
Arrume com bom gosto os elementos na ordem da lista, passando um por um no corpo da pessoa, de baixo para cima, pedindo o que deseja ao Odu Ofum, em nome de Orixalá. Espalhe por cima de todo o presente o efum e acrescente os pães. Ande por toda a casa com o presente, sempre pedindo que nunca lhe falte o feijão,

o arroz, a fartura etc. Peça também pela sua família, amigos e até mesmo os inimigos, pois a falta de comida é o pior castigo! Coloque o presente em local alto e limpo, bem arrumadinho, dentro de sua casa, por três dias. Após esse período, leve-o para colocar na subida de uma serra, em lugar bem limpo, gramado, próximo à entrada de uma mata, e coloque-o embaixo de uma árvore. Abrace essa árvore, sempre pedindo. Passe um pouco de efum nas mãos e nos pés da pessoa; nas demais, lave as mãos com guaraná. Tudo de bom!
(Para fazer esse presente, vista-se de branco, e todos as pessoas presentes também deverão estar com roupas brancas.)

EBÓ 154
Para que o Odu Ofum torne aquela pessoa rebelde uma pessoa mais compreensiva, que escute e obedeça mais

Elementos
- um prato de papelão grande, prateado, forrado com morim branco
- 150 g de arroz branco cozido com uma pitada de sal, lavado e bem escorrido
- dez ovos brancos, crus
- dez bolas de canjica (ebô), bem cozida e socada
- dez bolas de algodão
- dez cocadas bem branquinhas, de preferência caseiras
- efum ralado

Como fazer
Coloque o arroz no prato e enfeite ao seu gosto com os outros elementos. Polvilhe com efum e vá fazendo seus pedidos para o Odu Ofum. Leve para um campo gramado bem verdinho, bem limpo, com muita natureza em torno. Procure o local mais preservado e ponha o presente, chamando por Ofum, em nome de Orixalá. Muita sorte! Axé!

EBÓ 155
Para que o Odu Ofum traga paz e saúde, e também tranquilidade no amor

Elementos
- *uma bacia branca*
- *uma toalha de banho branca, simples*
- *canjica (ebô) catada, bem cozida, lavada e escorrida*
- *dez ovos crus*
- *dez bolas de arroz branco, bem cozido e escorrido*
- *dez maçãs-verdes, inteiras*
- *dez caracóis*
- *dez suspiros*
- *dez nozes-moscadas, inteiras*
- *pétalas de rosas-brancas*

Como fazer
Na véspera, passe a toalha pelo corpo, da cabeça aos pés, e durma com ela embaixo do lençol da cama.

Coloque a toalha dentro da bacia. Passe os elementos pelo seu corpo, de baixo para cima. Arrume-os ao seu gosto em cima da toalha, pedindo o que deseja ao Odu Ofum: saúde, harmonia etc., principalmente paz e amor em seu relacionamento afetivo. Cubra com as pétalas de rosas e ponha em local alto na sua casa, por três dias. A seguir, leve para entregar e coloque o presente embaixo de uma árvore bem bonita, à beira de um rio ou riacho. Retire a toalha da bacia com cuidado e procure deixar o presente o mais intacto possível e bem arrumado. Não precisa deixar a bacia. Boa sorte e bons momentos!

EBÓ 156
Para que o Odu Ofum traga equilíbrio mental

O objetivo desse presente é proporcionar calma, tranquilidade, equilíbrio.

Elementos
- um cesto forrado com morim branco
- flocos de aveia
- dez peras macias, bem claras
- dez nozes
- dez figos cristalizados ou em calda
- dez nozes-moscadas, inteiras
- dez juízos de peixe (calcário branco da cabeça do peixe corvina)
- dez acaçás brancos, sem a folha
- dez cravos brancos (flores)
- dez ramos (espigas) de trigo
- um icodidé

Como fazer
Passe o cesto pelo seu corpo, de baixo para cima, e coloque os flocos de aveia suficientes para cobrir todo o pano. Faça o mesmo com cada elemento e vá arrumando-os com bom gosto no cesto. Enfeite com as flores e com os ramos (espigas) de trigo. Entregue o ebó (presente) à beira de um rio calmo, limpo, em local afastado, ou próximo às ondas do mar, em momento de calmaria, e vá chamando pelo Odu Ofum e fazendo seus pedidos. Felicidade!
(Não fazer em Lua Minguante.)

EBÓ 157
Para o Odu Ofum ajudar a atrair dinheiro, prosperidade, crescimento profissional

Elementos
- um saco branco, de tecido (tipo fronha)
- dez bananas-pratas, não muito maduras
- dez bolas de canjica (ebô) catada e bem cozida
- dez bolas de arroz branco cozido
- dez búzios abertos (abertura da parte de cima do casco, feita pelo homem)
- dez pães doces pequenos (pode ser croissant)
- dez cebolas brancas, sem a casca

- *dez nozes-moscadas, inteiras*
- *efum ralado*
- *fios de palha da costa*

Como fazer

Passe o saco pelo seu corpo, de baixo para cima, pedindo a Ofum que esse saco se transforme no "saco da fartura", "saco do dinheiro e da prosperidade" na sua vida. Assopre dez vezes dentro do saco e vá colocando os demais elementos. Polvilhe com o efum ralado e amarre a boca do saco com fios de palha da costa. Deixe dormir uma noite atrás da porta de entrada de sua casa. No dia seguinte, leve para a subida de uma serra, procure uma árvore frondosa e amarre no galho dessa árvore em local que você alcance (ou peça a ajuda de um amigo). Abrace a árvore e chame pelo Odu Ofum, pedindo coisas positivas. Leve um frasco com água açucarada e lave seu pé direito primeiro, a seguir o esquerdo e ambas as mãos, sempre mentalizando seus desejos. Com certeza vai dar certo!

EBÓ 158
Para o Odu Ofum ajudar quem trabalha com vendas: atrair boa sorte nas vendas, bons clientes, para que os dias sejam positivos e que você tenha muitas vitórias

Elementos
- *um saco branco, de boca larga*
- *canjica (ebô) catada, bem cozida, lavada e escorrida*
- *açúcar cristal*
- *dez acaçás brancos, sem a folha*
- *dez bananas-pratas, sem a casca*
- *dez bandeirinhas brancas, de tecido*
- *dez ramos (espigas) de trigo*
- *pétalas de rosas-brancas*

Como fazer
Passe o saco pelo seu corpo, de baixo para cima, e vá passando cada elemento pela ordem da lista. Coloque os elementos no saco, de forma a não amassá-los, e vá fazendo seus pedidos ao Odu Ofum, em nome de Orixalá. Deixe por 24 horas na sua casa, próximo à sua cama. A seguir, leve para um local ermo, uma mata, lugar com bastante privacidade, afastado da passagem de pessoas. Procure uma palmeira bem alta ou árvore frondosa. Coloque o saco na frente, mentalizando as suas vendas, o seu progresso e a sua prosperidade.

Se puder, leve um pássaro branco, passe pelo seu corpo, de baixo para cima, e solte-o, pedindo que ele leve os seus pedidos ao orum. Sorte, sorte, sorte!

EBÓ 159
Para que o Odu Ofum dê forças para lutar e vencer

Elementos
- *um alguidar ou cesto médio, pintado de branco (com efum e água), forrado com 1,5 metros de morim*
- *farinha de centeio*
- *castanha-de-caju triturada*
- *açúcar cristal*
- *gergelim claro*
- *dez bolas de inhame cozido, pequenas*
- *dez folhas-de-fortuna*
- *uma bandeira branca, de tecido*

Como fazer
Misture a farinha com a castanha-de-caju, o açúcar cristal e o gergelim, fazendo uma farofa, e coloque-a em cima do pano. Vá passando os demais elementos; ponha as bolas de inhame, uma no centro e as outras nove em volta. Enfeite com as folhas-de-fortuna e finque a bandeira em uma das bolas. Passe o alguidar pelo corpo da pessoa, de baixo para cima, pedindo a Ofum, em nome de Orixalá, que te-

nha força e energia para vencer todos os obstáculos, todas as lutas etc. Coloque o presente em um lugar alto e limpo, dentro de sua casa, por três dias. A cada dia renove seus pedidos. A seguir, leve e ponha em local sombreado, num gramado limpo. Axé!

11 – Odu Owórin
(Owarin, Òwónrín)

Onze búzios abertos e cinco fechados.
Principais divindades que respondem: Iemanjá, Oxum e Odé.

EBÓ 160
Para que o Odu Owórin tire o bloqueio da sua sorte

Elementos
- um pote médio, de barro, sem tampa, de boca larga
- um pano vermelho (morim)
- um peixe de água salgada, bem vermelho (sem escamar e sem retirar as vísceras), lavado
- sete ovos de casca vermelha
- sete bolas de farinha de mandioca, feitas com água e dendê
- sete metros de fitas finas, de cores variadas (exceto preta e roxa)
- sete acaçás vermelhos (de fubá fino)
- um quilo de canjica (ebô) catada, bem cozida e escorrida
- ossum ralado

Como fazer
Passe o pano pelo corpo da pessoa, de cima para baixo, e faça o mesmo com o pote. Coloque o pote em cima do pano. A seguir, passe o peixe, fazendo seus pedidos ao Odu Owórin. Abra a boca do peixe e mande a pessoa cuspir 11 vezes dentro dela. Ponha o peixe de cabeça para baixo dentro do pote e, em volta deste, coloque os demais elementos, após passá-los pela pessoa. Cubra o peixe com a canjica e polvilhe por cima com ossum. Dobre o pano, amarre com as fitas e deixe-o no local. Se puder, leve um pardal ou uma pomba-rola e passe-o no corpo da pessoa, de cima para baixo, pedindo que desbloqueie sua sorte, seus caminhos etc. e solte o pássaro, pedindo que ele leve seus rogos ao orum.

(De preferência faça esse ebó no local onde vai deixá-lo, em um morro alto, de barro vermelho, se conseguir.)

EBÓ 161
Para que Owórin e mãe Oyá lhe ajudem a conseguir sua casa própria

Elementos
- *uma telha canal de barro vermelho, pintada com o dedo com ossum, efum, wáji e água, dos dois lados*
- *um obi, de duas bandas*
- *11 acarajés fritos no dendê*
- *11 pregos de cumeeira*
- *11 acaçás brancos*
- *11 balas de coco, sem o papel*
- *folhas de aroeira*
- *folhas de abre-caminho*
- *um canário-da-terra*

Como fazer
Passe a telha no corpo da pessoa que vai fazer a compra, de baixo para cima, abra o obi e coloque-o dentro da telha. Mastigue um pedaço do obi e dê outro pedaço para a pessoa mastigar bem. Depois, borrifem na telha os obis mastigados, com os braços para trás. Passe os acarajés, os pregos, os acaçás e as balas no corpo, de baixo para cima, e coloque-os na telha, fazendo os pedidos ao Odu Owórin. Depois do presente arrumado, passe novamente no corpo, oferecendo ao umbigo, ao coração e ao gogó; faça estrela na testa, pedindo a mãe Oyá e ao Odu Owórin a sua casa tão sonhada.

Leve o presente para local de natureza abundante, forre o chão à frente de um pé de aroeira (ou de uma árvore de grande porte e sem espinhos) com as folhas de aroeira e de abre-caminho e coloque o presente. Passe o pássaro pelo seu corpo, de baixo para cima, fazendo os pedidos à Oyá, e solte-o. Chame por Oyá e peça-lhe

que, através de seus ventos poderosos, seu sonho possa se tornar realidade. Axé! Com certeza seu sonho será atendido!
(Este ebó deve ser feito em Quarto Crescente ou Lua Cheia, na parte da manhã.)

EBÓ 162
Para o Odu Owórin afastar as doenças graves, doenças de pele, alergias, que podem ser causadas por problemas emocionais, estresse

Elementos
- *dois metros de pano preto, de algodão*
- *um cesto ou balaio, forrado com folhas de mamona sem o talo (os talos são cortados em três pedaços e colocados por cima das folhas)*
- *um(a) boneco(a) pequeno(a) de barro (de acordo com o sexo da pessoa que vai fazer o ebó)*
- *11 bolas de feijão-preto (sem camarão e sem sal)*
- *11 bolas de farinha de mandioca*
- *11 varetas finas, de 30 cm, de qualquer árvore*
- *um igbim, vivo*
- *um quilo de canjica cozida, lavada e escorrida*
- *um quilo de açúcar mascavo*
- *fios de mariô*
- *efum*

Como fazer
Passe o pano no corpo da pessoa, de cima para baixo, e coloque-o no chão. Faça o mesmo com o balaio. A seguir, passe o(a) boneco(a), pedindo ao Odu Owórin que todo o mal do corpo da pessoa passe para o boneco. Batize o boneco, dê-lhe um nome e deite-o no balaio. Calce uma luva, pegue um saco plástico e segure o igbim, passando-o simbolicamente pelo corpo da pessoa. Com um pedaço de pau ou uma pedra, quebre o igbim, tendo cuidado com o seu rosto, e coloque-o por cima do boneco. Ponha o pau ou a pedra também no ebó. Passe as bolas e as varetas e ponha em cima

do(a) boneco(a). Cubra com a canjica e com o açúcar. Polvilhe com o efum, sempre pedindo que Owórin ajude a retirar as doenças emocionais, o estresse, as doenças graves etc. Dobre o pano e faça uma trouxa, amarrando com o mariô. Despache numa lagoa, lago de água parada ou local de água represada. Ao chegar, tome um banho de folhas frescas.
(Este ebó é muito profundo, não se aventure a fazer sozinho se não tiver conhecimento.)

EBÓ 163
Para que o Odu Owórin ajude a tirar a tristeza e a solidão de uma pessoa

Elementos
- *dois metros de tecido branco, de algodão*
- *uma cabaça grande, aberta ao meio*
- *uma peça de roupa suada, da pessoa*
- *um pouco de álcool e de cachaça, misturados*
- *um peixe claro, de água salgada (sem escamar e sem retirar as vísceras)*
- *um acarajé grande, frito no azeite de dendê*
- *um ecuru, grande*
- *uma bola de tapioca, grande*
- *pipoca estourada no azeite de dendê*
- *feijão-fradinho torrado*
- *um igbim, pequeno*
- *canjica cozida, lavada e escorrida*
- *açúcar mascavo*
- *um obi*

Como fazer
Passe o pano na pessoa e coloque-o no chão, à sua frente. A seguir, proceda do mesmo modo com a cabaça e com a roupa, fazendo os pedidos ao Odu Owórin. Pegue a roupa, leve para um canto, despeje a mistura de álcool e cachaça e ponha fogo. Muito cuidado, tenha a precaução de manter distância e afastar as pessoas, prin-

cipalmente as crianças. Deixe queimar totalmente até virar cinza. A pessoa deverá estar perto, mentalizando e pedindo que Owórin leve a tristeza, tire a solidão do caminho, a melancolia etc. Quando apagar o fogo, retire a cinza com uma pazinha e ponha toda ela na cabaça. Passe o peixe pela pessoa, de cima para baixo. Mande que ela cuspa três vezes na boca do peixe e coloque-o por cima da cinza. Passe o acarajé, o ecuru e a bola de tapioca e ponha na cabaça, com o obi que você vai abrir. Jogue bastante pipoca e o feijão-fradinho. Usando uma luva, pegue o igbim, passe-o simbolicamente pela pessoa e, com a ajuda de um graveto, ponha vivo dentro da cabaça, no meio dos elementos. Cubra tudo com bastante canjica e o açúcar mascavo. Feche a cabaça com a outra banda, amarre o pano e leve para enterrar próximo a local de muita água – lago, lagoa, rio, mar.

A pessoa que está passando o ebó e também a que o recebeu não podem fazer o buraco para enterrá-lo. Leve uma pessoa para realizar essa tarefa.

(Este ebó é muito profundo, não se aventure a fazer sozinho, se não tiver conhecimento.)

EBÓ 164
Para o Odu Owórin dar forças para a pessoa lutar, não desistir, ter mais força de vontade e confiar mais em si mesmo

Esse ebó serve especificamente para cortar as forças negativas daquela pessoa que é literalmente negativa, que acha que nada dá certo em sua vida etc.

Elementos
- *um tijolo de barro*
- *capim seco*
- *uma chave usada*
- *11 ovos brancos, inteiros*
- *11 bolas de inhame cozido sem sal*

- *11 acarajés, fritos no azeite de dendê*
- *11 aberéns*
- *11 bolas de feijão claro (pode ser branco, mulatinho, manteiga etc.)*
- *11 cebolas brancas, pequenas*
- *uma farofa misturada com os dedos de farinha de linhaça, farinha de rosca, fubá, cachaça, azeite de dendê, mel e uma pitada de sal*
- *feijão-fradinho lavado e torrado com um pouco de azeite de dendê*

Como fazer

Passe o tijolo pelo corpo da pessoa, de cima para baixo, pedindo ao Odu Oworín que tire o desânimo, as forças negativas, que a pessoa tenha forças para lutar etc. Coloque o tijolo na frente da pessoa; a seguir, proceda da mesma forma com o capim e coloque-o por cima do tijolo. Passe os demais elementos e cubra tudo com a farofa, sempre fazendo os pedidos. Jogue por cima o feijão-fradinho e regue com o azeite de dendê. Saia sem olhar para trás. Ao chegar em casa, tome um banho de folhas frescas.

(Esse ebó deve ser feito em local afastado, embaixo de uma árvore frondosa ou de uma palmeira. Em Lua Cheia ou Quarto Crescente.)

EBÓ 165
Para que o Odu Owórin traga mudanças para a vida da pessoa, dias melhores, abertura dos caminhos

Elementos

- *um cesto de vime, grande, forrado com pano estampado bem bonito*
- *duas bolas de inhame cozido, uma menor e outra maior, para fazer o formato de um corpo*
- *11 pães doces, pequenos*
- *11 frutas variadas, cortadas ao meio (pode colocar banana)*
- *11 acaçás brancos, bem cozidos, sem a folha*
- *11 bolas de farinha de mandioca, feitas com água e mel de boa qualidade*
- *um icodidé (ikodide), colocado na cabeça de inhame*
- *11 bolas de inhame cozido*

- *cravo-da-índia*
- *sementes de girassol*
- *11 pedaços de canela em pau*
- *uma fava de baunilha (se puder)*
- *erva-doce*
- *camomila*
- *sementes de gergelim*

Como fazer

Passe pelo corpo da pessoa, de baixo para cima, o corpo de inhame, e ponha-o dentro do cesto, sempre pedindo o que deseja ao Odu Owórin. Faça o mesmo procedimento com os demais elementos, enfeitando o cesto ao seu gosto. Coloque um pouco das especiarias pelos cantos, fazendo seus pedidos. Deixe 24 horas na sua casa, em local alto e limpo. A seguir, ande com o presente, a pé ou de carro, e coloque-o em um lugar bem bonito, amplo, cercado pela natureza. Se encontrar uma localização de mato entre um rio e o mar, é o ideal. Se puder, leve um pombo claro, passe pelo corpo, faça sua mentalização ao Supremo e solte-o. Tenha certeza: "Vai dar certo." Boa sorte!

12 – Odu Ejilaxeborá (Èjila Aséborá)

Doze búzios abertos e quatro fechados.
Principais divindades que respondem: Xangô, Iyá Massê Malê, Kitembu, Bessém.

EBÓ 166
Para que o Odu Ejilaxeborá traga vitória em uma briga judicial

Elementos
- *uma gamela oval, grande*
- *farinha de mandioca, crua*
- *dois orobôs, sem a película, ralados*
- *azeite de dendê*
- *uma pitada de sal*
- *amendoim moído, sem sal*
- *uma cebola branca, grande, ralada*
- *12 cebolas brancas, pequenas*
- *12 moedas de cobre*
- *um xére de cobre ou uma cabaça com cabo*
- *uma chave de aço usada*
- *12 acaçás brancos, desembrulhados*
- *12 quiabos crus e bem retinhos*
- *12 favas de emburama*
- *água mineral*
- *cerveja preta*

Como fazer
Faça um pirão bem consistente e bem cozido, com a farinha, os orobôs, azeite de dendê, sal, amendoim e a cebola e, ainda quente, coloque-o na gamela. Por cima enfeite com os demais elementos, ao seu gosto. Ponha os quiabos com o biquinho para baixo e os

acaçás ao redor. Ande com o presente dentro de casa, fazendo seus pedidos a Ejilaxeborá, em nome de Xangô. Leve para local rochoso e coloque o presente em cima de uma grande pedra. Antes de arriar o presente, lave o local na pedra com água mineral e depois banhe com cerveja preta. Peça a ajuda de Xangô e, se for merecedor, será atendido(a)!
(Este presente só deve ser feito se a pessoa se achar merecedora da vitória. Em caso de dúvida, não recomendo que o faça.)

EBÓ 167
Para que o Odu Ejilaxeborá corte os acidentes na sua casa, na rua e nas estradas

Elementos
- *uma gamela redonda, grande, lavada*
- *areia de mar ou de rio*
- *um caracol, do tipo espiral*
- *sete conchas do mar*
- *sete búzios abertos (abertura da parte de cima do casco, feita pelo homem)*
- *um orobô, sem a película, cortado em 12 pedaços*
- *12 frutas variadas, cortadas em quatro partes*
- *12 balas de coco*
- *12 ramos (espigas) de trigo*
- *uma bandeira branca, de tecido*

Como fazer
Coloque na gamela a areia, o caracol e a bandeira no centro e distribua por cima os demais elementos, ao seu gosto. Enfeite com os ramos (espigas) de trigo. Passe pelo corpo, de baixo para cima, passando pelo umbigo, pelo coração, na testa e nas costas, pedindo a ajuda de Ejilaxeborá, em nome de Xangô. Leve o presente para a rua e coloque-o na frente de um pinheiro, de uma gameleira ou de uma árvore com flores. Boa sorte!

EBÓ 168
Para que o Odu Ejilaxeborá corte feitiços e guerras, atraia sucesso e conquistas para o seu negócio

Este ebó ajuda aquela pessoa que está com problemas de guerras, feitiços, confusões. É primordial que ela seja merecedora da ajuda de Xangô, pois ela pode estar sofrendo consequências de seu comportamento.

Elementos
- *uma gamela média, lavada*
- *farinha de arroz*
- *uma cebola branca, ralada*
- *pitada de sal*
- *azeite de dendê*
- *castanha-de-caju moída*
- *um pedaço de gengibre, ralado*
- *água*
- *frutas cristalizadas picadas*
- *um acaçá branco, grande*
- *um abará, grande*
- *um acarajé, grande, frito no azeite de dendê*
- *uma bola de batata-doce, pequena*
- *um ímã*
- *uma fava de andará, pequena*
- *uma fava de pichurim, inteira*
- *quatro orobôs inteiros e sem película, bem lavados*
- *folhas de para-raio ou de louro, bem verdinhas*

Como fazer
Faça um pirão bem durinho e bem cozido, com a farinha, a cebola, o sal, a castanha, o gengibre e a água e coloque-o na gamela. Vá acrescentado os demais elementos, ao seu gosto, com calma. Coloque os orobôs um por um na boca, fazendo seus pedidos a Ejilaxe-

borá, em nome de Xangô, e, após, coloque-os no presente. Enfeite com as folhas e, se quiser, deixe por 24 horas na sua casa. Depois, leve o presente e entregue-o em local alto, afastado da passagem de pessoas e próximo à natureza. Mentalize tudo de bom e peça a ajuda de Xangô. Tenha certeza de que vai dar certo!

EBÓ 169
Para o Odu Ejilaxeborá conduzir a mão do médico no momento da cirurgia que a pessoa irá fazer, que tenha sucesso

Elementos
- *uma gamela pintada de branco*
- *canjica (ebô) cozida, lavada e bem escorrida*
- *oito maçãs-verdes, inteiras*
- *oito acaçás brancos, desembrulhados*
- *oito cocadas brancas*
- *12 quiabos crus, bem retinhos*
- *12 ramos (espigas) de trigo*
- *um orobô, sem a película, aberto*
- *um obi de quatro gomos, aberto*
- *azeite de oliva ou melado*
- *um pombo claro*

Como fazer
Ponha a canjica dentro da gamela e vá enfeitando com os elementos descritos na lista. Coloque os quiabos com a pontinha para baixo, formando uma coroa. Regue com o azeite ou com o melado e passe a gamela pelo corpo da pessoa, de baixo para cima, fazendo seus pedidos. Leve o presente para a subida de uma serra, procure uma pedra grande e coloque-o em cima. Vá vestido com uma blusa que você possa retirar, rasgar e deixar ao lado do presente, pedindo ao Odu Ejilaxeborá, em nome de Xangô, sucesso em sua cirurgia. Leve um pombo claro, passe-o no corpo e solte-o a seguir. Boa sorte!

EBÓ 170
Para que o Odu Ejilaxeborá ajude a pessoa a manter seu comércio com sucesso, com harmonia perfeita entre os funcionários e com os fornecedores

Elementos
- um alguidar médio, forrado com dois metros de morim branco
- canjica (ebô) cozida, lavada e bem escorrida
- arroz branco cozido com uma pitada de sal, lavado e escorrido
- sete pedaços de cristal de rocha
- sete pedras de rio ou do mar
- 12 nozes-moscadas inteiras
- seis figos em calda ou cristalizados
- seis pêssegos em calda
- um orobô inteiro, sem a película, e aberto
- uma fava de alibé
- folhas de louro
- 12 ramos (espigas) de trigo

Como fazer
Ponha metade da canjica e metade do arroz cozido, lado a lado, dentro do alguidar. A seguir, ponha os demais elementos. Consulte o orobô e coloque-o no presente, junto com a fava. Cubra com o restante da canjica e do arroz e enfeite tudo com as folhas de louro e os ramos (espigas) de trigo. Leve o presente para uma pequena mata, com movimento residencial por perto, e coloque-o embaixo de uma árvore frutífera, que pode ser mangueira, jaqueira, mamoeiro etc., chamando por Ejilaxeborá, em nome de Xangô, para ajudá-lo a manter seu comércio com sucesso, felicidade, prosperidade, harmonia etc. Tudo de bom!

13 – Odu Ejilagban
(Ejiologbon, *Ologbon*)

Treze búzios abertos e três fechados.
Principal divindade que responde: Obaluaiê, Nanã, Possu, Odudua, Orunmilá.
Por este ser um Odu considerado muito forte e perigoso, nossos antigos preferiam chamá-lo de Ejilagban.

EBÓ 171
Para o Odu Ejilagban ajudar a aliviar problemas respiratórios

Elementos
- *um metro de pano roxo, de algodão*
- *uma língua bovina*
- *um limão, cortado em quatro partes*
- *uma beterraba, cortada em quatro partes*
- *um nabo cortado, em quatro partes*
- *um bife de fígado, cortado em quatro partes*
- *um acaçá branco, sem a folha*
- *pipoca estourada no azeite de dendê*

Como fazer
Passe o pano na pessoa, de cima para baixo, e abra-o na sua frente. Após, passe a língua e os demais elementos. Cubra tudo com a pipoca, sempre chamando pelo Odu Ejilagban, em nome de Nã, e fazendo seus pedidos. Amarre na forma de um embrulho e despache em um mangue ou em uma lagoa de água suja e parada. Seja feliz!

EBÓ 172
Para o Odu Ejilagban ajudar a resolver problemas de pele, alergias no geral

Elementos
- um saco preto, grande
- um bagre pequeno, inteiro (sem escamar e sem retirar as vísceras)
- 13 aberéns
- 13 eguidís, de fubá
- 13 bolas de feijão-preto, sem tempero
- 13 ovos
- 13 pedaços de toucinho de porco, entremeado com carne
- um quilo de canjica (ebô) cozida e escorrida, sem lavar
- 13 fios de palha da costa

Como fazer
Passe o saco no corpo da pessoa, de cima para baixo, e coloque-o à sua frente. Faça o mesmo com o peixe e, após, peça à pessoa que cuspa 13 vezes dentro da boca do peixe, calmamente, pedindo ao Odu Ejilagban o que deseja. A seguir, passe pelo corpo os demais elementos. Por último, passe a canjica e cubra todo o ebó. Amarre com os fios de palha da costa e leve para enterrar em local longe da casa da pessoa. Boa sorte e muita saúde!

EBÓ 173
Para o Odu Ejilagban ajudar nas questões femininas: barriga, útero, ovário etc.

Elementos
- um saco estampado, grande, de chitão
- uma cabaça, cortada ao meio
- uma buchada de porco, completa
- 13 bolas de farinha de mandioca, cruas
- 13 bolas de arroz branco, bem cozido
- 13 bolas de tapioca

- *13 ecurus*
- *13 acaçás brancos, desembrulhados*
- *três varetas da amoreira, sem as folhas*
- *pipoca estourada na areia*
- *um quilo e meio de canjica (ebô) cozida e escorrida, sem lavar*
- *azeite de dendê*
- *um quilo de açúcar refinado*

Como fazer

Passe o saco pela pessoa, de cima para baixo, pedindo a ajuda de Ejilagban, e ponha na frente dela, aberto. Faça o mesmo com a cabaça e coloque-a dentro do saco. Simbolicamente, passe a buchada bem próximo ao corpo da pessoa, principalmente na barriga, na vagina e no ânus, fazendo seus pedidos ao Odu Ejilagban, e ponha dentro da cabaça. A seguir, passe os demais elementos e cubra tudo com a canjica. Feche a cabaça com a outra metade, acomode-a bem dentro do saco e dê um nó na boca. Procure um terreno arenoso, faça um buraco e enterre o saco. Regue por cima da terra com o azeite de dendê e com o açúcar. Boa sorte!

(Esse ebó é profundo e de grande valia.)

EBÓ 174
Para o Odu Ejilagban ajudar a cortar os fuxicos, as línguas ferinas, as confusões que tantas mazelas trazem

Elementos

- *um saco branco, tipo fronha*
- *uma língua de porco*
- *uma faca pequena, de cabo de madeira*
- *13 bolas de feijão-preto, cozido, sem tempero*
- *13 ovos de galinha de quintal (caipira)*
- *um repolho roxo pequeno, cortado em quatro pedaços*
- *13 sardinhas inteiras (sem escamar e sem retirar as vísceras)*
- *canjica cozida, escorrida e sem lavar*

Como fazer

Passe o saco pelo corpo da pessoa, de cima para baixo, e ponha no chão, à sua frente. Passe a língua e corte-a ao meio, fazendo seus pedidos ao Odu Ejilagban. Deixe a faca por cima da língua. Prossiga com os demais elementos (não quebre os ovos). Cubra tudo com a canjica e dê um nó na boca do saco. Enterre em local longe da casa, em uma mata, e coloque por cima uma pedra pesada. Boa sorte!

EBÓ 175
Para o Odu Ejilagban afastar as doenças daquela pessoa enfraquecida, fragilizada

Elementos
- *um pote, tipo um porrão (bojudo, com a base e a boca estreitas)*
- *13 cabaças pequenas*
- *13 corações de frango*
- *13 pares de pés de frango*
- *13 ovos brancos*
- *sete cebolas pequenas, roxas*
- *seis cebolas pequenas, brancas*
- *13 acarajés pequenos, fritos no azeite de dendê*
- *um igbim, vivo*
- *gim*
- *canjica cozida e escorrida, sem lavar*
- *açúcar mascavo*
- *um pombo preto*

Como fazer

Agite o pote na frente da pessoa. Passe as cabacinhas uma a uma, no corpo da pessoa, de cima para baixo. Peça que a pessoa quebre as cabaças, começando com o pé direito e terminando com o esquerdo, pedindo a Ejilagban para afastar as doenças etc. Coloque-as dentro do pote e acrescente os demais elementos. Ponha uma luva, junte a um saco plástico e pegue o igbim. Arrume uma pedra e quebre-o, resguardando o seu corpo, e jogue o conteúdo da concha (incluindo o líquido) por cima do presente. Regue com o gim e acrescente a canjica e o açúcar mascavo. Leve para um local distante e enterre em uma casa em ruínas e abandonada ou no meio do mato. Passe um pombo preto pelo corpo da pessoa, que deverá estar de costas para a casa. Ao sair, deverá continuar de costas para a casa abandonada, sem olhar para trás.

EBÓ 176
Ebó positivo do Odu Ejilagban para afastar a negatividade, neutralizar e adoçar o Odu

Depois que se faz um ebó para o lado negativo, é sempre bom adoçar o Odu.

Elementos
- *um cesto forrado com pano branco, de algodão*
- *um quilo de canjica (ebô), cozida, lavada e bem escorrida*
- *13 acaçás brancos, sem a folha*
- *13 ecurus*
- *13 bolas de inhame cozido*
- *13 conchas do mar*
- *uma noz-moscada inteira*
- *13 bananas, sem a casca*
- *efum*
- *ossum*
- *wáji*
- *uma bandeira de pano, branca*

Como fazer
Ponha a canjica no cesto, em cima do pano, e acrescente os demais elementos a seu gosto. Polvilhe com os pós e finque a bandeira no centro, pedindo que o Odu Ejilagban traga paz, tranquilidade, prosperidade, alegrias etc. Entregue próximo a um rio, perto de árvores.

14 – Odu Iká (*Ika*)

Quatorze búzios abertos e dois fechados.
Principais divindades que respondem: Ossâim, Bessém, Babá Dancô, Abiku.

Iká é um Odu muito rico, que traz muita sorte, saúde e muitas conquistas. Está também muito ligado ao amor e à saúde. Por esse motivo, não há ebó para caminhos negativos.

EBÓ 177
Para o Odu Iká ajudá-lo a crescer financeiramente na vida, prosperar, ter sucesso e realizações

Elementos
- *dois metros de morim amarelo*
- *uma cabaça média, cortada pouco abaixo do pescoço*
- *uma concha grande, bem bonita*
- *um ímã lavado*
- *um búzio grande, aberto (abertura da parte de cima do casco, feita pelo homem)*
- *uma pedra semipreciosa amarela (um cristal amarelo)*
- *três nozes-moscadas, inteiras*
- *uma fava de pichurim*
- *três colheres, de sopa, de cravo-da-índia*
- *três colheres, de sopa, de canela em pó*
- *três colheres, de sopa, de açúcar refinado*
- *três colheres, de sopa, de gergelim*
- *um pão doce grande, bonito*
- *um cacho de uvas verdes*
- *quatro claras de ovos batidas em neve, bem firmes, com três colheres de sopa de açúcar e três gotas de extrato de baunilha*

Como fazer

Passe pelo corpo da pessoa o pano amarelo, de baixo para cima, fazendo seus pedidos ao Odu Iká. Ponha o pano no chão, coloque a cabaça e vá passando os demais ingredientes na pessoa e colocando-os dentro da cabaça, cobrindo com as claras de ovos. Tampe a cabaça, feche o pano e leve para uma mata bem verdejante. Amarre no galho de uma árvore frondosa, bem viva e sem espinhos, e peça tudo de bom e do melhor para o Odu Iká, um dos Odus mais ricos. Boa sorte e fortuna! Axé!

(Ofereça antes das 15 horas, em Quarto Crescente ou Lua Cheia.)

EBÓ 178
Para o Odu Iká ajudar a trazer movimento para seu comércio e para sua vida

Elementos
- um alguidar pintado de amarelo ou de dourado
- um melão bem grande
- 14 cravos-da-índia
- 14 pedaços de canela em pau
- 14 conchas, pequenas
- 14 búzios abertos, pequenos (abertura da parte de cima do casco, feita pelo homem)
- 14 gemas de ovos
- 14 uvas rubi
- açúcar mascavo

Como fazer

Abra uma tampa no melão e retire as sementes, colocando-as aos pés de uma árvore ou em um pedaço de morim, dentro do seu comércio; ou atrás da porta da entrada de sua residência, fazendo seus pedidos ao Odu Iká para atrair prosperidade, alegria etc. – o que você desejar. Coloque o melão em pé dentro do alguidar, arrume dentro os elementos acima e cubra com o açúcar mascavo. Leve o presente e coloque-o embaixo de uma árvore próxima de um rio, chamando pelo Odu Iká, em nome de Bessém, para que ele traga movimento para o seu comércio.

EBÓ 179
Para que o Odu Iká ajude a pessoa a viver em paz com seu amor

Elementos
- um metro de pano dourado
- um prato de barro (ou alguidar), grande
- um pedaço de papel com o nome do seu amor escrito a lápis
- um quilo de batata-doce
- uma colher, de sopa, de farinha de aveia
- uma colher, de sopa, de açúcar mascavo
- 14 kiwis
- 14 conchas do mar
- 14 acaçás brancos, sem a folha
- 14 cerejas em calda (guarde a calda)
- 14 ovos de codorna, crus
- coco ralado fresco
- fios de ovos

Como fazer
Coloque no prato/alguidar o papel com o nome do seu amor. Cozinhe a batata-doce com uma pitada de sal e uma colher de sopa de açúcar. Descasque e amasse a batata-doce, coloque a aveia e o açúcar mascavo. Conforme for amassando e moldando um coração com o purê, vá fazendo seus pedidos ao Odu Iká. Coloque o coração no prato e acrescente os demais elementos, enfeitando com carinho. Cubra com o coco ralado e os fios de ovos. Procure um rio limpo ou uma cachoeira, em local afastado, discreto, sem muito acesso, abra o pano próximo à água e arrie o presente. Peça a Iká, em nome de Pai Bessém, que seu relacionamento afetivo seja feliz, com muito amor, muita paz etc. Felicidades e muito axé!

EBÓ 180
Para que o Odu Iká traga grandes conquistas profissionais, financeiras, sentimentais

Elementos
- *um cesto de palha, grande*
- *um metro de tecido estampado, com cores claras*
- *fubá*
- *açúcar refinado*
- *amêndoas picadas*
- *castanhas-de-caju picadas*
- *14 bolinhos pequenos de coco*
- *sete nectarinas*
- *sete goiabas (brancas ou vermelhas)*
- *sete rosas-amarelas*
- *sete rosas-brancas*
- *sete cravos (flores)*
- *muitos ramos (espigas) de trigo*

Como fazer

Forre o cesto com o tecido. Torre o fubá, misturado com as amêndoas e as castanhas, lentamente, em fogo baixo, sem queimar. Faça com um pouco de açúcar uma calda de caramelo rala e misture com a farofa de fubá. Ponha em cima do tecido e acrescente os bolinhos, as frutas. Dê uma dentada em uma das frutas, saboreie e devolva a fruta ao cesto. Deixe na sua casa por 24 horas. Enfeite com as rosas, os cravos e os ramos (espigas) de trigo. Peça para uma pessoa levá-la de carro e passeie com o presente por lugares bonitos, prósperos, grandiosos, românticos, pedindo ao Odu Iká, em nome de Pai Bessém, somente coisas boas. Após, entregue o presente próximo a um rio ou a uma cachoeira, ou deixe embaixo de uma palmeira, em local discreto. Bons momentos! Axé!

EBÓ 181
Para que o Odu Iká atraia aquele amor tão desejado, tão esperado

Elementos
- uma bacia de ágata
- dois metros de pano branco, amarelo, azul ou dourado
- sete mamões papaia, não muito maduros, cortados horizontalmente, sem sementes
- sete ovos de galinhas de quintal (separe as gemas e as claras)
- 14 quindins pequenos
- 14 bombons, sem o papel
- dez colheres, de sopa, de açúcar refinado
- uma flor de girassol, bem grande e bonita

Como fazer
Passe o pano pela pessoa e peça que ela vá pedindo tudo que deseja ao Odu Iká. Ponha na bacia e arrume as bandas dos mamões, com uma gema em cada um, colocando a seguir, de forma bem bonita, os demais elementos. Passe a flor no corpo, de baixo para cima, conversando com ela e pedindo aquele amor tão desejado etc. Bata as claras em neve, acrescente as dez colheres de sopa de açúcar refinado e espalhe por cima do presente. Assopre o presente por 14 vezes, pois o hálito também é um transmissor da fala, e ponha um pouco do perfume de sua preferência. Deixe em sua casa por cinco dias; em todos os dias mostre-o ao Sol e à Lua, sempre fazendo seus pedidos. Após esse período, remova o presente e entregue-o às margens de um rio ou uma cachoeira. Não é preciso deixar a bacia. Bons amores! Axé!

EBÓ 182
Para que o Odu Iká melhore seu lado financeiro

Elementos
- um alguidar pintado de dourado
- flocos de aveia
- frutas cristalizadas
- amendoim moído
- açúcar cristal
- 14 ameixas amarelas, lavadas
- 14 ovos de quintal, crus
- 14 conchas do mar, pequenas
- 14 búzios abertos, pequenos (abertura da parte de cima do casco, feita pelo homem)
- 14 pedaços de cristal de rocha ou 14 pedacinhos de pedras semipreciosas
- 14 ramos (espigas) de trigo

Como fazer
Misture bem, dentro do alguidar, os flocos de aveia, as frutas, o amendoim e o açúcar cristal, fazendo uma farofa, pedindo o que deseja ao Odu Iká. Arrume os outros ingredientes ao seu gosto e enfeite com os ramos (espigas) de trigo. Passe pelo seu corpo, de baixo para cima, e deixe em sua casa ou no seu comércio por sete dias. Após esse período, leve para um lugar alto ou no caminho de uma serra. Grandes conquistas! Axé!

15 – Odu Obeogundá (*Ogundá*)

Quinze búzios abertos e um fechado.
Principais divindades que respondem: Exu, Iewá, Agué e Obá.

EBÓ 183
Para que Obeogundá traga transformações, renove sua vida

Elementos
- um prato de barro (ou alguidar) pintado de dourado e forrado com um pedaço de pano grená
- uma noz-moscada, ralada
- um copo de flocos de aveia
- amêndoas picadas
- nozes picadas
- castanhas-de-caju picadas
- uma colher, de sopa, de gengibre ralado
- três colheres, de sopa, de açúcar mascavo
- sete tomates vermelhos, lavados e cortados ao meio
- oito goiabas (quatro vermelhas e quatro brancas), lavadas e cortadas em quatro partes

Como fazer
Misture bem a noz-moscada, os flocos, as amêndoas, as nozes, as castanhas-de-caju, o gengibre e o açúcar, fazendo uma farofa. Coloque-a no pano e, em volta, ponha os tomates e as goiabas. Passe pelo corpo, de baixo para cima, fazendo seus pedidos. Coloque o presente próximo a um rio ou em um gramado limpo, bem bonito, em local reservado, pedindo que o Odu Obeogundá transforme sua vida, traga renovação, tudo aquilo que você necessita etc. Boa sorte! Axé!

EBÓ 184
Para que o Odu Obeogundá ative a sua simpatia, fazendo com que você se torne uma pessoa mais alegre, mais receptiva

Elementos
- um cesto de palha, forrado com um pano azul-turquesa
- meio quilo de canjica cozida, lavada e bem escorrida
- 15 ameixas vermelhas, lavadas
- 15 conchas do mar
- 15 balas de leite
- 15 acaçás feitos com leite, leite de coco e açúcar, sem a folha
- duas colheres, de sopa, de semente de girassol
- coco ralado, fresco

Como fazer
Coloque a canjica no cesto e arrume os demais elementos na ordem dada na lista, ao seu gosto, fazendo seus pedidos ao Odu Obeogundá. Cubra tudo com o coco ralado. Passeie com o presente pela sua casa, sempre pedindo o que deseja. Leve para a rua e entregue próximo de um rio ou riacho limpo, ou deixe embaixo de uma linda árvore, chamando pelo Odu e pedindo coisas positivas, muita alegria, saúde etc. Felicidades! Axé!

EBÓ 185
Para que o Odu Obeogundá transforme o momento financeiro ruim em prosperidade, a doença em saúde etc.

Elementos
- uma travessa de barro, bonita (se possível, vidrada), forrada com folhas de oxibatá (vitória-régia)
- 15 acarajés fritos no azeite de dendê
- 15 morangos, grandes e bem lavados
- 15 sonhos (bola de berlim), pequenos

- *pó de colorau, páprica doce ou ossum*
- *15 pimentas-da-costa (atarê)*

Como fazer

Arrume os elementos com esmero e requinte na travessa. Polvilhe com o pó escolhido e enfeite com as pimentas, ao redor. Passe pelo corpo, de baixo para cima, pedindo ao Odu Obeogundá que faça a transformação na sua vida. Coloque o presente próximo a um rio, lago, lagoa, nascente, chamando sempre pelo Odu. Tudo de bom! Axé!

EBÓ 186
Para o Odu Obeogundá atrair riqueza, prosperidade, boa sorte

Elementos
- *uma cabaça grande, aberta abaixo do pescoço*
- *15 orobôs, sem a película, abertos*
- *15 abarás, pequenos*
- *15 conchas do mar, pequenas*
- *15 búzios abertos, pequenos (abertura da parte de cima do casco, feita pelo homem)*
- *15 acarajés pequenos, fritos no azeite de dendê*
- *15 uvas vermelhas (uvas rubi)*
- *15 ovos de codorna, crus*
- *um obi aberto (abertura da parte de cima do casco, feita pelo homem)*
- *efum*
- *gim*
- *uma pimenta-da-costa (atarê)*
- *azeite de dendê*

Como fazer

Passe a cabaça pelo corpo, de baixo para cima. Faça o mesmo com todos os itens, pedindo prosperidade, bom emprego, sorte etc., ao Odu Obeogundá, e vá colocando na cabaça. Coloque os pedaços do orobô e do obi, polvilhe com o efum, ponha o gim na boca e borrife por cima. Mastigue o atarê e coloque-o dentro da cabaça.

Regue com o azeite de dendê. Leve para colocar em um local alto e ponha embaixo de árvore frondosa e bem grande. Boa sorte!

EBÓ 187
Um talismã para o Odu Obeogundá trazer grandes realizações, soluções positivas para o ano corrente

Elementos
- um tacho de cobre
- areia bem clara de rio limpo, de praia ou de lagoa
- 15 moedas pequenas, de cobre
- 15 idés de cobre (pulseiras)
- 15 pedras vermelhas (cristal de curvelo ou jaspe)
- 15 ímãs pequenos
- 15 conchas do mar, pequenas
- 15 búzios abertos, pequenos (abertura da parte de cima do casco, feita pelo homem)
- 15 batatas-doces pequenas, cozidas e descascadas
- 15 pedaços, pequenos, de melancia
- 15 acaçás, sem a folha
- uma estrela de aço, com cinco pontas
- uma espada pequena, de aço
- um par de alianças (pode ser bijuteria)
- um pedacinho de ouro
- um pedacinho de prata
- um pedacinho de estanho
- um pano azul-turquesa

Como fazer
Coloque a areia no tacho e os demais elementos na ordem da lista, ao seu gosto. Passe-os pelo corpo de baixo para cima, fazendo os pedidos para o Odu Obeogundá. Deixe dentro de sua casa por 24 horas, em local que receba o Sol e escondido da vista das pessoas. Após esse período, retire cuidadosamente as batatas, a melancia e

os acaçás e ponha numa árvore no seu quintal ou em um gramado. Deixe o tacho no lugar, cubra com um pano azul-turquesa, pedindo que o Odu atraia grandes realizações, positividade, prosperidade, saúde etc. Se possível, de três em três meses coloque novamente a batata-doce, a melancia e os acaçás, ou 15 doces, 15 frutas e 15 pãezinhos. Com certeza vai dar certo! Axé!

(Esse presente é ideal para ser feito no dia 15 de qualquer mês do ano.)

16 – Odu Alafioman
(*Alaafiá*)

Dezesseis búzios abertos.
Principais divindades que respondem: Orunmilá (a sabedoria), Orixalá e toda a Corte Suprema dos Orixás.

> Todos os presentes para o Odu Alafioman também podem ser oferecidos a Orunmilá.

EBÓ 188
Para que Alafioman ajude a livrar a pessoa do sofrimento, das doenças, do pânico; para criar uma certa imunidade às doenças

Elementos
- *um prato de barro, forrado com algodão*
- *16 bolas de inhame cozido*
- *16 acaçás de leite, com açúcar e três gotas de baunilha*
- *16 bolas de arroz branco cozido*
- *16 conchas do mar, pequenas*
- *16 uvas verdes*
- *16 balas de coco, bem branquinhas*
- *efum ralado*
- *um pombo branco*

Como fazer
Ponha os elementos no prato seguindo a ordem da lista. Polvilhe com efum, passe no corpo de baixo para cima e faça seus pedidos ao Odu Alafioman. Leve o presente para um lugar calmo, um gramado ou jardim. Passe o pombo pelo corpo, peça o que deseja próximo à sua boca, sopre três vezes e solte-o. Boa sorte!

EBÓ 189
Para o Odu Alafioman ajudar a tirar o desespero de uma pessoa, acalmá-la, tranquilizá-la

Elementos
- um prato de barro, grande, forrado com morim branco
- arroz branco bem cozido com uma pitada de sal (após cozido, lavar e deixar escorrer bem)
- um coco-verde, inteiro
- uma bola de inhame-cará cozido, grande (no formato de cabeça completa)
- uma maçã-verde
- 16 búzios pequenos, abertos (abertura da parte de cima do casco, feita pelo homem)
- 16 pães doces, pequenos
- uma bandeira branca, de pano
- efum ralado

Como fazer
Ponha o arroz no centro do prato com o coco no centro, a cabeça de inhame na frente e a maçã-verde ao lado. Enfeite com os búzios e os pães doces. Espete a bandeira suavemente na cabeça ou no coco. Pulverize com o efum, pedindo que o Odu Alafioman leve o desespero, a intranquilidade, o desassossego etc. da vida da pessoa. Deixe 24 horas dentro de casa e depois coloque o presente à margem de um rio ou riacho tranquilo, limpo. Se a sua cidade não tiver um rio, ponha em uma mata limpa, de pouco movimento, num canto bem resguardado de passantes. Deixe que a natureza se encarregue de destruir o presente. Tudo de bom! Axé!

EBÓ 190
Para que o Odu Alafioman afaste o medo da pessoa, tornando-a mais segura de si, mais corajosa

Elementos
- *um prato branco, raso*
- *quatro claras de ovo*
- *baunilha*
- *quatro colheres, de sopa, de açúcar branco comum*
- *efum*
- *wáji*

Como fazer
Bata as claras em ponto de neve, com três gotas de baunilha e as quatro colheres de açúcar branco, dando ponto de suspiro. Ao bater a claras, mentalize o que deseja. Coloque no prato e polvilhe com efum de um lado e, do outro, com wáji. Ofereça a Babá Ajalá, em nome de Alafioman, chamando por Obatalá e Odudua, pedindo que essas forças poderosas afastem o medo, deem força para que a pessoa somente tenha pensamentos mais positivos etc. Deixe por três dias na sua casa e, após, coloque o presente embaixo de uma árvore frutífera, longe dos centros urbanos ou à beira de um riacho limpinho. Força e axé!

EBÓ 191
Para que o Odu Alafioman traga paz, saúde, tranquilidade, harmonia

Elementos
- *uma bacia grande, forrada com dois metros de morim branco*
- *um quilo de canjica (ebô) cozida, lavada e escorrida*
- *16 cocos maduros, pequenos, pintados com efum*
- *16 acaçás brancos bem cozidos, sem a folha*
- *baunilha*

- *bandeira branca de tecido*
- *efum*
- *wáji*

Como fazer

Coloque a canjica dentro da bacia, com os cocos. Rodeie com os acaçás, pingue algumas gotas de baunilha, polvilhe com wáji e efum e finque a bandeira no centro. Passeie com esse presente por sua casa, pedindo tudo de bom e positivo ao Odu Alafioman. Deixe por 48 horas. Após, leve para local de natureza abundante e procure um lugar bem resguardado. Retire o morim com os elementos e deposite na frente de uma árvore poderosa, à sombra. Leve a bacia de volta. Tudo de bom! Axé!

Oyeku (Opira)

Dezesseis búzios fechados.
Quando caem os 16 búzios fechados, o Odu que se apresenta é Oyeku e a caída chama-se Opira. É uma caída rara, que requer cautela, cuidados e bom conhecimento, para poder lidar com as situações que esse Odu apresenta.

EBÓ 192
Para controlar a força de Oyeku

Elementos
- dois metros de morim branco
- 16 bolas, pequenas, de feijão-preto cozido
- 16 bolas, pequenas, de farinha de mandioca
- 16 ovos de galinha
- 16 acarajés pequenos
- 16 sardinhas inteiras, sem escamar e sem eviscerar
- 16 pedras de carvão, pequenas (pode ser carvão vegetal ou mineral)
- um pedaço de barbante ou 16 fios de palha da costa

Como fazer
Passar o pano no corpo da pessoa, colocá-lo estendido à sua frente e ir passando os demais elementos, de cima para baixo, fazendo os pedidos. Embrulhar e amarrar bem. Despachar em local afastado e bem deserto. Deixe próximo a água ou em lugar bem arborizado, gramado, sem que seja notado. Na volta, em casa, tome um banho com folhas de oriri, macaçá e cana-do-brejo. Pode ser também com a água do cozimento da canjica, banhando também a cabeça. Boa sorte!

EBÓ 193
Para tirar os conflitos, afastar os traumas, a solidão e o sofrimento que esse Odu traz

Elementos
- uma cabaça grande, aberta no meio, no sentido vertical, sem retirar as sementes
- 16 ecurus pequenos
- 16 ovos de codorna
- 16 acaçás vermelhos (fubá), sem a folha
- 16 acaçás brancos, sem a folha
- 16 búzios fechados
- 16 acarajés, pequenos
- 16 bolas de arroz, pequenas
- azeite de dendê ou óleo de trombeta
- ossum
- efum
- wáji
- um pássaro claro

Como fazer

Pinte a cabaça, por fora, com efum misturado com água, e por dentro, pinte com ossum misturado com água. Passe os elementos, um por um, pelo corpo, de cima para baixo, e vá colocando arrumadinho na cabaça, fazendo seus pedidos. Polvilhe com ossum, efum e wáji, e regue com um dos óleos. Amarre a tampa na cabaça, prendendo muito bem, e leve para despachar em um terreno rochoso, com abundância de pedras. Se, por acaso, encontrar uma gruta, coloque o presente nesse local, pedindo que Oyeku leve o sofrimento, as dores, ajude a afastar a solidão etc. Passe o pássaro pelo corpo, de baixo para cima, pedindo somente coisas boas; depois solte-o. Axé e muita sorte!

Capítulo 5

Inquices
(*Inkice*)

As divindades da Nação Bantu são originárias de Angola, Congo, Ruanda e vários outros países. Possuem elementos próprios que as diferenciam dos voduns e dos orixás. Têm características e personalidades distintas e peculiaridades independentes. Foram as primeiras divindades a serem trazidas para o Brasil, pelos escravizados africanos, e espalharam-se por todo o território brasileiro. Gostam muito dos seres humanos e estão sempre dispostos a ajudá-los. Entre os vários inquices, escolhemos Kitembu para homenagear a Nação Bantu, pois essa é uma divindade essencial à vida cronológica de todo ser vivo. Muito amado, é também cultuado pelas demais Nações. Alguns Axés têm um local consagrado a ele em suas casas de candomblé. Existe um dito popular que é uma perfeição, dirigido a esse inquice tão amado: "Sem Kitembu não existimos!"

Kitembu (Tempo)

Muto ligado à terra, à água, às florestas e às matas, é cultuado aos pés de grandes árvores sagradas. É o "senhor do tempo cronológico", estando presente em todos os elementos e em todas as catástrofes da natureza. Respeitado e amado pelo homem, tudo deve ser feito para amenizar seu furor, sua ira, seu destempero. Muito justo, é também procurado para agir em casos de justiça. Seu poder é transformador, sendo reverenciado e homenageado por todas as Nações.

EBÓ 194
Para que o poderoso inquice Kitembu traga dias melhores, que os momentos ruins possam transformar-se e trazer novidades, crescimento

Elementos
- *um prato de papelão, médio, forrado com folhas de mamona branca (sem o talo), ou com folhas de bananeira, limpas e passadas no fogo*
- *farinha de mandioca, torrada*
- *uma colher, de café, de sal*
- *fumo de rolo, desfiado*
- *feijão-fradinho, torrado*
- *mel*
- *quatro jenipapos ou laranjas-limas, cortadas em quatro pedaços*

Como fazer
Misture a farinha, com o sal, o fumo de rolo, o feijão-fradinho e o mel, fazendo uma farofa crua molhadinha. Ponha essa farofa no prato e enfeite com as frutas, fazendo seus pedidos a Kitembu. Ponha o presente embaixo de uma gameleira-branca ou de uma aroeira bem alta. Se não achar, coloque-o aos pés de uma árvore frutífera, em lugar limpo, bonito, bem sereno. Muito axé e boa sorte!

EBÓ 195
Para o inquice Kitembu trazer movimento para seu comércio e sua vida

Elementos
- *um prato de papelão, médio, forrado com folhas de jenipapo ou com folhas de louro, verdes*
- *dois pães salgados (somente o miolo)*
- *água de um coco-verde*
- *açúcar cristal*
- *noz-moscada, ralada*
- *amendoim picado*
- *castanha-de-caju picada*
- *uma maçã-verde*
- *uma pera, bem macia*

Como fazer
Misture bem o miolo dos pães e acrescente um pouco da água do coco, o açúcar, a noz-moscada, o amendoim e a castanha-de-caju, formando uma papa, fazendo seus pedidos a Tempo/Kitembu. Vá desmanchando com as duas mãos, colocando aos poucos, com a mão direita, em cima das folhas. Enfeite com rodelas da maçã-verde e da pera. Leve para uma mata e ponha embaixo de uma árvore frutífera, chamando por Kitembu. Boa sorte! Axé!

(O ideal é fazer esse presente numa terça-feira.)

EBÓ 196
Para o inquice Kitembu trazer solução para casos difíceis, vitórias no seu dia a dia

Elementos
- *um prato de papelão médio, forrado com folhas de mamona (sem o talo) e também com folhas de aroeira, bem verdes (somente as folhas)*
- *um copo, (200 ml, de fubá fino*
- *amendoim, cozido com casca*

- *milho vermelho, bem cozido, com uma pitada de sal*
- *pedaços de canela em pau*
- *melado*
- *milho-alho (para fazer pipoca)*
- *azeite de dendê*

Como fazer

Torre o fubá, lentamente, em fogo brando. Deixe esfriar. Acrescente o amendoim, o milho vermelho, a canela em pau e o melado, misturando bem. Coloque em cima das folhas, dando o formato de uma pirâmide. Em volta, enfeite com as pipocas estouradas no azeite de dendê. Leve o ebó e ponha em uma mata bem limpinha, em local tranquilo, ou embaixo de uma palmeira, chamando por Kitembu e fazendo a ele seus pedidos. Tudo de bom e axé!

EBÓ 197
Para o inquice Kitembu aliviar a ansiedade, dar calma, lhe fazer ser mais paciente, saber aguardar o momento certo

Elementos
- *um alguidar de barro cru, médio, forrado com pano verde e branco, de algodão, e coberto com folhas de sabugueiro e de cajueiro*
- *meio quilo de canjica (ebô) amarela, catada, lavada e cozida com pedaços de canela em pau*
- *açúcar cristal*
- *um palmo, da sua mão direita, de fumo de rolo*
- *mel*
- *sete frutas (cada uma de um tipo), cortadas em quatro pedaços*
- *sete acaçás brancos, sem a folha*
- *sete roletes de cana-de-açúcar, bem doces*
- *melado*

Como fazer

Depois de cozida a canjica, acrescente um pouco de açúcar cristal. Deixe esfriar, coe e guarde a água (que poderá ser usada, acrescentando mais água, para tomar banho do pescoço para baixo, para prosperidade). Ponha a canjica no alguidar. Passe mel no fumo de rolo e coloque por cima da canjica, com as frutas em volta, os acaçás e os roletes de cana-de-açúcar. Regue tudo com melado e faça seus pedidos a Kitembu. Leve-o para colocar embaixo de uma árvore, em mata fechada e tranquila, próximo à água. Pode colocar também próximo a uma araucária (pinheiro), palmeira ou eucalipto. Chame por "Zara, Tembu. Zara, Tembu!" e peça que o inquice lhe dê mais calma, mais paciência, que saiba esperar o que o tempo lhe reserva etc. Tudo de bom e muito axé!

EBÓ 198
Para o inquice Kitembu trazer saúde e melhorar seu relacionamento afetivo ou amoroso

Elementos
- *um alguidar grande, forrado com morim branco*
- *canjica (ebô) catada, lavada e bem cozida*
- *um melão*
- *uvas verdes*
- *pera*
- *kiwis*
- *açúcar cristal ou mel*

Como fazer
Após cozinhar a canjica, lavar bem, deixar secar e colocar em cima do morim. Corte o melão e as demais frutas em pedaços, enfeitando por cima da canjica. Regue com o açúcar ou o mel e leve o presente para colocar embaixo de árvore bem bonita, em um local tranquilo e limpo, chamando por Tempo e fazendo seus pedidos.

EBÓ 199
Para que o inquice Kitembu afaste o mal ou qualquer outro tipo de negatividade da sua vida, dos seus caminhos

Elementos
- um prato de papelão forrado com folhas de mamona, sem o talo
- 250 g de canjiquinha bem lavada
- leite de vaca
- leite de coco à vontade
- coco ralado
- fatias de coco
- pedaços de canela em pau
- açúcar
- sal
- um acaçá branco, sem a folha
- pedaços bem pequeninos de coco seco, sem descascar

Como fazer
Junte a canjiquinha, o leite de vaca, o leite de coco, o coco ralado, os pedaços de coco e a canela em pau. Deixe cozinhar em fogo brando, mexendo para não embolar, até cozinhar bem e ficar bem durinho. Acrescente uma pitada de sal e açúcar a gosto. Após esfriar, despeje em cima da folha e acrescente o acaçá. Enfeite com os pedacinhos de coco. Faça seus pedidos, com fé e segurança, ao inquice Kitembu. Deixe algumas horas em sua casa, antes de levar para colocar em gramado limpinho. Se quiser, pode comer um pedaço, pois Kitembu é uma divindade que gosta de dividir seus presentes com as pessoas.

Você pode também colocar o mingau de canjiquinha em uma fôrma de bolo com furo no meio, rodeando com os pedacinhos do coco, para enfeitar ainda mais seu presente. Com certeza você será atendido(a) por Tempo! Axé!

Capítulo 6

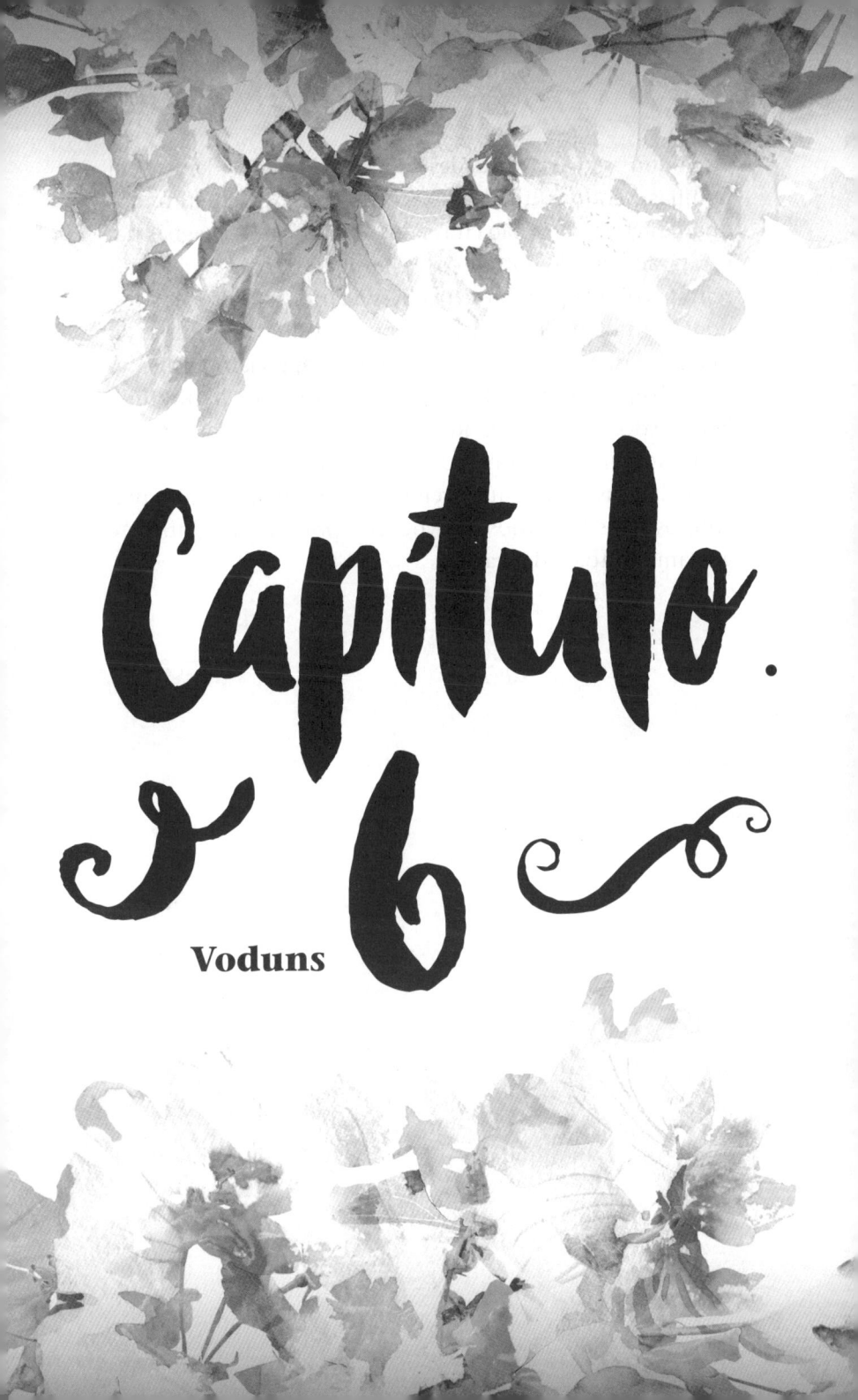

Voduns

Os voduns são as divindades da Nação Fon. Dividem-se em famílias, sendo cultuados de acordo com os elementos aos quais estão ligados. São cultuados em atinçás, seus igbás naturais, aos pés de portentosas e antigas árvores. Ancestrais remotos divinizados, pertencentes a famílias reais e ilustres, podem ser divindades crianças, jovens, velhas, femininas ou masculinas. Muito arcaicos, os voduns apreciam as máscaras, cabaças coloridas, talhas, grandes vasos de barro, tudo bem rústico e arrumado. Rudimentares em suas danças, não aceitam muita aproximação com os homens, e esse é seu diferencial dos orixás, que aceitam naturalmente o convívio com os seres humanos. Os voduns apreciam os cânticos e gostam muito de dançar.

Xoroquê (*Sorroquê*)

Vodum polêmico nos seus conhecimentos, tem um caráter dinâmico, personalidade forte e grande poder. Pertence aos elementos terra e fogo. Tem preferência pela cor vermelha, que representa o seu dinamismo e sua energia, e pela cor azul, que o interliga com a terra. Daí toda a sua energia! Sorroquê é o guardião das casas de candomblé fon. Com Exu, Ogum e algumas outras divindades, traz a proteção para todos.

EBÓ 200
Para o vodum Sorroquê afastar os inimigos, trazer defesa e ajudar a vencê-los

Elementos
- um cesto de vime médio, forrado com folhas de abiu, de hera ou de abre-caminho
- dois copos de fubá torrado lentamente
- gim
- óleo de coco
- três batatas-doces assadas em um braseiro (passe um pouco de dendê em cada uma)
- três acaçás brancos, sem a folha
- três acaçás vermelhos, sem a folha
- três pamonhas
- três acarajés grandes, fritos em azeite de dendê
- três frutas, cortadas em quatro pedaços
- três ímãs
- três búzios abertos (abertura da parte de cima do casco, feita pelo homem)
- três moedas atuais (uma branca, uma dourada, uma acobreada)
- um obi
- um orobô
- um grão de pimenta-da-costa (atarê)

Como fazer

Misture bem o fubá, um pouco de gim e óleo de coco, fazendo uma farofa crua não muito molhada, e coloque-a no cesto. Coloque as batatas-doces e os demais elementos ao seu gosto. Mastigue um pedaço do obi e do orobô, juntamente com o grão de atarê e um pouco do gim. Borrife por cima do presente, fazendo seus pedidos ao poderoso vodum. Se você tiver o assentamento de Sorroquê, coloque o presente à sua frente. Caso contrário, leve para um lugar alto e ponha na entrada da mata. Com certeza você será atendido! Muito axé!

EBÓ 201
Para Sorroquê defender a sua casa contra os malfeitores, defender seu comércio, guardar suas terras

Elementos
- *um cesto médio, forrado com pano azul e vermelho, e coberto com folhas de peregum bem verdes*
- *farinha de mandioca*
- *azeite de dendê*
- *sal*
- *um pouquinho de ossum*
- *uma colher, de chá, de colorau*
- *uma colher, de chá, de páprica doce*
- *um inhame assado no braseiro, em fogo brando*
- *um acaçá grande, vermelho*
- *um acarajé grande, frito no azeite de dendê*
- *uma batata-doce cozida*
- *um ecodidé*
- *uma espada de madeira*
- *uma bola grande, de canjica (ebô) cozida*
- *um orobô, sem película*
- *um grão de pimenta-da-costa (atarê)*
- *gim*

Como fazer

Misture bem a farinha, com azeite de dendê e sal, uma pitada de ossum, o colorau e a páprica doce, fazendo uma farofa crua não muito molhada, e coloque-a no cesto. Ponha por cima o inhame assado, o acaçá e o acarajé, depois de esfriarem. Amasse a batata-doce cozida com um pouco do óleo de coco e um pouco de farinha de mandioca, para dar melhor liga, e faça uma bola. Coloque-a no cesto e finque a pena na bola. Passe pelo seu corpo a espada de madeira, de baixo para cima, fazendo seus pedidos, e ponha no cesto, de modo que o cabo da espada fique para fora. Acrescente as bolas de batata-doce e de canjica (ebô) ao lado do inhame assado. Coloque um pedaço do orobô na boca, com o ataré, e mastigue. Borrife por cima do presente, e também o gim. Ofereça em um lugar alto, na entrada de uma mata abundante. Muito axé!

EBÓ 202
Para Sorroquê ajudar quem trabalha com vendas, para que encante as pessoas, ajudando para que as portas da prosperidade se abram, tenha sucesso nas vendas e muita sorte

Elementos
- sete folhas de mamona branca (ewe lará), lavadas (os talos são colocados por baixo das folhas)
- sete inhames assados em um braseiro, em fogo lento
- sete acaçás brancos, bem durinhos, sem a folha
- sete acaçás vermelhos, bem durinhos, sem a folha
- sete bandeiras brancas, de pano

Como fazer
Finque uma bandeira em cada inhame e coloque cada um em cima de uma folha. Leve para sete lugares distintos: 1) uma estrada; 2) um caminho de barro; 3) na subida de uma serra; 4) no alto da serra; 5) na entrada de uma mata; 6) embaixo de uma árvore bonita; 7) na entrada da cidade.

Procure sempre locais calmos, afastados, fazendo seus pedidos a Sorroquê. Esse é um presente simples, mas de grande poder e eficácia. Boa sorte! Axé!

BANHOS

- *folhas de abre-caminho e uma folha de espada-de-são-jorge, cortada em sete pedaços, cozidas em dois litros de água, do pescoço para baixo;*
- *folhas de aroeira, cordão-de-frade e são-gonçalinho. Banho cozido, do pescoço para baixo.*

Bessém (Dan)

Vodum ligado à riqueza, à prosperidade, à saúde e ao amor. Divindade do movimento e da transformação, o "senhor da evolução" do homem e do mundo. Regente do arco-íris, que traz a "energia das sete cores" e faz a ligação do orum com o aiê.

EBÓ 203
Para Pai Bessém trazer prosperidade, caminhos positivos, muita saúde e até mesmo a pessoa amada e desejada

Elementos
- um cesto médio, forrado com folhas de jiboia (ewé dan)
- 14 pedaços de fitas finas, de cores variadas (exceto preta e roxa)
- 14 batatas-doces cozidas e descascadas, cortadas em rodelas grossas
- 14 acaçás brancos, bem cozidos e durinhos, sem a folha
- 14 acarajés, fritos no azeite de dendê
- 14 pêssegos em calda
- um cacho de uvas verdes
- 14 conchas do mar
- mel ou melado

Como fazer
Enfeite o cesto, ao seu gosto, com as fitas. Coloque os pedaços da batata-doce, os acaçás à volta, os acarajés, os pêssegos e o cacho de uvas no centro. Arrume as conchas ao seu gosto, regue com o mel/melado, fazendo seus pedidos ao vodum Bessém. Leve para um local limpo, com muita mata, e ponha na beira de um rio, de um regato. Com certeza vai dar certo! Axé!

EBÓ 204
Para que Bessém lhe traga saúde, fartura, alegrias, somente coisas boas

Elementos
- *um cesto de palha, forrado com folhas de laranjeira e de nativo (o peregum de cor verde e amarela)*
- *canjiquinha*
- *21 bananas-da-terra cozidas, sem casca*
- *sete acaçás brancos, bem cozidos, durinhos, sem a folha*
- *14 lascas de coco, bem grossas*
- *sete bolas de inhame cozido*
- *açúcar mascavo misturado com canela em pó*

Como fazer
Cozinhe a canjiquinha com uma pitada de sal, lave bem e deixe escorrer. Ponha dentro do cesto, com as bananas cozidas em volta. Acrescente os acaçás, o coco e as bolas de inhame. Polvilhe com a mistura do açúcar com a canela. Passe simbolicamente o presente no corpo, de baixo para cima, pedindo ao vodum Dan que lhe dê saúde, prosperidade, tudo de bom que desejar. Coloque o presente na subida de uma serra ou em um local com muito mato e rio. Tudo de bom. Axé!

EBÓ 205
Para que Bessém lhe faça ser notado(a) onde chegar e atrair coisas positivas

Elementos
- *um cesto de vime ou de palha, forrado com tecido de cores azul, amarela, verde, branca*
- *farinha de mandioca*
- *sal*
- *mel*
- *vinho branco ou verde*

- *castanha-de-caju picada*
- *14 bananas-da-terra fritas no azeite de dendê e, após frias, passadas no açúcar cristal*
- *14 ovos de galinha, crus*
- *14 acaçás brancos, bem cozidos, sem a folha*
- *14 acarajés*
- *14 doces (se possível, procure alguns com nozes)*

Como fazer

Faça uma farofa crua com a farinha, uma pitada de sal, o vinho, o mel e as castanhas picadas e coloque-a dentro do cesto. Arrume a seu gosto, delicadamente, os demais elementos. Faça uma arrumação bem bonita, pois a beleza agrada às divindades. Passe pelo seu corpo, de baixo para cima, pedindo a Dan tudo que deseja. Leve para colocar em local de muita natureza viva e ponha à margem de um rio limpo. Tudo de bom! Axé!

EBÓ 206
Para que Bessém lhe ajude a atrair movimento para seu comércio e para sua vida

Elementos
- *um prato najé forrado com um pedaço de pano estampado, com folhas de obó, de fortuna e de ajejê (amor-do-campo) por cima*
- *um inhame médio, cozido e amassado*
- *sete batatas-doces, cozidas e amassadas*
- *açúcar mascavo*
- *uma pera macia, ralada*
- *farinha de mandioca*
- *dois búzios abertos (abertura da parte de cima do casco, feita pelo homem)*
- *duas conchas do mar*
- *dois ímãs*
- *uma serpente de metal ou de ferro*
- *mel*

Como fazer

Junte o inhame cozido com as batatas-doces cozidas, acrescente mel, açúcar mascavo e a pera ralada. Misture bem e faça 14 bolas (se for necessário dar mais consistência, junte um pouco de farinha de mandioca crua). Ponha dentro do cesto e enfeite com os demais elementos. Regue tudo com mel. Coloque o presente em um lugar alto em sua casa, ou no seu telhado, pedindo que Bessém, em nome de Iewá, transforme sua vida para melhor etc., ou leve e ponha à beira de um rio ou riacho limpinho. Se puder colocar no telhado, deixe lá o ebó pelo tempo que quiser. Tudo de bom!

EBÓ 207
Um talismã sagrado para que Bessém possa trazer riqueza para dentro de sua casa

Este é um fundamento muito profundo.

Elementos

- *uma bacia de louça*
- *fitas das sete cores do arco-íris*
- *um brajá, lavado com folhas de macaçá, poejo, obó, jiboia*
- *batata-doce cozida e amassada*
- *açúcar mascavo*
- *mel*
- *muitas conchinhas*
- *um acaçá*
- *um chocalho de cascavel*
- *uma cobra de metal, pequenina*

Como fazer

Com a batata-doce amassada e misturada com o açúcar mascavo e o mel, faça duas dans (cobras), cujas cabeças fiquem de frente uma para a outra e as pontas de seus rabos se toquem. Cubra com as conchas, o acaçá, o chocalho de cascavel e a cobra de metal. Deixe na sua casa por cinco dias e, após esse período, lave novamente o brajá com as mesmas folhas e coloque-o atrás da sua porta, enfeitado com as fitas. Com a cobra de metal e o chocalho, faça um breve e coloque-o também atrás da porta, para cortar as demandas, o veneno do inimigo e a agressividade. As cobras de batata-doce e as conchas, coloque-as à frente de uma árvore limpa, em local resguardado de passantes. Se quiser, depois de seis meses repita o presente. Boa sorte e muita prosperidade! Axé!

Nanã (Nã, Missim)

É uma das divindades mais antigas do candomblé, direcionada às águas, à terra e à lama dos pântanos. Mãe-ancestre, ligada aos búzios, matriarca do poder místico da fertilidade e da fecundidade feminina. Como regente da lama e da terra, recebe em seu ventre os restos mortais dos homens e, assim, renova o mundo com uma transformação natural, pois sem a morte não há vida.

Todos os presentes para essa vodum devem ser feitos em ambiente muito limpo, claro, em silêncio. Todas as pessoas vestidas com roupas brancas ou bem clarinhas.

EBÓ 208
Para Nanã ajudar a aliviar, afastar doenças graves e suas consequências

Elementos
- *uma panela de barro, grande, com tampa*
- *dois metros de pano roxo, de algodão*
- *um igbim, vivo*
- *13 bolas de feijão-preto (cozido com cebola ralada e uma pitada de sal), bem amassado*
- *um socador, de madeira, já usado*
- *13 ovos crus*
- *13 acaçás brancos, desembrulhados*
- *13 ecurus*
- *um obi aberto*
- *13 fios de palha da costa*
- *dois quilos de canjica cozida, escorrida, sem lavar*
- *dois quilos de açúcar cristal*
- *um pombo branco*

Como fazer

Passe o pano pelo corpo da pessoa, de cima para baixo; faça o mesmo com a panela. Abra o pano à frente da pessoa e ponha a panela por cima. Pegue o igbim (usando luvas) e coloque-o, com as bolas de feijão, na panela. Bata tudo com o socador, lentamente (não deixe espirrar em seu corpo), de maneira que quebre o igbim. Vá pedindo a Nanã para retirar a doença, afastar a morte dos caminhos da pessoa etc. Não retire o socador da panela.

Passe pelo corpo da pessoa, de cima para baixo, os demais elementos da lista e coloque-os na panela, sempre pedindo. Tampe a panela e enrole no pano roxo, amarrando com os fios de palha da costa. Procure um lugar úmido; leve um ajudante. Peça a este para fazer um buraco e enterre a panela. Peça à pessoa que fez o buraco para sapatear por cima. Cubra tudo com bastante canjica, um acaçá sem a folha e o açúcar cristal.

Passe o pombo no corpo, de baixo para cima, e solte-o. Ao chegar em casa, todos devem tomar um banho de ervas de sua preferência, cozido. Depois de alguns dias, a pessoa deverá retornar ao jogo de búzios, para ver a necessidade de alguma outra obrigação. Muita saúde e muito axé!

EBÓ 209
Para Nanã trazer calma e harmonia, tirar o rancor, o ódio, a revolta do coração da pessoa

Elementos
- *um cesto de palha ou de vime, forrado com pano azul e branco*
- *canjica cozida, escorrida e sem lavar*
- *duas berinjelas, lavadas, cortadas em cubinhos*
- *óleo de coco*
- *uma cebola, picadinha ou ralada*
- *um cacho de uvas rosadas*
- *um acaçá branco, sem a folha*
- *13 conchas do mar*
- *um pedaço de chumbo*

Como fazer

Refogue rapidamente a berinjela no óleo de coco, com a cebola e uma pitada de sal. Deixe esfriar. Ponha a canjica dentro do cesto e faça um buraco no meio. Coloque o refogado da berinjela, enfeite com as uvas, o acaçá, as conchas e o chumbo, sempre pedindo a ajuda da poderosa Vó Nanã. Procure um lugar arborizado e coloque o presente à margem de um rio, debaixo de uma árvore majestosa e frondosa, sem espinhos, chamando pela poderosa vodum. Muita sorte! Axé!

EBÓ 210
Para Nanã dar boa saúde, trazer coisas positivas para a vida da pessoa

Elementos
- *uma panela de barro sem tampa, forrada com folhas de mostarda (passadas antes levemente na água fervente)*
- *um repolho roxo, cortado como couve, bem fininho*
- *óleo de coco*
- *duas colheres, de sopa, de azeite de oliva*
- *uma cebola branca, ralada ou picadinha*
- *uma colher de pau nova*
- *oito acaçás brancos, sem a folha*
- *oito bolas de canjica bem cozida*

Como fazer

Refogue a cebola no óleo de coco e acrescente o repolho picado, sem água, mexendo bem com a colher de pau virgem, até ficar bem cozido. Deixe esfriar e coloque-o por cima das folhas de mostarda, com a colher de pau. Acrescente os acaçás e as bolas de canjica, fazendo os pedidos à Vó. Regue com um pouco de óleo de coco. Leve para entregar em local silencioso, afastado do centro urbano, próximo a um rio de água turva, ou deixe o ebó próximo a uma lagoa.

EBÓ 211
Para Nã ajudar a afastar a solidão, retirar a tristeza, a melancolia, a depressão

Elementos
- um prato de papelão forrado com um pano branco de algodão e folhas de manacá-da-serra
- um inhame-cará cozido, descascado
- um soquete de madeira, pequeno, virgem
- azeite de oliva
- óleo de coco
- uma cebola ralada
- 21 búzios abertos (abertura da parte de cima do casco, feita pelo homem)
- 21 conchas
- um acaçá branco, sem a folha
- um ecuru

Como fazer
Refogue a cebola no azeite e no óleo, e acrescente o inhame-cará amassado com o socador. Cozinhe lentamente, em fogo brando, por alguns minutos, para transformar-se em um purê. Deixe esfriar e coloque-o em cima das folhas, no prato. Não retire o socador. Enfeite com os búzios, as conchas, o acaçá e o ecuru. Se puder, faça um ibiri pequeno e coloque-o ao lado do socador. Leve para entregar à beira de um rio bem calmo, ou em um pântano, e coloque o presente na margem.

EBÓ 212
Canjica da vodum Nanã para trazer equilíbrio, paz e tranquilidade, ajudando pessoas que sofrem com tonteiras e não tiveram sucesso com remédios

Elementos
- uma tigela forrada com morim branco
- 200 g de canjica

- *açúcar*
- *leite de vaca*
- *um acaçá doce, sem a folha*
- *uma bandeira branca, de tecido*
- *efum ralado*

Como fazer

Cate bem a canjica, lave e deixe de molho por algum tempo. Ponha no fogo com água suficiente para cozinhar, amolecer e ficar com goma. Acrescente um pouco de açúcar e de leite, mexa bem, para secar um pouco, e deixe esfriar. Ponha na tigela forrada, com o acaçá por cima, no centro. Finque a bandeira no acaçá e ande com o presente pela casa, fazendo seus pedidos à poderosa Vó. Cubra com um pouco de efum e deixe por 24 horas em sua casa. Leve para entregar em um lugar tranquilo, retire o pano da tigela delicadamente, amarre e deixe próximo a uma árvore bonita, em local tranquilo e limpo. Leve a tigela de volta. É um presente bem simples, mas de grande efeito. Boa sorte! Axé!

EBÓ 213
Cesto para Nanã trazer sorte e prosperidade (essa Vó é muito rica!)

Elementos

- *um cesto de palha, forrado com folhas de mamona branca sem o talo (corte o talo e jogue fora). Se puder arrume alguns galhos e flores de manacá e acrescente por cima*
- *cachos de uvas rosadas*
- *figos bem maduros*
- *um peixe de água doce, claro e lavado (sem escamar nem retirar as vísceras)*
- *cera de orí*
- *uma cebola ralada com uma pitada de sal*
- *oito acaçás brancos, sem a folha*
- *oito ecurus*

- *oito búzios abertos (abertura da parte de cima do casco, feita pelo homem)*
- *oito moedas de chumbo*
- *uma bandeira branca, de pano*
- *um chumaço de palha da costa*

Como fazer

Tempere o peixe com a cera de orí e a cebola, e deixe descansar um pouco. Asse no forno, sem deixar amolecer demais. Retire-o sem quebrar e coloque-o no cesto, em cima das folhas. Pegue o chumaço de palha da costa e enfie na boca do peixe. Rodeie-o com os elementos acima e vá pedindo tudo que deseja. Ao colocar as moedas, peça que Nã transforme o chumbo em ouro, em prosperidade etc. para você. Ande com o presente por toda a sua casa ou seu comércio. Leve o presente e coloque-o em local bem úmido (próximo a um rio, lago, lagoa, pântano) e chame por Nanã, fazendo seus pedidos. Tudo de bom e axé!

Iewá (Ilewá, Ewá, Yová)

Vodum de beleza irradiante, tem as prerrogativas da guerra e da caça. Tem o poder da transformação, conseguindo, através de ebós, transformar a doença em saúde, a pobreza em riqueza, tristeza em felicidade, modificando o presente e trazendo um futuro melhor.
 Tem grande ligação com Iku, a morte, com quem faz parceria. Sua presença nas casas de candomblé, independentemente da Nação de cada uma, é sempre grande honra para qualquer anfitrião.

EBÓ 214
Para que Iewá transforme sua vida para melhor

Elementos
- uma peneira de palha, enfeitada nas beiradas com sete fitas de algodão, de cores variadas
- 15 acarajés tipo bola, fritos no azeite de dendê
- 15 ecurus, frios, sem a folha
- 15 ovos de galinha-d'angola (se não conseguir todos, use pelo menos dois e complete com ovos de codorna)
- 15 acaçás brancos, bem cozidos e durinhos
- ossum

Como fazer
Arrume o presente na peneira e passe pelo corpo, de baixo para cima, pedindo que Iewá transforme sua vida, trazendo tudo que você deseja etc. Polvilhe com ossum. Leve para colocar à beira de um rio limpo ou coloque em um gramado, local resguardado, para que o presente seja destruído pela natureza, não pela mão do homem. Tudo de bom e muito axé!

EBÓ 215
Para que Iewá desenvolva a sua criatividade, ajude a ter boas intuições, traga mais sabedoria

Elementos
- uma cabaça grande, cortada abaixo do pescoço (não tire as sementes)
- azeite de dendê
- ossum
- efum
- wáji
- 250 g de feijão-fradinho, catado e lavado
- uma cebola branca ralada
- camarão seco socado (deixe alguns inteiros)
- gengibre em lascas
- cebola branca, cortada em quatro partes
- um ecuru grande, sem a folha
- um acaçá branco, grande, sem a folha
- uma trança de palha da costa, pequena

Como fazer
Alguns dias antes, compre a cabaça e faça o seguinte: passe azeite de dendê, por dentro e por fora; deixe secar e pinte-a em ambos os lados, com os dedos, com ossum, efum e wáji. Deixe durante alguns dias secando ao sol, para não estourar, até ficar mais avermelhada.

Cozinhe bem o feijão-fradinho, temperado com a cebola, o camarão e o gengibre, não deixando que desmanche. Deixe esfriar e ponha dentro da cabaça. Coloque, no centro, a cebola cortada em quatro, de um lado o ecuru e no outro o acaçá. Enfeite com a trança de palha da costa.

Se tiver o assentamento de Iewá em sua casa, coloque o presente na frente por 24 horas, caso contrário, leve para a natureza e procure um local de água parada, limpo e bem arborizado, e ponha próximo à água. Se tiver uma palmeira no local, ponha embaixo dela. Chame por Iewá e peça, em nome de Odé e do orixá Bobô, tudo o que deseja.

(Vá acompanhado e verifique bem o local, para evitar surpresa com cobras.)

EBÓ 216
Para que Iewá transforme seu medo em coragem; não lhe deixe desistir facilmente de perseguir seus objetivos; traga prosperidade por meio de sua força de vontade

Elementos
- uma cabaça, cortada abaixo do pescoço
- uma peneira de palha
- um ninho feito com palha da costa, pintada na cor grená
- ossum
- efum
- wáji
- folhas de taioba, de mostarda ou de inhame-do-norte
- nove ecurus bem durinhos
- azeite de dendê
- uma cebola média, ralada
- camarão seco moído
- pimenta-branca
- quatro ovos de galinha-d'angola, crus
- um acaçá branco, sem a folha
- um eguidí
- batatas-doces cozidas e amassadas
- conchas do mar
- 15 búzios pequenos, abertos (abertura da parte de cima do casco, feita pelo homem)

Como fazer
Pinte a cabaça com ossum, efum e wáji, por dentro e por fora, e forre-a com as folhas de sua escolha. Coloque a cabaça na peneira. Ponha dentro o ninho de palha da costa. Desmanche bem os ecurus, depois de frios, e coloque-os em uma panela com um pouco de dendê, a cebola e a pimenta, fazendo uma farofa, sem deixar escurecer. Deixe esfriar e ponha dentro da cabaça, com o acaçá e o eguidí por cima. Faça duas cobras (dan) com as batatas-doces e ponha dentro da cabaça, uma de

frente para a outra, por cima do ninho. Enfeite-as com olhinhos, com as conchas e os búzios. Regue tudo com azeite de dendê e polvilhe com ossum e wáji ralados, sempre pedindo o que deseja à mãe Iewá. Entregue em um local com água parada, mas onde exista uma pequena saída para a água. Coloque o presente na margem, chamando por Iewá, fazendo seus pedidos com fé e a certeza de ser atendido.

EBÓ 217
Para Iewá trazer soluções amorosas para as mulheres sem sorte no amor e defesa para a mulher

Elementos
- *uma cabaça grande, aberta acima do meio, bem avermelhada, forrada com folhas de obó e o cipó da folha (na forma de rodilha)*
- *folhas de mostarda, bem picadinhas, passadas levemente na água quente*
- *azeite de dendê*
- *uma cebola, ralada*
- *amendoim picado*
- *camarão seco, socado (deixe alguns inteiros)*
- *gengibre ralado*
- *castanha-de-caju picada*
- *farinha grossa de milho (flocos pré-cozidos)*
- *um acaçá branco, sem a folha*
- *um abará grande, sem a folha*
- *um acarajé*
- *um ecuru*
- *uma espada pequena, de madeira*
- *um ofá pequeno, de madeira*
- *uma cobra pequena, de metal*
- *15 búzios abertos (abertura da parte de cima do casco, feita pelo homem)*
- *15 conchas*
- *fatias de melancia*
- *gim*

- *lascas de coco, grossas*
- *ossum*
- *folhas de jiboia*
- *folhas de graviola*

Como fazer

Ponha na cabaça forrada as folhas de mostarda picadinhas. Em uma panela, junte um pouco de azeite de dendê, cebola, amendoim, camarão socado, gengibre e castanha-de-caju; mexa bem, sem deixar dourar muito. Acrescente um pouco da farinha de milho, faça uma farofa não muito molhada e deixe esfriar. Despeje na cabaça, enfeitando com os camarões inteiros por cima, e vá acrescentando os demais elementos ao seu gosto. Ponha a espada, o ofá e a cobra por cima. Enfeite com os búzios, as conchas e as lascas de coco. Regue com dendê e borrife gim. Polvilhe com ossum, e peça a Iewá que ajude a solucionar seus problemas de amor, lhe traga sorte no amor, defesa etc.

Procure uma mata, à beira de um rio limpo, forre o local escolhido com as folhas de jiboia e de graviola, arrie o presente, coloque as fatias de melancia em volta da cabaça e chame por Iewá. Faça seus pedidos com fé e firmeza. Peça a ela também muita saúde e paz. Seja feliz e axé!

EBÓ 218
Para Iewá transformar a loucura em saúde, equilíbrio

Elementos
- *um alguidar médio*
- *15 tomates inteiros*
- *15 pedaços de papel*
- *azeite de dendê*
- *duas velas*

Como fazer

Abra os tomates e retire a tampa. Escreva o nome da pessoa, a lápis, nos pedaços de papel, e coloque cada um dentro de um dos tomates. Coloque-os dentro do alguidar e regue tudo com o azeite de dendê. Vá pedindo a Iewá que afaste o transtorno, o desequilíbrio, e transforme a loucura de "fulano(a)" em saúde, trazendo o equilíbrio, o juízo e a paz à cabeça daquela pessoa. Leve para um local gramado, arborizado, afastado do burburinho, tranquilo, e ponha em uma moita, longe dos olhares curiosos. Tenha muita sorte e axé!

EBÓ 219
Para que Iewá, Bessém e a Corte Suprema lhe ajudem na tranquilidade, produzindo uma melhor união com a pessoa amada

Elementos
- *um prato grande de papelão (ou um alguidar médio), forrado com folhas de acocô e uma folha de jiboia grande por cima*
- *fubá*
- *sal*
- *uma cebola ralada*
- *azeite de dendê*
- *óleo de coco*
- *oito bananas-da-terra, descascadas*
- *açúcar mascavo*

Como fazer
Doure levemente a cebola, o sal e o dendê; não deixe queimar. Acrescente o fubá e mexa bem. Deixe esfriar e coloque-o em cima das folhas. Frite as bananas inteiras no azeite de dendê misturado com um pouco de óleo de coco. Após esfriar, coloque uma banana no meio da farofa e rodeie com as demais, cortadas horizontalmente. Regue tudo com um pouco de azeite de dendê e polvilhe com açúcar mascavo, fazendo seus pedidos a Iewá. Leve o presente e coloque-o em lugar calmo, sombreado, se possível próximo a um rio, uma nascente. Muita paz e amor! Axé!

Vodum Azacá (Azaká, Zacá)

É um vodum capangueiro, muito introspectivo, bem rústico, ligado às feras selvagens e às matas fechadas e grandiosas. Mesmo pertencendo à Nação Fon, relaciona-se bem com as divindades da Nação Iorubá, os orixás. Alguns Axés da Nação Fon ainda o cultuam, principalmente o Jeje Savalu, porque este vodum é muito importante para esta Nação.

EBÓ 220
Para Azacá trazer segurança, prosperidade na alimentação, saúde, trabalho

Elementos
- *um cesto grande, forrado com pano azul, de algodão, coberto com folhas de louro, alecrim, embaúba ou eucalipto*
- *uma peça de lagarto bovino, inteira*
- *azeite de dendê*
- *sal*
- *três inhames assados, descascados (pode ser o inhame-cará, inhame--do-norte ou inhame-da-costa)*
- *três batatas-doces assadas, descascadas*
- *três batatas-baroas assadas, descascadas*
- *sete gomos de cana-de-açúcar assados*
- *sete acaçás de fubá grosso, bem durinhos, sem a folha*
- *sete acaçás brancos, bem durinhos, sem a folha*
- *sete pamonhas*
- *sete acarajés fritos no azeite de dendê*
- *sete ecurus temperados*
- *sete pedaços de canela em pau*
- *uma colher, de sopa, de cravo-da-índia*
- *uma colher, de sopa, de canela em pó*
- *uma colher, de sopa, de camomila*
- *ossum*

- *efum*
- *wáji*

Como fazer

Besunte bem a carne com uma mistura de azeite de dendê e sal. Faça um braseiro e sele de um lado e do outro a carne, até ficar dourada, sem queimar ou cozinhar demais. Azacá prefere sua carne malpassada, quase crua. Deixe esfriar e coloque por cima das folhas. Asse no braseiro os inhames, as batatas e os gomos de cana-de-açúcar, besuntados com azeite de dendê e sal. Deixe esfriar, descasque-os e coloque-os ao lado da carne. Enfeite com os acaçás e os demais elementos, ao seu gosto. Polvilhe com efum, ossum e wáji, fazendo seus pedidos a Azacá, o grande capangueiro e caçador. Leve e ofereça em uma serra bem alta, em local rochoso, escondido dos olhares alheios, pois Azacá é muito arredio, gosta da solidão. Sorte, saúde e muito axé!

Vodum Dangbe (Danbê)

Vodum considerado a "Serpente Sagrada", o responsável pelos movimentos naturais da Terra.

EBÓ 221
Para Dangbe proporcionar saúde, equilíbrio, harmonia, prosperidade

Elementos
- *uma panela de barro com tampa, grande, toda pintada, por dentro, por fora e a tampa, com ossum, efum e wáji, e forrada com folhas de manacá*
- *250 g de canjica (ebô), cozida, lavada e bem escorrida*
- *sete bolas de inhame cozido (guarde as cascas)*
- *sete ovos cozidos, descascados (guarde as cascas)*
- *sete bolas de batata-doce cozida e amassada com um pouco de mel (guarde as cascas)*
- *sete acarajés, fritos no azeite de dendê*
- *sete ecurus, sem a folha*
- *sete bolas de arroz branco, bem firmes*
- *sete abarás*
- *sete bananas-da-terra cozidas, descascadas e passadas no açúcar*
- *um obi*
- *um orobô*
- *bastantes conchas (representam a riqueza)*
- *azeite de dendê*
- *mel*
- *óleo de coco*

Como fazer
Triture bem as cascas dos ovos, pique as cascas do inhame e da batata-doce e misture com um pouco de farinha de mandioca, fazendo uma farofa crua.

Coloque a canjica dentro da panela, com os demais elementos por cima (menos a farofa). Regue tudo com azeite de dendê, mel e óleo de coco, fazendo seus pedidos.

Tampe a panela e leve para um local de mata bem bonito. Peça a um acompanhante que abra um buraco, coloque a panela pela metade dentro e entregue a Dangbe, pedindo o que deseja. Espalhe em volta a farofa das cascas.

Muita sorte e prosperidade! Axé!

EBÓ 222
Para Dangbe (1)

Elementos
- *três batatas-doces inteiras, cozidas*
- *três inhames cozidos*
- *três acaçás brancos, sem a folha*
- *três ovos crus*
- *uma porção grande de canjica cozida*
- *um quilo de açúcar cristal*

Como fazer
Procure um terreno com um cupinzeiro e coloque por cima as batatas-doces, os inhames, os acaçás, os ovos crus e a canjica. Salpique o açúcar cristal por cima. Peça que Dangbe lhe traga prosperidade, saúde, sucesso, coisas boas, as riquezas da terra. Axé!

EBÓ 223
Para Dangbe (2)

Elementos
- *uma porção grande de canjica cozida*
- *14 acaçás brancos, sem a folha*
- *açúcar cristal*
- *sete tipos de frutas diferentes*

Como fazer
Faça uma salada de frutas com os sete tipos de frutas.

Procure em uma mata, bonita e limpa, uma árvore antiga, bem grossa, com bastantes cipós em sua volta, folhas de obó, folhas de jiboia. Leve a canjica, os acaçás, o açúcar e a salada de frutas. Coloque os elementos em volta da árvore, chamando por Dangbe, pedindo que lhe dê muita humildade, equilíbrio, riqueza, saúde, harmonia.

Capítulo 7

**Orixás
(Òrìsà)**

Divindades da Nação Iorubá, criação divina de Olorum, são os intermediários entre os homens e o seu Criador.

Foram os primeiros seres criados, e isso nos faz seus descendentes. A eles foi dado o controle, o gerenciamento de cada elemento da natureza: o ar, a terra, o fogo e a água, tendo cada um desses elementos um orixá que o representa: a Obatalá/Orixalá foi entregue o domínio do ar; para Odudua, a ingerência sobre a terra; Aganju tem o domínio do fogo que sai do ventre da terra; Iemanjá controla as águas; e Orungã domina o ar atmosférico, o ar que respiramos.

Os orixás têm idade imemorial e, quando retornam à terra, proporcionam um maior contato físico com os homens, e ambos confraternizam e reciclam-se. Assim, comungam das mesmas alegrias, dos mesmos dissabores. E essas divindades escutam os pedidos e os agradecimentos dos seus filhos. Os orixás são a "grande força" da natureza que Olorum nos "deu de presente", para aprendermos a viver melhor!

Ogum

O orixá senhor da guerra, o *asiwají*, "o que vem na frente", quem resguarda os caminhos. Amigo inseparável de Oxósse, Ossâim e Oxaguiã. A guerra é a sua força, que traz a paz e o progresso, e o ferro bruto é o seu elemento principal.

EBÓ 224
Para Ogum cortar demandas, guerras, desentendimentos

Elementos
- *três folhas de mamona branca, sem o talo (cortar o talo em três pedaços e colocá-los por cima das folhas)*
- *uma faca de aço, pequena*
- *um inhame-cará (ixu), assado em braseiro*
- *três pregos de aço*
- *três acaçás brancos, desembrulhados*
- *três acaçás vermelhos (de fubá)*
- *uma bandeira branca, de tecido*

Como fazer
Leve os elementos para uma mata limpa, procure um local afastado, tranquilo e forre o chão com as folhas, embaixo de uma árvore. Passe no corpo, simbolicamente, a faca, pedindo a Ogum, em nome de Iemanjá, que corte as demandas, as guerras etc. da vida da pessoa. Coloque a faca em cima das folhas e, após, passe o inhame pelo corpo da pessoa (sem camisa, se for homem), de cima para baixo. Nesse momento, a pessoa deverá ficar de cabeça erguida, olhar para o alto, fazendo seus pedidos a Ogum.

Ponha o inhame em cima da faca, passe os pregos no corpo da pessoa e espete-os no inhame. Peça a Ogum para dar fortalecimento àquela pessoa, que tire as guerras dos seus caminhos, as brigas. Passe os acaçás e a bandeirinha, pedindo a Ogum trégua, defesa, que interceda pela pessoa, guerreie por ela etc. Finque a bandeirinha

no inhame. Peça a ajuda de Ogum, em nome de Iemanjá, de Ifá, de Orunmilá, de Obatalá e de Oduá para que ele possa interceder pela pessoa que o está agraciando. Boa sorte! Axé!
(Fazer em uma estrada bem afastada dos centros urbanos.)

EBÓ 225
Pedindo que Ogum corte as dificuldades da sua vida, as guerras com vizinhos, os grandes conflitos

Elementos
- *um coco maduro, com água, pintado com wáji*
- *um acaçá de farinha de milho em flocos pré-cozidos, desembrulhado*
- *meio quilo de feijão-fradinho, torrado*
- *meio quilo de milho vermelho, torrado*
- *gim*

Como fazer
Passe o coco pelo corpo, de cima para baixo, pedindo ao "senhor da guerra" para tirar os conflitos, as perseguições etc. da pessoa. No centro da encruzilhada, a pessoa vai levantar e jogar o coco no chão, com muita força, para quebrá-lo (se não quebrar de primeira, torne a jogá-lo até quebrar). Passe o feijão-fradinho e o milho torrados pelo corpo, de cima para baixo, e coloque-os no centro da encruzilhada. Faça o mesmo com o acaçá. Passe um pouco de gim nos braços e nos pés da pessoa e despeje o restante em cima dos elementos. A pessoa deverá retirar-se sem olhar para trás. Em casa, tome um banho com manjericão, cana-do-brejo e alecrim, desde a cabeça. Boa sorte!
(Esse ebó deve ser feito, preferencialmente, em uma encruzilhada de terra, se for possível encontrar. Caso contrário, procure uma encruzilhada em uma estrada de pouco movimento.)

EBÓ 226
Para Ogum afastar espíritos maléficos, perturbações espirituais

Elementos
- uma espada de madeira
- sete folhas de espada-de-são-jorge
- sete varas de aroeira
- sete varas de guiné
- sete ovos de casca vermelha
- canjica (ebô) cozida, lavada e bem escorrida
- uma faca pequena, de cabo de madeira
- azeite de dendê
- gim

Como fazer
Passe a espada de madeira e a folha de espada-de-são-jorge pelo corpo da pessoa, de cima para baixo. Corte cada folha em três pedaços e coloque-as no chão, pondo a faca por cima. Faça o mesmo com as varas e quebre-as em três pedaços, colocando-as em cima da faca, pedindo para Ogum afastar os malefícios espirituais, as perturbações. Passe os ovos e quebre-os por cima, passando a seguir a canjica. Peça clemência e misericórdia ao orixá e coloque-a por cima de tudo. Regue com azeite de dendê e passe um pouco de gim pelo corpo da pessoa. Mande que ela beba um pouco e, a seguir, borrife por cima do ebó. O que sobrou jogue no presente. Leve a garrafa de volta e coloque-a em uma lixeira. Boa sorte!
(Fazer em local ermo, deserto, próximo a uma árvore.)

EBÓ 227
Para que Ogum abra os caminhos, dê sorte no comércio, nas vendas; que a pessoa tenha sucesso e visibilidade

Elementos
- *um alguidar grande, forrado com pano azul ou branco*
- *um ebo iyá (canjica cozida e temperada com cebola e azeite de dendê, fazendo um creme bem pastoso); deixe esfriar*
- *um inhame assado, descascado e aberto horizontalmente*
- *21 taliscas de mariô*
- *folhas de abre-caminho bem verdinhas ou folhas de louro verdes*
- *azeite de dendê ou azeite de oliva*
- *feijão-fradinho*
- *milho vermelho*
- *fatias de coco fininhas, pequenas*
- *açúcar cristal*
- *wáji*

Como fazer
Torre o feijão-fradinho e o milho vermelho e misture-os com o coco, o açúcar e wáji.

Ponha o *ebo iyá* no alguidar, dando o formato de um morro, e coloque as bandas do inhame em cima do morro. Finque sete taliscas em cada pedaço do inhame e mais sete em volta do morro. Enfeite com as folhas e regue com azeite de dendê ou azeite de oliva. Leve o presente para colocar em lugar alto e deixe-o à frente de uma árvore portentosa, sem espinhos, fazendo seus pedidos e entregando a Ogum, em nome de Iemanjá, de Odé e de Ossâim. Passe no corpo da pessoa a mistura do feijão-fradinho e do milho vermelho e faça os pedidos.

> Atenção, irmãos e leitores:
> Decidimos colocar alguns ebós para Ogum Damassá porque este é um orixá pouco mencionado pelos adeptos, por

ser muito arcaico, ter muitos conhecimentos perdidos, mas que é poderosíssimo e tem ligação profunda com Iangui, Ifá, Oxósse e Iemanjá. Procurem se inteirar, aprender mais sobre essa poderosa divindade, para que ela possa nos ajudar e não tenha seus conhecimentos perdidos para as futuras gerações, continuadoras da nossa religião. Axé!

EBÓ 228
Para Ogum Damassá atrair pensamentos positivos, trazer vitórias, sucessos profissionais e amorosos

Elementos
- *um cesto médio de palha, forrado com folhas de aroeira ou de pau-d'água (peregum)*
- *três ferraduras (podem ser usadas ou novas)*
- *três acaçás vermelhos (de fubá), sem a folha*
- *três pães doces pequenos*
- *três bolas de canjica catada, lavada e muito bem cozida*
- *três ímãs*
- *três nozes-moscadas*
- *wáji*
- *azeite de dendê*
- *gim*

Como fazer
Você precisa "acordar" o ferro (as ferraduras). Se puder, faça uma pequena fogueira, com bastante carvão, e deixe ficar em brasa. Lave bem as ferraduras, seque-as e ponha dentro da fogueira. Deixe-as lá até ficarem em brasa. Retire com cuidado para não se machucar e deixe em um canto até esfriar. Pronto, o ferro está acordado! Passe azeite de dendê nas ferraduras e coloque-as no cesto. Ponha os demais elementos por cima, enfeitando ao seu modo. Espalhe um pouco de wáji por cima, fazendo seus pedidos para esse Ogum, tão

velho e poderoso. Deixe dentro de sua casa por 24 horas, em um lugar bem limpinho, em cima de um paninho estampado ou azul, chamando pelo orixá. Após esse período, leve o presente para um local alto ou entregue-o à margem de uma estrada longa, movimentada, embaixo de árvore frondosa, bem viva e sem espinhos. Chame pelo pai e peça em nome de Oxetuá, de Exu, de Odé, de Ogum, de Ossâim e de sua mãe, Iemanjá, seus companheiros e eternos ajudantes dos seres humanos em suas aflições, tudo que precisa. Ponha um pouco de gim em sua boca e borrife por cima do presente. O restante, despeje em torno do ebó, pedindo o que quer; leve a garrafa e jogue em uma lixeira. Tenha fé, pois irá conseguir seus desejos. Boa sorte! Muito axé!

EBÓ 229
Para Ogum Damassá abrir seus caminhos fechados, ajudá-lo a conseguir vencer as demandas, ter sucesso profissional e o emprego tão esperado

Elementos
- *um alguidar grande, de barro, ou um cesto de palha, forrado com folhas de palmeira, de laranjeira ou de hera*
- *um inhame-do-norte ou inhame-cará, cozido e descascado (guarde a água do cozimento e as cascas)*
- *três acaçás brancos, sem a folha*
- *três acaçás vermelhos (de fubá), sem a folha*
- *três acarajés (sem camarão na massa)*
- *três espigas de milho, cruas, inteiras e desfiadas (se só encontrar a espiga sem a palha, utilize-a assim mesmo)*
- *três orobôs inteiros, sem a película (guarde-as, misture com um pouco de açúcar e faça um potente defumador)*
- *três conchas, tipo caracol*
- *sete ramos de alecrim, bem verdinhos*
- *gim ou vinho branco*

Como fazer

Arrume os elementos no alguidar/cesto ao seu jeito, e enfeite com o alecrim em volta. Passe pelo seu corpo, de baixo para cima, pedindo a Ogum Damassá o que deseja, o que mais lhe aflige. Procure um local que tenha terra vermelha, lugar alto e bem arborizado, com movimento próximo (pode ser uma estrada, matas de passagem, serras). Arrie em terra vermelha, em local bem reservado. Borrife o gim ou o vinho branco por cima, chamando pelo orixá, em nome de Oxósse, de Ossâim, de Agué, de Iemanjá e Oxetuá, e fazendo seus pedidos, com fé e confiança. Espalhe o restante da bebida em volta do ebó e leve a garrafa. Jogue-a numa lixeira. Com certeza você será atendido! Axé!

(Misture a água e as cascas do cozimento do inhame, deixe esfriar, macere no líquido folhas de aroeira ou mangueira. É um excelente banho para cortar as demandas, e Ogum Damassá lhe atender. Ponha as sobras aos pés de uma árvore.)

EBÓ 230
Para Ogum Damassá lhe trazer dias melhores, ajudar a elevar sua autoestima e fazê-lo(a) conseguir organizar melhor a sua vida

Elementos
- *um cesto médio de palha ou de folhas de coqueiro, forrado com folhas de parreira ou de capeba (ewé iyá)*
- *um peixe vermelho que caiba no cesto*
- *cebola ralada*
- *gengibre ralado*
- *sal*
- *sete maçãs vermelhas, lavadas e cortadas em quatro pedaços*
- *sete folhas de espada-de-são-jorge*
- *sete acaçás vermelhos, de fubá, sem a folha na hora da entrega*
- *sete pedaços de ímã*

- *sete cristais variados pequenos: quartzo azulado, magnetita, olho de tigre, jaspe etc., o que você puder comprar (para que Ogum Damassá traga prosperidade)*
- *sete nozes-moscadas inteiras*

Como fazer

Não descame nem retire as vísceras do peixe, somente lave-o bem e passe por ele, e pelas guelras, uma salmoura feita com cebola, gengibre e sal. Leve-o para um braseiro ou asse-o no forno, sem deixar amolecer e quebrar. Retire com muito cuidado, chamando por Ogum Damassá. Deixe esfriar e ponha no centro do cesto.

Passe cada elemento pelo seu corpo, de baixo para cima, fazendo seus pedidos. Enfeite com as maçãs e os acaçás. Passe os ímãs pelo corpo e coloque-os no cesto. Coloque os cristais e as nozes-moscadas, e ponha as folhas de espada ao redor. Chame, a todo momento, por Ogum Damassá, em nome de Oxetuá. Leve para entregar em local alto, arborizado, de preferência com terra vermelha, ou em terreno rochoso, com pedregulhos, e coloque o presente na terra, embaixo de árvore ou em um matinho isolado, bem limpinho, para que ele seja destruído pela natureza, não pela mão do homem. Peça por Oxetuá, por Ossâim e por Iemanjá, sua mãe. Tudo de bom e boas conquistas! Axé!

Ossâim

Exu traz a comunicação; Ossâim traz a solução. Ossâim é o "senhor das ervas", o grande curandeiro, poderoso mago das folhas. Propicia a cura e provoca a purificação do corpo através do "sangue verde", o sumo sagrado das ervas. Todas as divindades dependem de Ossâim, pois sem folha não existe axé, não existe verdade! A presença de Ossâim indica que "a natureza está nos mostrando que não somos os donos do planeta; só o usamos e guardamos para nossos filhos e seus descendentes!".

> Em todos os presentes para Ossâim, se possível, leve um pássaro silvestre, uma pomba-rola, por exemplo, e passe pelo corpo. Segure com delicadeza o pássaro, faça seus pedidos próximo ao bico e solte-o.

EBÓ 231
Para Pai Ossâim trazer soluções e mudanças positivas

Elementos
- *um prato najé, lavado e forrado com folhas de figo ou de obó*
- *sete batatas-doces assadas, bem claras e descascadas (lave, enrole uma por uma em papel laminado, e asse num braseiro até ficarem bem macias)*
- *sete pedaços de fumo de rolo*
- *sete roletes de cana-de-açúcar*
- *um cachimbinho de barro*
- *um acaçá feito com fubá ou flocos de milho, sem a folha*
- *melado*

Como fazer

Antes de fazer esse ebó, tome um banho de folhas frescas, para agradar o "senhor das folhas", pois, como diz o ditado, *cossí ewé, cossí orixá* ("sem folhas, sem orixá").

Coloque as folhas no prato e as batatas por cima. Ponha um pouco de fumo no cachimbo, acenda-o e dê uma pitada, colocando no centro do presente, com o acaçá. Enfeite com o fumo de rolo desfiado e os roletes de cana, ao redor. Regue tudo com o melado, chamando por Ossâim e fazendo seus pedidos. Deixe por 24 horas dentro de sua casa. Leve para uma mata, em local retirado e bem resguardado. Retire com cuidado o ebó, puxando pelas folhas, e ofereça aos pés de uma árvore bem bonita. Leve o prato najé de volta. Muito axé!

EBÓ 232
Para Pai Ossâim ajudar nas realizações profissionais

Elementos
- *um alguidar, médio, forrado com ramos de alecrim bem verdinhos*
- *uma farofa crua de farinha de mandioca, fubá, melado e uma pitada de sal*
- *um palmo (sua mão direita) de fumo de rolo*
- *sete pimentas-da-costa (atarê)*
- *um acaçá branco, sem a folha*
- *sete frutas variadas (não ácidas), cortadas em quatro partes*
- *um búzio aberto (abertura da parte de cima do casco, feita pelo homem)*
- *um ímã*
- *um caxixi*

Como fazer

Passe os elementos pelo corpo, de baixo para cima, fazendo os pedidos a Ossâim. Arrume os elementos no alguidar, por cima da farofa, ao seu gosto. Mastigue os três grãos de atarê e cuspa suavemente em cima do presente. Deixe descansar em sua casa pelo período de uma hora. A seguir, retire o ímã e coloque-o em sua carteira de dinheiro. Chacoalhe o caxixi e chame por Ossâim: *Eueu assá! Eueu cossí, eueu orixá!*, pedindo ao orixá realizações profissionais, prosperidade etc. Saia com o presente e entregue em uma mata saudável, fora da cidade, com aquele clima de natureza limpa. Chacoalhe bastante o caxixi, chamando por Ossâim, e ponha em cima do presente. Marque essa data. Um ano após, se você tiver conseguido realizar-se profissionalmente, dê um novo presente a Ossâim e acrescente o ímã. Tudo de bom! Axé!

EBÓ 233
Para Ossâim trazer estabilidade no emprego

Elementos
- *um alguidar forrado com folhas de espiga de milho*
- *sete espigas de milho (retire as palhas e guarde o cabelo do milho), bem cozidas, com uma pitada de sal*
- *sete lascas grossas de coco*
- *sete dentes de alho, grandes*
- *sete maçãs vermelhas, cortadas em quatro partes*
- *sete acaçás brancos, desembrulhados*
- *sete acaçás vermelhos, desembrulhados*
- *sete acarajés, fritos no azeite de dendê*
- *nozes picadas*
- *uvas-passas*
- *mel*
- *gim*

Como fazer
Ponha as espigas em pé no alguidar, uma no centro e as outras seis ao redor, com a parte mais fina para cima. Enfeite com os demais itens, regue com mel, polvilhe as nozes e as passas, e borrife um pouco de gim. Passe pelo corpo, de baixo para cima, fazendo seus pedidos a Ossâim. Se quiser, deixe algumas horas em sua casa, para receber a essência do orixá. A seguir, leve para um lugar de muita

natureza e coloque o presente num gramado, ou entre na mata, com cuidado e conhecimento, chamando por Ossâim, e deposite seu presente em uma moita limpinha. Muita sorte! Axé!

EBÓ 234
Pedindo a Ossâim para trazer movimento financeiro, prosperidade

Excelente para quem é comerciante, vendedor, trabalha na noite etc.

Elementos
- *um alguidar forrado com folhas de obó*
- *uma farofa crua de farinha de centeio, melado, frutas cristalizadas picadas, uvas-passas, pitada de sal*
- *um abacate maduro, bem firme, cortado em quatro partes*
- *seis cocadas de coco queimado*
- *uma cocada branca*
- *lascas de fumo de rolo*
- *gim ou vinho verde*
- *bandeira branca, de tecido*

Como fazer
Ponha no alguidar um pouco da farofa e os pedaços do abacate. Dentro de cada banda, coloque também um pouco da farofa. Enfeite com as cocadas e com o fumo de rolo e finque a bandeira no centro. Passe no corpo, de baixo para cima, pedindo o que deseja a Ossâim. Deixe algumas horas dentro de sua casa ou em seu comércio, em local alto. Leve a seguir para a mata e deixe à frente de uma palmeira, sempre pedindo. Borrife a bebida no presente e o restante despeje em volta, levando a garrafa para colocar no lixo. Boa sorte! Axé!

EBÓ 235
Pedindo a Ossâim para nos trazer encantamento, calmaria

Elementos
- uma panela de barro, média, forrada com folhas de são-gonçalinho
- uma farofa crua de farinha de mandioca torrada, fubá torrado, amendoim torrado e picado, um obi e um orobô sem a película, ralados, ossum, efum, wáji, fumo de rolo desfiado e uma pitada de sal
- sete pêssegos maduros ou sete pêssegos em calda
- sete peras macias, cortadas em quatro partes
- um acaçá branco, desembrulhado
- sete búzios, pequenos e abertos
- sete conchas do mar
- fitas brancas e verdes, de algodão

Como fazer
Coloque a farofa na panela, em cima das folhas, com o acaçá no centro, e rodeie com as frutas e os demais elementos, ao seu gosto. Distribua as fitas, enfeitando ao seu modo. Rode a sua casa com o presente, pedindo tudo que deseja a Ossâim, e leve para entregar. Procure um local limpo, de muito verde, e ponha embaixo de árvore frondosa, nova e sem espinhos. Leve um pássaro silvestre, passe-o no corpo, de baixo para cima, fazendo seus pedidos, e solte-o, pedindo que leve seus pedidos para o Astral, para as forças divinas. Vai dar certo! Axé!

Oxósse e os Odés

Orixá das matas, da caça, da agricultura e da fartura, Oxósse está ligado aos alimentos que matam a fome dos seres vivos, sendo essencial à continuidade da vida. Ajuda o homem a manter seu sustento através da agricultura, da caça, da pesca. Zeloso por sua independência e sua liberdade, tem uma vida muito reclusa, solitária. O nosso pedido de defesa a ele é *Odé, bami ô* (Odé, me defenda! Odé, me proteja!).
Um adendo importante: todo Oxósse é um odé (caçador), mas nem todo caçador é Oxósse. Só recebem o nome de Odé os caçadores, porém todos os orixás que caçam e pescam também pertencem ao grupo dos Odés, como Ogum, Iewá, Obá, Oyá, Logum-Edé.

EBÓ 236
Para que Oxósse e os Odés elevem sua autoestima

Elementos
- *um saco azul ou verde, tipo fronha*
- *500 g de feijão-fradinho, lavado e torrado com pouco azeite de dendê e uma pitada de sal*
- *uma fava de pichurim, inteira*
- *sete cravos-da-índia*
- *sete pedaços grossos de canela em pau*
- *sete pedaços de rapadura*
- *sete goiabas vermelhas, cortadas ao meio*
- *sete acaçás de fubá*

Como fazer
Passe o saco no corpo, de baixo para cima, e faça o mesmo com todos os elementos, colocando-os no saco e fazendo seus pedidos a Oxósse. Leve para a mata e amarre no galho de uma árvore, de preferência frutífera. *Okê arô!* Boa sorte e muito axé!

EBÓ 237
Para que Oxósse e os Odés nunca deixem faltar o alimento, a fartura, a prosperidade para sua casa ou para seu comércio

Elementos
- um saco branco forrado com folhas de louro, bem verdes
- uma fava de aridã, inteira
- feijão-fradinho e milho vermelho, lavados e torrados, no azeite de dendê, sem deixar queimar
- três orobôs, sem a película
- um ímã pequeno
- um búzio pequeno, aberto (abertura da parte de cima do casco, feita pelo homem)
- uma concha do mar, aberta
- um caracol do mar

Como fazer
Coloque todos os elementos dentro do saco. Feche a boca do saco, passe-o no corpo, de baixo para cima, fazendo os pedidos a Oxósse e aos Odés, e rode com o ebó pela casa toda. Leve para colocar em mata bem bonita, chame pelo orixá e coloque o presente embaixo de uma árvore. Abrace a árvore e faça ali todos os seus pedidos. Boa sorte!

EBÓ 238
Para que Oxósse e os Odés ativem sua sorte, elevem sua vida para melhor, trazendo muita saúde e felicidade

Elementos
- um alguidar médio, forrado com folhas de mutamba (a "folha da amizade") ou folhas de parreira de uva
- canjica amarela cozida, com pitada de sal e pedaços de canela em pau, bem escorrida (guarde a água do cozimento e tome um banho com essa água, que é muito positiva)

- um pedaço de carne bovina fresca (lagarto)
- azeite de dendê
- sete orobôs inteiros, sem a película
- um obi, ralado
- fatias de coco
- um melão fatiado
- um acaçá branco, grande, sem a folha
- um acaçá de milho verde (rale o milho, faça um mingau com leite e canela em pau; cozinhe bem, embrulhe na folha de bananeira, deixe esfriar, desembrulhe)
- wáji
- açúcar mascavo

Como fazer

Pegue a carne, unte-a levemente com azeite de dendê e leve para um braseiro, para ficar levemente selada, ou seja, dourada por fora e crua por dentro. Coloque a canjica no alguidar e a carne por cima. Enfeite com os demais elementos, ao redor. Ponha os acaçás em cima da carne e polvilhe com o wáji e o açúcar mascavo. Passe o alguidar, no corpo, de baixo para cima, fazendo seus pedidos a Oxósse e aos Odés, e ponha embaixo de uma árvore nova e frondosa. Okê arô! Muito axé!

EBÓ 239
Pedindo que Oxósse e os Odés tragam sorte e coisas positivas para seu trabalho, seu estabelecimento, sua vida

Elementos
- meio quilo de feijão-fradinho, catado e torrado
- meio quilo de feijão-vermelho, catado e torrado
- meio quilo de feijão-mulatinho, catado e torrado
- folhas de louro verdes, picadas
- folhas de abre-caminho, picadas
- folhas de erva-cidreira, picadas

- *folhas de amor-do-campo, picadas*
- *folhas de hera, picadas*
- *um orobô, sem a película, ralado*
- *um obi, ralado*
- *uma fava de pichurim, ralada*
- *açúcar mascavo*
- *ossum*
- *efum*
- *wáji*

Como fazer
Misture bem todos os elementos. Procure um campo aberto, bem limpo, de preferência próximo de agricultura com plantações. Passe no corpo, de cima para baixo, chamando por Oxósse e por Odé, em nome de Oxum, de Ogum, de Ossâim, de Odé Nirú e de Iyá Bangbá (sua mãe) e deixe cair no chão. Clame pelo orixá. Esse presente é excelente para os filhos de Oxósse, para que ele traga equilíbrio, tranquilidade, prosperidade. Axé! Boa sorte!

EBÓ 240
Para que Oxósse, os Odés, Oxum e Ossâim tragam prosperidade, fartura, alegria, tranquilidade, proteção e riqueza para dentro de sua casa

Elementos
- *um chifre de búfalo, grande*
- *folhas de aroeira*
- *folhas de são-gonçalinho*
- *folhas de abre-caminho*
- *folhas de louro*
- *folhas de parreira*
- *folhas de alecrim*
- *ossum*
- *efum*
- *wáji*

- um pedaço de arame ou barbante grosso
- um ímã
- um búzio grande, aberto
- uma concha aberta
- uma pedra de cevar (magnetita)
- uma turquesa
- uma ametista
- um quartzo rosa
- uma pedra olho de tigre
- três moedas (uma branca, uma dourada e uma de cobre)
- um par de favas de olho-de-boi (macho e fêmea)
- grãos variados, o máximo que puder (feijão-fradinho, milho vermelho, arroz, feijão, lentilha, ervilha etc.)
- um pedaço de couro
- sete icodidés

Como fazer

Lave o chifre com as folhas de aroeira, são-gonçalinho, abre-caminho, louro, folhas de parreira e alecrim. Deixe-o secar bem. Faça, em três recipientes, misturas de ossum, de efum e de wáji com água, e pinte com essas cores o interior do chifre. Fure do lado e introduza o arame ou barbante grosso para depois pendurar o chifre.

Coloque os elementos e os grãos dentro do chifre. Lacre a boca com o pedaço de couro, amarre bem e ponha as sete penas presas pelo couro. Vá para o portão e chame pelos orixás. Mostre primeiramente ao Sol, chamando pelos quatro elementos do mundo (ar, terra, fogo e água), pelos quatro pontos cardeais. Depois faça o mesmo à noite. Pendure atrás da sua porta. Com certeza, não vai faltar alimento em sua casa! Boa sorte!

Logum-Edé (Odé-Logum)

Orixá-filho de grande beleza e jovialidade, tem o poder da atração, da doçura. Bravo caçador, paciente pescador, tem também o poder da magia e grande conhecimento da feitiçaria. Conhecedor do poder das folhas. É muito amado pelo povo da Nação Efan, considerado o príncipe dessa Nação, o "filho coroado", sendo o rei dessa Nação Pai Oxaguiã, o "guerreiro branco de Obatalá".

> Este orixá é fascinado por frutas. Sempre que puder, mesmo que o presente não peça, leve frutas cortadas e acrescente a ele.

EBÓ 241
Para Logum-Edé trazer felicidade e alegrias

Elementos
- *um prato najé, forrado com pano azul e dourado*
- *um omolocum (preparado com azeite de dendê e cebola, sem o camarão)*
- *nove ovos de codorna, crus e inteiros*
- *um peixe de água doce, assado*
- *fios de ovos*
- *wáji*

Como fazer
Coloque o omolocum frio no centro do pano. Ponha o peixe por cima e os ovos de codorna ao redor. Enfeite com os fios de ovos e polvilhe com um pouco de wáji. Passe o presente pelo corpo, de baixo para cima, fazendo os pedidos a Logum-Edé. Deixe em sua casa por 24 horas e, depois, leve para colocar à margem de um rio ou riacho, bem limpo e calmo. Retire o pano com cuidado para não desmanchar o presente. Traga o prato de volta (precisamos preservar a natureza). Tudo de bom! Axé!

EBÓ 242
Para que Logum-Edé afaste a solidão, a melancolia, a tristeza

Elementos
- um alguidar médio, forrado com folhas de amendoeira
- sete qualidades de frutas, lavadas e cortadas em quatro pedaços
- um acaçá grande, branco, bem cozido e bem firme
- um acaçá de fubá, grande, bem firme e bem cozido
- um peixe de água doce, untado com azeite de dendê, sal e cebola ralada, selado (não muito cozido) no forno em temperatura alta ou em um braseiro
- uma pulseira (idé) dourada

Como fazer

Passe cada fruta pelo corpo, de cima para baixo, pedindo o que deseja ao orixá Logum-Edé, e ponha somente a metade das frutas dentro do alguidar. Por cima coloque o peixe. Se der, coloque a pulseira no pescoço do peixe; senão, ponha em cima dele. Enfeite ao redor com o restante das frutas e um acaçá de cada lado. Coloque o presente em uma mata bem bonita, afastada dos centros urbanos. Boa sorte e muito axé!

(Em certos tipos de palmeiras, os cachos de frutos nascem numa folha que lembra um barco. Se conseguir uma dessas folhas quando começar a cair, pode usá-la no lugar do alguidar; é mais natural.)

EBÓ 243
Para Logum-Edé proporcionar união familiar

Elementos
- um cesto forrado com folhas de goiabeira ou de amendoeira
- feijão-fradinho lavado, torrado lentamente, com um pouco de azeite de dendê e sal
- 16 lascas de coco, grossas
- dois pedaços de salmão (assados levemente no forno ou na brasa e temperados com um pouco de sal grosso e cebola ralada)

- um acaçá de flocos de milho, sem a folha
- quatro peras bem macias, cortadas em quatro partes

Como fazer

Coloque o feijão por cima das folhas dentro do cesto e enfeite com as lascas de coco, os pedaços do salmão e o acaçá por cima. Ponha as peras ao redor, sempre fazendo seus pedidos ao orixá Logum-Edé. Deixe em sua casa por 24 horas e, a seguir, leve o presente para um local alto e coloque-o à frente de uma palmeira bem bonita, se possível, próximo a um rio ou riacho, bem limpos. Boa sorte!

EBÓ 244
Para Logum-Edé promover a união familiar ou em geral, entre as pessoas

Elementos

- um cesto médio forrado com um pedaço de pano amarelo e azul, coberto por folhas de palmeira e de colônia
- um omolocum de grão-de-bico (cozinhar o grão-de-bico bem pastoso e temperar com cebola ralada, azeite de dendê, amendoim e castanha torrados e picados)
- cinco peixes pequenos, vermelhos, lavados, sem retirar as vísceras e as escamas, assados no forno ou na brasa, sem quebrar nem desmanchar
- um ofá pequeno, de madeira
- um acaçá branco, grande, sem a folha
- wáji

Como fazer

Arrume dentro do cesto o omolocum, frio. Enfeite bem bonito com os peixes, o ofá e o acaçá e polvilhe com wáji. Passeie com o presente pela sua casa, chamando por Logum-Edé, em nome de Oxum e de Oxósse, fazendo seus pedidos. Procure uma mata limpa e coloque o presente em cima de uma pedra, no meio de um rio ou riacho, calmo.

Se você tiver conhecimento para jogar o obi e o orobô, com as rezas próprias, pode jogar e colocar em cima do presente. Caso contrário, entregue sem esses dois elementos, pois não se deve usar o obi e o orobô de forma aleatória. Tudo de bom! Axé!

Obaluaiê

Divindade poderosa, reverenciada por todas as Nações, associada à terra, às doenças e à riqueza. É "rei e senhor da terra", da crosta terrestre que nos ampara. Muito amigo dos seres humanos, está sempre disposto a ajudá-los, respondendo às suas necessidades, trazendo alívio para suas doenças, é o guardião da natureza contra o mal das epidemias. Senhor das pérolas, é chamado de "Jerrossu", pois está muito ligado à riqueza, à abundância. Considerado o "senhor do silêncio", quando lhe rogamos "atotô" (sendo *tô* = silêncio).

EBÓ 245
Para Obaluaiê ajudar a afastar problemas de pele, de alergia, respiratórios, e proteger a pessoa

Elementos
- *um metro de pano branco, de algodão*
- *um metro de pano preto, de algodão*
- *um metro de pano vermelho, de algodão*
- *sete folhas de mamona, sem os talos (cortar os talos em sete pedaços e colocar por cima das folhas)*
- *sete bifes de porco, com osso (carré ou costelinha)*
- *sete bolas de feijão-preto (feijão bem cozido com uma pitada de sal, cebola, azeite de dendê)*
- *sete bolas de canjiquinha (milho vermelho picadinho sem lavar, bem cozido, com uma pitada de sal)*
- *sete pedaços de toucinho*
- *sete bolas de canjica cozida*
- *uma farofa de farinha de mandioca com azeite de dendê e uma pitada de sal*
- *sete fios de palha da costa*

Como fazer
Passe os panos na pessoa, de cima para baixo, pedindo a ajuda de Obaluaiê, e faça o mesmo com as folhas e os talos de mamona. Abra os panos à frente da pessoa e coloque as folhas e os talos em cima deles. Passe os demais elementos e ponha em cada folha, chamando por Obaluaiê, em nome de Anãbucu e de Iemanjá. Por último, passe a farofa e jogue por cima de tudo. Dobre os panos, fazendo uma trouxa, e amarre com sete fios de palha da costa; procure um local úmido, faça um buraco e enterre. Boa sorte!

EBÓ 246
Para Obaluaiê aliviar as perturbações espirituais e mentais, acalmar, aliviar o estresse

Elementos
- *um metro de pano estampado (chitão)*
- *um orobô, sem a película*
- *três ecurus*
- *três acarajés, fritos no azeite de dendê*
- *três acaçás brancos, sem a folha*
- *três acaçás vermelhos, sem a folha*
- *três ovos, inteiros e crus*
- *três bolas de farinha de mandioca*
- *três aberéns, desembrulhados*
- *uma vassoura velha*
- *pipoca estourada no azeite de dendê, azeite de oliva ou areia*

Como fazer
Passe o pano na pessoa, de cima para baixo, e estenda no chão, na frente da pessoa. Abra o orobô e coloque-o no pano. A seguir, passe os demais elementos da mesma forma, fazendo os pedidos a Pai Obaluaiê; não quebre os ovos. Pegue a vassoura velha e varra tudo. Por último, passe a pipoca, pedindo a Obaluaiê, em nome de Iemanjá e Anãbucu, que traga alívio das perturbações, lhe acalme etc. Quebre a vassoura, coloque-a por cima do ebó e amarre com os

fios de palha da costa. Despache num mato, em local bem afastado, e deixe embaixo de uma árvore. Saia sem olhar para trás. Boa sorte! *(Esse ebó pode ser feito no local da entrega.)*

EBÓ 247
Para Obaluaiê afastar as doenças mais graves

Elementos
- *um saco de estopa*
- *um saco de chitão estampado nas cores preta, branca e vermelha*
- *um alguidar grande, lavado*
- *três bolas de inhame cozido*
- *três bolas de arroz branco*
- *três bolas de feijão-mulatinho, manteiga ou carioquinha, bem cozido e bem pastoso*
- *três bolas de feijão-preto*
- *três bolas de feijão-branco*
- *três pedaços de carvão, pequenos*
- *três búzios abertos, pequenos (abertura da parte de cima do casco, feita pelo homem)*
- *uma fissura de porco, cortada em pedaços*
- *bastante pipoca estourada no azeite de dendê*
- *sete fios de palha da costa*

Como fazer
Passe os sacos e o alguidar, de cima para baixo, pelo corpo da pessoa. Coloque o saco de chitão e o alguidar dentro do saco de estopa e faça o mesmo com os elementos da lista. Vá colocando no alguidar, fazendo os pedidos. Por último, passe o buburu (pipoca). Complete o saco com bastante pipoca, pedindo a misericórdia e a ajuda de Pai Obaluaiê, em nome de Iemanjá e Anãbucu. Amarre a boca do saco com a palha da costa e despache em local de água suja, represada, um mangue. Boa sorte!

EBÓ 248
Para Obaluaiê trazer sorte, positividade, prosperidade

Elementos
- um cesto médio, forrado com pano estampado (chitão)
- sete folhas de mamona branca, sem o talo (corte o talo em três pedaços e ponha em cima das folhas)
- pipoca de milho vermelho, estourada na areia (nem todos os grãos estouram)
- pipoca de milho-alho estourada no azeite de dendê
- feijão-preto bem cozido e bem pastoso, temperado com camarão, cebola batida, sal e azeite de dendê
- sete frutas (de tipos diferentes), lavadas e cortadas em quatro partes
- três ecurus
- três acarajés, fritos no azeite de dendê
- três acaçás brancos, sem a folha
- três conchas do mar
- conchinhas
- algumas pérolas (de fantasia) ou um pedaço de madrepérola
- um laço de papel ou de tecido, bem bonito

Como fazer

Passe as folhas pelo corpo da pessoa, de baixo para cima, e ponha dentro do cesto, com os talos. Coloque o feijão no centro; de um lado ponha a pipoca de milho vermelho, e do outro, a pipoca de milho-alho. Enfeite com as frutas e os demais elementos, arrumando-os ao seu jeito. Ponha as conchinhas no meio e enfeite com as pérolas (pode ser um colar de bijuteria) ou a madrepérola e o laço. Passe o presente no corpo e faça seus pedidos a Omolu/Obaluaiê, em nome de Iemanjá, Anãbucu, Ifá, Orunmilá, Odudua e Obatalá. Leve para um lugar alto, gramado e tranquilo, limpinho, com rochas, e arrie o presente, pedindo a Omolu prosperidade, saúde, alegrias etc. Se não for possível encontrar o lugar indicado, você pode deixar o presente em uma mata bonita e bem arborizada.

Leve um recipiente com água e gotas de uma essência bem suave. Ao sair do local, lave as mãos e os pés da pessoa. Se quiser, leve umas flores brancas e deposite para mãe Iemanjá, um pouco mais afastado do presente, na sombra.

Xangô (*Sangò*)

Orixá muito arcaico, "senhor justiceiro", não gosta de injúrias, de injustiças, de pessoas de má índole, dos malfeitores. É um dos filhos diletos de Iemanjá (Iyá Massê Malê) e muito próximo de Oxum e de Oyá, por quem tem muito apreço. Xangô não gosta de mentiras, de trapaça, nem de corrupção. Só devem pedir ajuda a Xangô as pessoas que estiverem corretas e agindo sem mentiras.

EBÓ 249
Para Xangô lhe proporcionar muita saúde para trabalhar e não lhe deixar faltar o dinheiro

Elementos
- *uma gamela oval, forrada com pirão de inhame cozido*
- *uma rabada média (retire e jogue fora os três primeiros ossos do final da rabada; estes não podem ser usados)*
- *cebola*
- *sal*
- *azeite de dendê*
- *gengibre ralado*
- *pimenta-branca*
- *seis acaçás brancos, bem firmes e sem a folha*
- *seis abarás, sem a folha*
- *seis quiabos crus, bem retinhos*
- *folhas de louro, verdes*

Como fazer
Cozinhe bem a rabada, sem deixar desmanchar, com cebola, sal, azeite de dendê, gengibre e pimenta. Coloque-a em cima do pirão, na gamela. Enfeite com os demais elementos. Rode com o presente pela sua casa, fazendo seus pedidos a Xangô. Após, deixe-o em lugar limpinho, em sua casa, por 12 horas. Leve para colocar em local rochoso e oferte em cima de uma pedra, chamando por Xangô. Axé ô!

EBÓ 250
Para que Xangô lhe ajude a ter sucesso político e que você seja o mais honesto possível

Elementos
- uma gamela oval, forrada com folhas de louro verdes
- um quilo de aipim (macaxeira), ralado
- cebola ralada
- camarão seco, moído
- gengibre torrado e moído
- castanha-de-caju torrada e moída
- amendoim torrado e moído
- azeite de dendê
- sete acaçás brancos, sem a folha
- sete acarajés
- um imã pequeno

Como fazer
Ponha o aipim ralado em uma panela e acrescente um pouco de água, a cebola ralada, o camarão seco, o gengibre, a castanha, o amendoim e o azeite de dendê o suficiente para cozinhar bem. Mexa continuamente os elementos, para ficar em ponto de pirão; não deixe embolar. Despeje na gamela, bem quente, e enfeite com os acaçás, os acarajés e o ímã. Ande pela casa, chamando por Xangô e fazendo seus pedidos a ele. Se quiser, deixe por 12 horas em sua residência. Após, leve o presente para uma mata e coloque-o em uma pedra grande e bonita. Boa sorte e muito axé.

EBÓ 251
Uma quiabada para Xangô ajudá-lo a vencer as perseguições e para que você saia ileso

Elementos
- uma gamela oval, grande, forrada com folhas de louro bem verdes
- um quilo de quiabo, lavado e cortado em cubinhos

- sete pedaços de carne bovina fresca, temperada com sal, cebola ralada, camarão seco pilado, gengibre ralado, pimenta-branca, azeite de dendê, duas cebolas brancas picadas
- azeite de dendê
- uma colher de pau nova
- uma pedra olho de tigre
- seis orobôs, sem a película
- seis acaçás brancos, sem a folha
- seis cocadas brancas
- seis quiabos crus e bem retinhos
- folhas de gameleira iroco (facultativo)

Como fazer

Ponha os pedaços de carne para cozinhar até ficarem bem assados, bem preparados (se for possível, faça essa comida em um fogareiro do lado de fora, ou em um braseiro). Acrescente os quiabos e mais azeite de dendê e água; e vá batendo com a colher de pau essa quiabada, ou abalé, chamando por Xangô e fazendo seus pedidos com fé. Ponha bem quente na gamela. Coloque a colher usada para mexer a quiabada entre os quiabos, chamando por Xangô, e acrescente os demais elementos. Deixe alguns dias em sua casa e depois entregue aos pés de uma árvore frondosa, majestosa. Retire a pedra e carregue com você, como um talismã, ou deixe em seu comércio, bem guardada e longe dos olhares alheios. Boa sorte e axé!

EBÓ 252
Para Xangô dar liderança positiva à pessoa, que ela saiba imperar com segurança para presidir uma reunião, ter o dom da palavra

Elementos
- *uma gamela média*
- *sete acarajés, grandes (só cebola e sal)*
- *nove acarajés pequenos (só cebola e sal)*
- *um peixe claro (corvina, corvinota etc.)*

- *cebola ralada*
- *pedaço de gengibre*
- *azeite de dendê*
- *sal*
- *camarão seco, moído*
- *um acarajé grande*
- *um acará obá*
- *um acaçá branco, sem a folha*
- *sete quiabos inteiros, retinhos*
- *três moedas brancas e três douradas*
- *uma pedra semipreciosa (pode ser quartzo rosa, ametista, olho de tigre, topázio; o que o seu poder aquisitivo permitir)*

Como fazer

Frite primeiramente os nove acarajés pequenos para jogar na rua ou colocar na entrada do portão, do lado de fora, para cortar interferência negativa de Egum e de Ossá. Depois faça os sete acarajés grandes.

Deixe esfriar os sete acarajés e, depois, desmanche-os e transforme-os numa espécie de farofa. Faça uma salmoura com cebola, gengibre, sal e azeite de dendê e passe por todo o peixe, inclusive por dentro. Cozinhe o peixe rapidamente, com um caldinho. Com cuidado, retire-o da panela e coloque-o com um pouco do caldo em cima da farofa, com a cabeça voltada para a pessoa. Enfeite com o acarajé de um lado do peixe e do outro coloque o acará obá, o acaçá e os quiabos inteiros em volta. Passeie com o presente pela sua casa ou por seu comércio, chamando por Xangô, em nome de Iemanjá e de Iamassê Malê, e arrie bem quente. Deixe por 12 horas e leve para entregar em um lugar alto, perto de pedras. Retire a pedra preciosa e use-a como seu talismã, guardando em local seguro. Uma vez por ano repita esse presente, reponha a pedra e, depois, torne a retirá-la. Repita esse ritual toda vez que for fazer novo ebó. Tudo de bom e muito axé!

EBÓ 253
Pedindo que Xangô ajude em todas as suas necessidades (ajebé): saúde, trabalho, prosperidade, equilíbrio, união dos pais com os filhos, com a família

Elementos
- *uma tigela grande, sem tampa*
- *21 quiabos, cortados em rodelas fininhas*
- *quatro claras de ovo (separe as gemas inteiras)*
- *uma colher, de sopa, de azeite de dendê*
- *uma colher, de sopa de, azeite de oliva*
- *uma colher, de sopa, de gengibre ralado*
- *uma noz-moscada, ralada*
- *um vidro de água de flor de laranjeira*
- *um copo de gim*
- *uma colher, de sopa, de açúcar mascavo ou cristal*
- *um pouco de lelecum, ralado*
- *um pouco de bejerecum, ralado*
- *um orobô, sem a película, ralado*

Como fazer
Ponha todos os elementos dentro da tigela e comece a bater com a mão direita, pedindo tudo o que deseja. Faça o mesmo com a mão esquerda, andando pela casa e sempre pedindo, com fé e amor, chamando por Xangô, Airá, Badé ou Sobô. Esse preceito não pode ser feito parado, precisa estar sempre em movimento. Se puder, coloque-o em cima de um pilão ou de uma pilastra. Deixe em sua casa por três dias. Ele deve inchar, e isso é muito positivo. Leve o presente e despeje-o embaixo de uma árvore. Traga de volta a tigela e guarde-a para uso especial quando for agraciado pelas divindades. Passados sete dias, ofereça um amalá para Xangô. Tudo de bom! Já deu certo! Axé!
(Coloque as gemas que sobraram, sem deixar estourar, em um prato untado com um pouquinho de óleo e ofereça à mãe Oxum e à mãe Iemanjá, pedindo que as pessoas só tenham olhos positivos para você.)

Oxum (Òsun)

Considerada uma das mais belas iyabás do panteão dos orixás, está ligada às águas doces. É a divindade símbolo da feminilidade, da sensualidade, da jovialidade e da alegria. Tem ligação profunda com as Iyamís (Eleiés). De ajuda imprescindível às mulheres, é a senhora da fertilidade, com poder na gestação, nos partos e em suas complicações. É protetora das crianças que estão sendo geradas.

EBÓ 254
Para que Oxum possa ajudar a pessoa a ter boa visão, principalmente para aquelas que estão prestes a fazer cirurgia nos olhos

Elementos
- um prato fundo
- óleo de amêndoa doce
- oito gemas de ovo de galinha de quintal, inteiras
- oito velas amarelas

Como fazer
Coloque no prato um pouco de óleo de amêndoa e acrescente aos poucos as gemas, sem estourar, fazendo seus pedidos à mãe Oxum. Coloque o ebó dentro de sua casa e acenda uma vela. Durante oito dias você acenderá uma vela por dia, sempre pedindo que tenha sorte em sua cirurgia, que tenha boa visão comercial, visão positiva para o jogo de búzios etc. Depois do oitavo dia, despeje o que sobrou do presente em um jardim, dentro de um vaso de planta em seu quintal ou num gramado limpo. Lave o prato e guarde para outra necessidade. Muita força!

EBÓ 255
Para Oxum trazer sorte no amor e conquistas

Elementos
- *um prato de papelão, dourado*
- *cinco batatas-doces cozidas, descascadas e amassadas*
- *mel*
- *uma cebola grande, ralada*
- *açúcar*
- *um obi, ralado*
- *16 ovos de codorna, crus*
- *um par de olhos de boneca*
- *três velas azuis*
- *três velas amarelas*

Como fazer
Acrescente na batata-doce amassada um pouco de mel, de açúcar, a cebola ralada e o obi, fazendo um purê firme. Coloque-o no prato, enfeite com os ovos de codorna e o par de olhos de boneca e vá fazendo seus pedidos à mãe Oxum. Se quiser, ponha uma rosa-amarela bem bonita no centro do purê e pingue algumas gotas do seu perfume preferido. Acenda duas velas juntas, por três dias, sempre pedindo o que deseja a Oxum. Passados os três dias, leve o presente e coloque-o em um matinho limpo ou à beira de um rio limpo, chamando por Oxum, em nome de Oxalá. Grandes amores! Axé!

EBÓ 256
Para Oxum lhe fazer ser notada, brilhar onde chegar, ter presença marcante, seduzir

Elementos
- *um prato de papelão dourado*
- *250 g de araruta*
- *uma noz-moscada, ralada*
- *açúcar cristal*

- *cinco quindins*
- *cinco búzios abertos (abertura da parte de cima do casco, feita pelo homem)*
- *uma fava de ojú omí*

Como fazer

Misture a araruta com a noz-moscada e o açúcar, fazendo uma farofa crua, e coloque-a no prato, com a fava no centro. Rodeie com os quindins e os búzios, enfeitando ao seu gosto. Passe pelo seu corpo, de baixo para cima, fazendo seus pedidos a Oxum, e deixe em sua casa por 24 horas. A seguir, leve o presente para um local bem fresco e coloque-o embaixo de uma árvore bem copada e sem espinhos. Se puder, leve algumas rosas-amarelas, passe-as pelo seu corpo e coloque-as em cima do presente, e um bom perfume de sua preferência, e borrife por todo o presente. Sorte!

(Se você tiver o assentamento de Oxum na sua casa, coloque o presente perto dele e acenda uma vela amarela de sete dias.)

EBÓ 257
Um cesto para agradar Oxum e pedir o que deseja (um parto sem problemas, alegrias, saúde, harmonia etc.) ou para agradecer uma graça alcançada

Elementos

- *um cesto de palha de coqueiro*
- *cinco fitas finas, de algodão, cada uma com um metro e de uma cor (azul, amarela, rosa, branca, verde-clara)*
- *cinco folhas de vitória-régia bem verdes (oxibatá)*
- *cinco kiwis, lavados e cortados em quatro pedaços*
- *um melão pequeno, cortado em quatro pedaços*
- *cinco peras macias, cortadas em quatro pedaços*
- *cinco pêssegos em calda ou cinco pêssegos ao natural*
- *cinco pães doces, pequenos, enfeitados com frutas cristalizadas*
- *cinco ovos crus, de galinha de quintal*

- *balas variadas, sem o papel*
- *cinco bombons, variados, sem o papel*
- *cinco girassóis*
- *rosas-amarelas*
- *rosas-brancas*
- *um obi aberto*
- *um orobô aberto*
- *purpurina dourada e furta-cor*
- *um perfume de boa qualidade*
- *moedas*

Como fazer

Enfeite o cesto com as fitas, com bastante feminilidade. Forre com as folhas de oxibatá.

Coloque os elementos, na ordem da lista, dentro do cesto, por cima das folhas. Ponha o obi e o orobô abertos em cima do presente. Polvilhe com as purpurinas o presente e também as flores. Passe as flores pelo seu corpo, de baixo para cima, fazendo seus pedidos à Oxum, e ponha em cima do presente. Borrife o perfume no presente, nas flores e no seu corpo.

Procure uma pedra dentro de um rio calmo, onde você possa entrar com segurança, e coloque o cesto na pedra. Jogue algumas moedas no rio, em pagamento por estar usando as águas de mãe Oxum. Abra seus braços para o alto, chame por Oxum e Iemanjá, a senhora de todas as águas, e faça seus pedidos ou seu agradecimento. É sucesso total! Boa sorte!

EBÓ 258
Para que Oxum alivie a sua solidão, lhe livre da má sorte no amor, tire o bloqueio afetivo

Elementos
- *16 ovos de galinha caipira*
- *16 ovos de codorna*
- *16 acaçás brancos, sem a folha*

- *um ramalhete de flores variadas e coloridas*
- *16 moedas douradas*
- *sabão neutro*
- *16 quindins em um prato de papelão*

Como fazer

Vista a pessoa com uma peça de roupa amarela, ou amarela com dourado, e leve-a para um rio (observe como está o tempo na região ou nas suas proximidades). Ponha a pessoa sentada em uma pedra, de preferência próxima da margem ou, se puder, dentro da água em local raso, fazendo os pedidos a Oxum. Passe os ovos de galinha pelo corpo da pessoa, um por um, e vá quebrando em sua volta, na água. Faça o mesmo com os ovos de codorna. Passe os 16 acaçás na pessoa e entregue-os a ela, pedindo que desmanche um por um, fazendo seus pedidos. A seguir, passe o ramalhete de flores no corpo e entregue-o a ela para ir jogando as flores e fazendo os pedidos. Passe as moedas pelo corpo e jogue no rio. Lave a cabeça e as mãos da pessoa com o sabão neutro e peça a ela que saia da pedra de frente para a água. Dê a ela o prato com os quindins para que entregue próximo à água, pedindo a Oxum que adoce os seus caminhos para o amor e também a sua vida.

Em casa, tomar um banho com água, pétalas de rosas-brancas e de rosas-amarelas, gotas do perfume de sua predileção e três gotas de essência de opium e de essência de baunilha, do pescoço para baixo. Após obter a graça, oferecer um novo presente para a mãe Oxum.

Oyá

Eis a "senhora dos ventos, das tempestades"! É a divindade feminina mais voluptuosa e sensual entre todas. Irrequieta e extrovertida, é guerreira destemida. Grande protetora das crianças. Divindade que adora as árvores, sendo a sua favorita o *flamboyant* e suas flores. Por meio de sua instabilidade, transforma o ar em vento, ajudando aqueles que vivem em seus domínios, como os insetos e os pássaros. Também domina os raios, os ventos, as ventanias, transformando-as em tempestades, tufões, furacões. Senhora dos *afefé laió*, os ventos da felicidade. Tem grande afinidade com Babá Egun e com Oxósse.

EBÓ 259
Para Oyá ajudar na compra daquilo que você mais almeja e retirar os conflitos, as dificuldades do caminho

Elementos
- *um cesto de palha de coqueiro, médio, forrado com folhas de carnaúba e enfeitado com nove colheres de pau, pequenas e pintadas com wáji, efum e ossum (com o cabo para baixo)*
- *nove acarajés, fritos no azeite de dendê*
- *nove abarás*
- *nove acaçás brancos, sem a folha*
- *nove ramos (espigas) de trigo*

Como fazer
Coloque os elementos citados no cesto, arrumados ao seu gosto. Ofereça próximo a um bambuzal ou coloque o presente embaixo de uma palmeira, pedindo a Oyá que seus ventos (*afefé*) lhe ajudem a comprar o que tanto deseja e precisa, que traga coisas boas, positivas, saúde etc. Ao conseguir a graça, oferte nove acarajés em um prato de papelão, no mesmo local. Seja feliz! Axé!

EBÓ 260
Para Oyá trazer segurança total, livrar de brigas, lhe proteger nos seus caminhos

Elementos
- um cesto de palha de coqueiro, forrado com folhas de pitanga e algumas pitangas vermelhas
- uma telha canal, pintada, com os dedos, de efum, ossum e wáji
- uma espada de madeira, pequena
- 21 acarajés
- 21 búzios abertos, pequenos (abertura da parte de cima do casco, feita pelo homem)
- nove ameixas vermelhas, lavadas
- um obi aberto
- um orobô, sem a película, aberto
- peregum vermelho (folha de verbena) ou folhas de flamboyant

Como fazer
Ponha a telha dentro do cesto e arrume os demais elementos ao seu gosto, passando pelo seu corpo e fazendo seus pedidos. Ofereça em local alto (um monte, morro) bem limpo e bem arborizado, com pouco movimento. Forre o local onde vai colocar o cesto com as folhas e peça a Oyá segurança, proteção etc. Tudo de bom e seja feliz! Axé!

EBÓ 261
Para Oyá aliviar a depressão, a tristeza de um amigo querido (ou mesmo para você)

Elementos
- uma gamela oval, pintada, por dentro e por fora, com efum, ossum e wáji, forrada com folhas de alecrim, de mãe-boa ou de gengibre
- nove cenouras pequenas, descascadas, cozidas levemente com uma pitada de sal, escorridas e passadas no açúcar com canela em pó
- nove ecurus
- nove acarajés, fritos no azeite de dendê
- nove cachos de uvas rosadas

- *nove pedaços de gengibre*
- *nove acaçás brancos, sem a folha*
- *folhas de louro, bem verdes*

Como fazer

Arrume tudo na gamela ao seu gosto, fazendo seus pedidos a Oyá, e enfeite com as folhas de louro em volta. Peça a Oyá que seus ventos poderosos e sagrados levem a depressão, a tristeza etc. de seu amigo para o Astral. Ofereça em local alto, dentro de um bambuzal, de preferência amarelo, ou em lugar onde tenha muito bambu-mirim, ou em lugar rochoso. Muita saúde e alegrias! Axé!

EBÓ 262
Para Oyá elevar o astral, dar força e autoestima para as pessoas desanimadas, sem perspectivas, para que encontrem a harmonia consigo mesmas

Elementos
- *um cesto de vime ou de palha de coqueiro, forrado com folhas de espinheira-santa ou de eucalipto cheiroso*
- *nove jambos, lavados e cortados em quatro pedaços*
- *nove laranjas doces, cortadas em quatro pedaços*
- *nove fatias de melancia*
- *uma noz-moscada, ralada*
- *um orobô aberto*
- *flores do campo variadas*
- *duas moedas (uma dourada e uma prateada)*
- *uma pulseira (idé) de cobre*

Como fazer

Passe cada elemento pelo seu corpo, de cima para baixo, e coloque-os dentro do cesto ao seu gosto, enfeitando com as flores, pedindo a ajuda de Oyá, Matamba ou Vodunjó (Vodum Ijó). Por cima, ponha as moedas e a pulseira e polvilhe com a noz-moscada. Leve para um local alto; procure um lugar ermo, tranquilo, afastado da passagem de pessoas, e arrie o presente, fazendo seus pedidos. Tudo de bom! Axé!

Iemanjá

Rainha dos grandes mares e oceanos, chamada de "mãe dos peixes" (*iyá ejá*), também domina as águas doces. Grande mãe de todos os orixás e de todos os orís (cabeças). Representante da água que refresca e dá a vida, que acalma e apascenta. Símbolo mítico de todas as mulheres, pois, como elas, é filha, mãe e esposa. Digna representante do sexo feminino.

EBÓ 263
Para Iemanjá tirar perturbações mentais, alucinações, desorientação, insônia

Elementos
- *um cesto de palha ou de vime, forrado com pano branco de algodão*
- *uma cabeça de cera, de acordo com o sexo da pessoa, lavada com água misturada com pétalas de rosas-brancas*
- *gotas de baunilha*
- *um pedaço de papel com o nome da pessoa, escrito a lápis*
- *um miolo bovino, inteiro e fresco*
- *canjica lavada, cozida e bem escorrida, o suficiente para encher a cabeça*
- *um obi branco, aberto em Aláfia (se não souber, não coloque)*
- *folhas de saião*
- *pétalas de rosas-brancas*
- *água de flor de laranjeira*
- *água de rosas*

Como fazer
Escreva na cabeça, delicadamente, com lápis, o nome da pessoa, em vários lugares. Coloque dentro da cabeça o papel com o nome, o miolo e a canjica por cima. Ponha com cuidado a cabeça no cesto, enfeite com o restante da canjica, as folhas de saião e as pétalas de rosas-brancas. Leve para colocar em um lugar fresco, ao entardecer, ao pôr do sol, e ponha embaixo de árvore portentosa e sem espinho, pedindo a Iyá Orí, Babá Orí, Odudua e Obatalá que tirem as

perturbações, a desorientação etc. de "fulano(a)". Regue com a água de flor de laranjeira e a água de rosas, pedindo paz e tranquilidade para o Orí de "fulano(a)". Felicidades e saúde! Axé!

EBÓ 264
Para mãe Iemanjá unir pais e filhos, cortar desentendimentos e brigas

Elementos
- *um cesto de vime ou de palha, forrado com um pano branco, de algodão*
- *uma tigela comprida, branca, virgem*
- *arroz bem cozido com água e sal, lavado e escorrido*
- *uma maçã-verde, cortada em quatro pedaços*
- *um cacho de uvas verdes*
- *quatro rosas-brancas, sem o talo*
- *água de melissa*
- *água de coco*
- *açúcar cristal*
- *um papel com o nome da pessoa escrito cinco vezes, a lápis*

Como fazer
Coloque o nome da pessoa dentro da tigela posta no cesto e, por cima, o arroz, os pedaços de maçã, as uvas e as rosas, enfeitando ao seu modo e pedindo tudo que deseja. Regue com as águas e o açúcar cristal. Deixe um dia em sua casa e, a seguir, leve para um local fresco, ao entardecer, e coloque o presente às margens de um rio calmo e limpo. Retire a tigela e coloque-a em cima do pano. Muita paz e amor! Axé ô!

EBÓ 265
Para Iemanjá ajudar um adulto ou uma criança com dificuldades no aprendizado a obter bons resultados em concursos, em provas

Elementos
- um cesto de palha ou de vime, forrado com um pano azul-claro, de algodão
- uma cabeça de cera, de acordo com o sexo da pessoa
- farinha de acaçá (farinha de milho)
- o nome da pessoa em um pedaço de papel, escrito a lápis
- óleo de coco
- algodão
- um ojá branco
- pétalas de rosas-brancas
- rodelas de maçã-verde
- água de melissa
- água de coco

Como fazer
Cozinhe bem um pouco de farinha de acaçá com água, mexendo lentamente com uma colher de pau, até o ponto de pirão, bem firme, e deixe esfriar. Lave a cabeça com a água de melissa e a água de coco. Escreva com lápis, várias vezes, o nome da pessoa na cabeça, em vários lugares e posições. Ponha o papel dentro da cabeça, fazendo os pedidos a Iemanjá, e coloque o pirão por cima. Coloque a cabeça no cesto, passe no centro da cabeça um pouco de óleo de coco e cubra esse local com algodão. Amarre na cabeça o ojá branco. Enfeite com as pétalas de rosas e as rodelas de maçã-verde. Deixe em sua casa, em lugar limpinho e alto, chamando por Iemanjá e fazendo seus pedidos. No dia seguinte, pela manhã bem cedo ou ao entardecer, leve para um gramado à beira de um rio limpo e ofereça à "mãe das cabeças", Iemanjá. Com certeza vai dar certo! Axé!

EBÓ 266
Para mãe Iemanjá e Babá Olocum ajudarem a obter grandes conquistas

Elementos
- um balaio forrado com folhas de saião, lírio, colônia e poejo
- um peixe branco (não retire as escamas nem as vísceras), com cebola ralada, camarão, azeite de dendê, assado somente para selar
- um manjar branco doce, bem durinho
- um manjar branco salgado, bem durinho
- quatro pães doces, pequenos
- frutas variadas, lavadas, cortadas em quatro pedaços
- quatro acaçás brancos, sem a folha
- quatro bolas de arroz branco cozido
- quatro ovos de galinha, crus
- quatro ovos de codorna
- efum
- ossum
- wáji
- copos-de-leite (jarros) ou flores brancas
- perfume de sua predileção
- um pedaço de filó branco ou azul
- fitas brancas e azuis
- duas moedas brancas
- alguns búzios, para enfeitar
- quatro búzios abertos (abertura da parte de cima do casco, feita pelo homem), para consultar

Como fazer
Enfeite o balaio com o filó e as fitas, de forma bem bonita aos olhos dos orixás Iemanjá e Olocum.

Com muito cuidado para não quebrar, retire o peixe da travessa e coloque-o no balaio, em cima das folhas. Ao redor, coloque de um lado o manjar doce, e do outro, o manjar salgado, os pães, as frutas, as moedas, os búzios, pedindo tudo de positivo à mãe Iemanjá e ao pai Olocum, em nome de Oxetuá, e acrescente os demais elementos. Espalhe os pós, passe as flores pelo corpo, de baixo para cima, e ponha no presente. Borrife o perfume. Se souber, faça o jogo com o obi para consultar o orixá.

Entregue em um rio, em cima de uma pedra, mas de modo que a água não leve o presente. Pode também levá-lo para alto-mar, em dia de mar calmo, em um barco acompanhado com outra pessoa, ao entardecer. O presente aí afundará logo.

Se puder, ao voltar passe um pombo branco no corpo, de baixo para cima, e solte-o, pedindo que leve seus pedidos para o orum e que a Corte de Olorum atenda aos seus pedidos. Passe as duas moedas pelo corpo, para pagar pelo uso das águas de Iemanjá e de Olocum, e jogue no rio.

(Este presente pode ser feito no fim do ano, no início do ano, no dia 2 de fevereiro ou como agradecimento por uma graça alcançada.)

Ibeji

Orixás gêmeos, patronos de tudo que tem duplicidade, os sentidos opostos. Por esse motivo, os seres humanos têm a regência dessa divindade, pois possuem também duplicidade no seu caráter e na sua personalidade. Filhos míticos de Xangô e de Oyá, são ligados à fertilidade. Orixás das festas, da alegria, dos doces, das frutas e dos refrigerantes tão agradáveis ao paladar das crianças.

EBÓ 267
Para Ibeji ajudar para que não falte dinheiro em sua casa

Elementos
- *um pratinho de barro cozido, pequeno*
- *uma nota de qualquer valor*
- *sete moedas de valor alto*
- *noz-moscada, ralada*
- *açúcar cristal*
- *louro em pó ou picado*
- *um obi, ralado*
- *um orobô, ralado*

Como fazer
Ponha no pratinho uma nota de qualquer valor e coloque por cima as moedas, com o valor para cima. Misture a noz-moscada, o açúcar e o louro, e polvilhe o presente com a mistura. Polvilhe com o obi e o orobô ralados. Coloque o pratinho atrás da porta de entrada e peça a Ibeji, em nome das crianças do Astral, que não deixe faltar dinheiro, prosperidade e riqueza, na sua vida e na sua casa. Axé e muitas alegrias!

EBÓ 268
Defumador para Ibeji trazer prosperidade, paz e alegria

Elementos
- *folhas de louro, picadas*
- *uma noz-moscada, ralada*
- *uma colher, de sopa, de açúcar refinado*
- *folhas de beijo (também conhecida como "maria-sem-vergonha")*
- *pétalas de rosas-vermelhas*
- *uma colher, de chá, de camomila*
- *uma colher, de chá, de alecrim*
- *uma colher, de chá, de canela em pó*
- *uma colher, de chá, de cravo-da-índia triturado*

Como fazer

Junte todos os ingredientes em um recipiente. Prepare um braseiro e vá colocando aos poucos os elementos indicados. Comece a defumar da porta da rua para dentro de sua casa ou de seu comércio, pedindo a Ibeji, os orixás-crianças gêmeos, e às crianças do Astral, que tragam alegria, riquezas, trabalho, prosperidade e muita paz. Deixe em um canto até acabar de queimar. As sobras, coloque-as embaixo de uma árvore. Muito axé!

Obá (Ióba)

Orixá ligada ao grupo dos Odés, é a mulher grande caçadora e guerreira. Parceira de Oxósse, é sua companheira nas caçadas. Pela idade imemorial, aproxima-se de Babá Egum e de toda a ancestralidade. De comportamento contido e gosto refinado, é também apreciadora de boa comida. Obá representa a força da mulher que ultrapassou seu tempo.

Grande feiticeira, ousada, enfrenta qualquer briga por suas filhas. As mulheres iniciadas para Obá são firmes, decididas, requintadas e muito inteligentes, conhecedoras dos gostos e desgostos da vida.

EBÓ 269
Para Obá lhe trazer defesa, amparo para seu dia a dia

Elementos
- *uma gamela oval, de madeira, forrada com folhas de acocô*
- *três colheres, de sopa, de farinha de mandioca*
- *água*
- *sal*
- *azeite de dendê bem forte, grosso*
- *uma abóbora-moranga, média*
- *meio quilo de quiabos*
- *gengibre picado*
- *três colheres, de sopa, de camarão seco moído*
- *uma cebola branca, picadinha*
- *alguns camarões secos grandes, inteiros*

Como fazer
Faça um pirão grosso com a farinha de mandioca, água, azeite de dendê e sal.

Forre a gamela com o pirão. Cozinhe a abóbora-moranga cortada pelos gomos, com casca e uma pitada de sal. Arrume-a ao seu gosto na gamela. Lave os quiabos e corte-os em rodelas grossas. Faça um refogado com um pouco de azeite de dendê, sal, gengibre, camarão e cebola, sem deixar dourar muito, e acrescente os quiabos. Mexa e não deixe os quiabos desmancharem. Retire do fogo e deixe esfriar. Coloque por cima da moranga e enfeite com os camarões grandes. Deixe em sua casa por algumas horas, fazendo seus pedidos à orixá Obá. Leve o presente e entregue-o em local perto de sua casa, num gramado ou numa mata limpinha, pedindo à orixá muita defesa para você, para sua casa; para cortar as guerras afetivas etc. Você vai conseguir! Muito axé!

EBÓ 270
Para Obá trazer boa sorte, sabedoria, ensinamentos

Elementos
- *uma panela de barro, lavada, com pedaços de raiz de dandá-da-costa no fundo*
- *uma língua bovina, lavada*
- *azeite de dendê*
- *sal*
- *camarão seco, moído*
- *gengibre em lascas*
- *amendoim picado*
- *pimenta-branca*
- *pimentão vermelho, cortado em rodelas grossas*
- *pimentão amarelo, cortado em rodelas grossas*

Como fazer
Coloque bastante azeite de dendê e sal, o camarão moído, o gengibre, o amendoim e a pimenta-branca em uma panela. Mexa bem e deixe dourar levemente; coloque a língua, vá virando e colocando água até ficar bem dourada e macia. Retire do fogo, deixe esfriar e coloque na panela de barro. Ponha um pouco de azeite de dendê por cima e as rodelas de pimentão, fazendo os pedidos. Deixe em

sua casa por algumas horas e, após, arrie embaixo de uma árvore bem copada e sem espinhos, chamando e pedindo à Ióba que atenda aos seus pedidos. Com certeza vai dar certo! Axé!

EBÓ 271
Para Obá proteger as mulheres (essa orixá é feminista, protege as mulheres com fervor)

Elementos
- *uma gamela oval, lavada e forrada com folhas de acocô e galhos de coqueirinho bem verdinhos*
- *meio quilo de quiabos pequenos*
- *azeite de dendê*
- *óleo de coco*
- *três cebolas brancas, picadas*
- *castanhas-de-caju picadas*
- *camarão seco, moído*
- *gengibre picado*
- *pimenta-branca*
- *21 acarajés, fritos no azeite de dendê*
- *nove acaçás de fubá grosso (ou farinha de milho em flocos pré-cozidos), bem firmes, sem a folha (quem souber fazer poderá trocar por nove pamonhas feitas com açúcar mascavo e pedaços de canela em pau, enroladas na folha de milho)*
- *um acaçá branco, grande, sem a folha*
- *uma espiga de milho, crua, com a palha desfiada*
- *um ofá, pequeno, de madeira*
- *uma moeda*

Como fazer
Coloque em uma panela bastante azeite de dendê e óleo de coco, as cebolas, a castanha-de-caju, o camarão, o gengibre e a pimenta, e deixe dourar suavemente. Acrescente um copo e meio de água, e os quiabos. Mexa levemente e não deixe o quiabo desmanchar. Coloque na gamela e enfeite com os acarajés, os acaçás ou as pamo-

nhas, sem as folhas, a espiga de milho e o ofá no centro do presente. Deixe em sua casa por algumas horas. Entregue em mata fechada ou em cima de uma pedra próxima de um rio. Jogue uma moeda no rio e faça seus pedidos à orixá Ióba, em nome de Oxósse. Tudo de bom e muito axé!

EBÓ 272
Para que Obá traga união entre as pessoas (em uma comunidade, família, grupo de amigos)

Elementos
- *uma gamela oval, lavada e forrada com folhas de murici ou de amendoeira*
- *250 g de canjica amarela, catada e lavada*
- *pedaços de canela em pau, grandes*
- *sal*
- *lascas de coco, grossas*
- *uma colher de pau nova*
- *ossum*
- *efum*
- *wáji*
- *nove fitas de diversas cores*
- *14 abarás*
- *um acarajé, grande*
- *um ecuru*
- *um par de chifres de boi, pequenos*
- *nove quiabos*
- *folhas de pitanga, maceradas*
- *folhas de erva-cidreira, maceradas*

Como fazer
Pinte a colher de pau com ossum, efum e wáji e enfeite com as fitas. Cozinhe a canjica com um pedaço de canela em pau e uma pitada de sal. Quando amolecer coe, lave e deixe secar (guarde a água do cozimento). Coloque na gamela e enfeite com os pedaços de canela

e as lascas de coco. Passe a colher de pau pelo seu corpo, fazendo seus pedidos, e coloque-a dentro da gamela, com a parte da colher para cima. Coloque os abarás, o acaçá e o ecuru e enfeite em volta com os quiabos. Leve para um lugar próximo a um rio ou riacho e coloque o presente perto da água, embaixo de uma árvore, fazendo seus pedidos. Pegue o par de chifres e bata um no outro, chamando por "Obá xirê, Obá xirê", em nome de Oxósse, de Ogum, de Ossâim, e peça tudo que deseja.

Junte à água do cozimento da canjica as folhas maceradas e tome um banho do pescoço para baixo, ou coloque em uma tigela e ponha atrás da sua porta, pedindo sorte, positividade, união etc. para você, sua casa, sua família, seus amigos. Jogue um pouco também na sua porta, chamando por Obá, Odé, Ogum, Ossâim e Babá Olocum.

Capítulo 8

Orixás do "início da criação do universo" (orixás funfum, *Òrìsà funfun*)

Para entregar presentes para os orixás funfum, a pessoa necessita vestir-se de branco, a mulher usando ojá e seu acompanhante, um eketé, e deve-se observar o resguardo no dia anterior.

ATENÇÃO: peça orientação a(o) seu(sua) orientador(a) espiritual, ou recorra ao oráculo de Ifá, para agraciar as divindades funfum, pois esses ebós não podem ser feitos de forma aleatória. Necessita-se de um certo conhecimento e de existir uma real necessidade ou uma recomendação do oráculo. Se for um ebó para agradecimento de pedido atendido, procure uma pessoa abalizada que possa ajudá-lo(a) e orientá-lo(a).

Babá Oxaguiã

Poderoso estrategista, é o guerreiro jovem da família dos orixás funfum e o mais novo desse panteão. É Oxalá, considerado filho. Oriundo da cidade de Ejigbo, na Nigéria, é orixá de grandes fundamentos e enredo espiritual. Tem duas faces: a da paz e a da guerra, além de ser grande dissimulador. Tomou para si a responsabilidade de cuidar do mundo. Mas só guerreia pela paz, pela estabilidade, pela modernidade. Dentro do panteão do branco, é quem possui o vigor, a energia, a agitação.

EBÓ 273
Para que Babá Oxaguiã Ajagunã corte as guerras, lute por você, interceda em seu favor, seja seu guerreiro

Elementos
- *um cesto de vime forrado com morim branco e por cima com folhas de algodão ou de cana-do-brejo, lavadas e secas*
- *oito inhames médios*
- *oito acaçás brancos, desembrulhados*
- *oito cocadas brancas, bem clarinhas*
- *oito peras macias, cortadas em quatro pedaços*
- *efum ralado*
- *wáji ralado*
- *sal*

Como fazer
Cozinhe os inhames com uma pitada de sal. Deixe esfriar e coloque-os em cima das folhas, no cesto. A seguir, disponha os elementos da lista ao seu gosto, ao redor do inhame. Polvilhe com o efum e o wáji, fazendo seus pedidos a Pai Oxaguiã. Deixe em sua casa por 24 horas ou mais, se assim o desejar. Leve para uma mata limpa e coloque embaixo de uma árvore majestosa. Entregue esse presente

bem cedo, logo ao raiar do dia, chamando por Oxaguiã, e peça que o orixá corte as guerras da sua vida, dos seus caminhos etc.

Se puder, leve um passarinho branco, passe-o no corpo, de baixo para cima, e solte-o. *Epe epe, babá mi!* Axé!

EBÓ 274
Para que Babá Ajagunã afaste discórdias, conflitos, confusões, rivalidades

Elementos
- *um prato de papelão, grande, forrado com um pano azul, de algodão*
- *oito bolas de canjica cozida*
- *oito bolas de inhame cozido*
- *oito bolas de arroz branco, bem cozido com uma pitada de sal*
- *oito ramos (espigas) de trigo*
- *oito pães pequenos (tipo suíço)*
- *oito flores de copo-de-leite ou rosas-brancas*
- *wáji*

Como fazer
Passe os elementos pelo seu corpo, de cima para baixo, e coloque-os no prato. Polvilhe com wáji, enfeite com o trigo e com as flores, pedindo, em nome de Iemanjá, que Pai Oxaguiã possa interceder e ajudar na paz, na harmonia etc. Boa sorte e muito axé!

EBÓ 275
Para que Babá Oxaguiã traga a união entre a família

Elementos
- *uma tigela branca forrada com um pedaço de pano branco de algodão*
- *arroz catado, cozido, lavado e escorrido*
- *oito quiabos crus, bem retinhos*
- *oito acaçás de leite, desembrulhados*
- *oito balas de leite*
- *uma bandeira branca, de tecido*

Como fazer

Coloque o arroz na tigela, enfeite em volta com os quiabos e os acaçás e cubra com as balas de leite. Finque a bandeira no centro e deixe em sua casa por 24 horas, dentro de uma bacia com água. Após esse período, leve, retire o pano com cuidado e deixe em um gramado limpo, em local resguardado, pedindo, em nome de Iemanjá, que Oxaguiã atenda aos seus pedidos. Traga a tigela de volta, pois a natureza vai agradecer. Com certeza você será atendido!

EBÓ 276
Para que Babá Oxaguiã lhe ajude a ter conquistas, liderança, que você saiba comandar, determinar

Elementos
- *um cesto bem claro, forrado com folhas de mamona branca, sem o talo (corte os talos, junte e amarre com palha da costa num galho de árvore)*
- *oito acarajés brancos, grandes, tipo bola (com cebola ralada e pitada de sal) fritos no óleo de coco*
- *oito acaçás brancos, grandes, sem a folha*
- *oito acaçás doces (com leite de coco, coco ralado e baunilha), grandes, sem a folha*
- *coco ralado fresco*
- *açúcar cristal*
- *um obi aberto*
- *wáji*
- *efum*

Como fazer
Coloque no cesto os acarajés, os acaçás brancos e os acaçás de leite e polvilhe com o coco ralado e o açúcar cristal. De um lado do presente, polvilhe com wáji, do outro, polvilhe com efum, fazendo seus pedidos. Leve esse presente e ponha em um gramado bonito, de preferência florido, em lugar sombreado e fresco. Boa sorte e muito axé!

EBÓ 277
Ajabó para que Oxaguiã traga paz em sua casa ou comércio, corte feitiços, perturbações, desequilíbrio físico, mental e emocional

Elementos
- *uma tigela branca, média*
- *oito quiabos grandes e macios*
- *oito colheres, de sopa, de água*
- *gim*
- *uma clara de ovo*
- *uma noz-moscada, ralada*
- *gengibre, ralado*
- *uma cebola branca, ralada*
- *açúcar cristal*
- *oito gotas de baunilha*

Como fazer

Corte os quiabos em rodelas bem fininhas (as cabecinhas dos quiabos ponha em um cantinho do lado de fora de sua casa, para cortar o ejó e as discórdias). Dentro de sua casa ou de seu comércio, procure um local tranquilo e silencioso, vista roupas brancas e bata bem essa mistura, primeiro com a mão direita, pedindo tudo que deseja a Pai Oxaguiã. Depois bata com a mão esquerda e termine com a mão direita. Coloque o ajabó em lugar limpo, tranquilo, chamando por Oxaguiã. Deixe dois ou três dias e depois leve para despejar em um local gramado ou em um jardim. Traga a tigela de volta.

(Se você tiver uma árvore ou vasos de planta em seu quintal, pode colocar o ajabó em um deles.)

Babá Ajê Xalunga
(*Ajé Salunga*)

Divindade controversa, confundida por alguns como sendo orixá feminino, Ajê Xalunga, para os iorubás, é um orixá masculino (oboró), pois está ligado ao comércio, à tributação somente designada aos homens, pela Nação Iorubá.

Filho de Babá Olocum e de Oloxá, a senhora das lagoas, é o "proprietário do mercado", do movimento do comércio. O orixá da felicidade, da harmonia, da reflexão, do bom entendimento. Gosta de ser tratado às segundas-feiras, em conjunto com o princípio do movimento da semana, com o comércio, a indústria e o mercado reiniciando suas atividades, onde Ajê vibra!

EBÓ 278
Para Babá Ajê Xalunga trazer saúde, alegria, harmonia e união na família, no lar, no seu comércio

Elementos
- *um cesto largo, bem bonito, forrado com dois metros de pano branco, de algodão, enfeitado com fitas azuis clarinhas e brancas, de algodão*
- *bastante ewê ajejê (amor-do-campo)*
- *muitas bananas-prata maduras, descascadas*
- *canjica (ebô) catada, lavada, bem cozida e escorrida*
- *dez acaçás brancos, sem a folha*
- *dez acaçás de leite (com coco, leite de coco, açúcar e gotas de baunilha), sem a folha*
- *dez cocadas moles, brancas*
- *dez suspiros*
- *dez bolas de inhame-do-norte (inhame-cará) bem cozido*
- *dez ovos crus*

- *bastantes balas de leite, sem o papel*
- *marshmallow branco e azul*
- *ramos (espigas) de trigo*
- *efum ralado*

Como fazer

Cubra o cesto com as flores e coloque a canjica. Ao redor, coloque as bananas em pé e vá acrescentando os demais elementos, fazendo um arranjo bem bonito. Enfeite com os ramos (espigas) de trigo e polvilhe efum. Faça os seus pedidos à Babá Ajê e rode por dentro de sua casa com o presente. Deixe por 24 horas à frente do seu assentamento, se tiver, e coloque o presente em um local limpo, em cima de um paninho branco. Chame por Babá Ajê, com fé e amor, que, com certeza, será atendido(a). Entregue esse cesto no mar, em um momento de calmaria, de serenidade. Se em sua terra não tiver mar, ponha em um rio, na parte mais calma, e espere afundar. Muita sorte e axé!

EBÓ 279
Para que Babá Ajê Xalunga lhe dê fortuna, ajude no movimento do seu comércio para seu crescimento, lhe traga prosperidade

Elementos
- *uma gamela oval, pintada por dentro com efum e, por fora, com wáji*
- *arroz bem branquinho*
- *leite de vaca*
- *leite de coco*
- *coco ralado*
- *açúcar cristal*
- *gotas de baunilha*
- *dez bananas-prata maduras, sem a casca*
- *dez cocadas brancas, molinhas*
- *dez acaçás brancos, pequenos, sem a folha*
- *dez búzios pequenos, abertos*

- *dez conchas*
- *dez cascos de caracol, vazios*
- *mel*
- *16 ramos (espigas) de trigo*
- *folhas de ajejê (amor-do-campo) ou pétalas de rosas-brancas*
- *gim*

Como fazer

Cozinhe o arroz com um pouco de água. Ao amolecer, coloque o leite, o leite de coco e o coco ralado. Quando estiver bem cozido, ponha o açúcar a gosto e umas gotas de baunilha. Deixe bem pastoso e sequinho. Um "efurá doce" para Babá Ajê! Ponha para esfriar, coloque na gamela e arrume por cima, com bom gosto, os demais elementos. Corte os ramos (espigas) de trigo bem curtinhos e enfeite ao redor. Regue com um fio de mel. Procure um local do tipo de um mirante ou uma mata bem limpinha, bem arborizada e aberta, lugar bem reservado. Forre o lugar escolhido com as folhas (ou pétalas) e deposite a gamela. Converse com Babá Ajê, pedindo tudo o que deseja, em nome da Corte Maior dos orixás. Se puder, sente-se ao lado e medite em seus pedidos, em suas necessidades que, com certeza, a divindade vai ajudá-lo(a). Coloque gim na boca e borrife por cima. Gim dá energia às divindades. Se puder, leve frutas para ofertar a Babá Ajê e coloque-as no presente.

Babá Dancô (*Danko*)

Muito venerado pela Nação Efã, é grande defensor dos aflitos. Babá Dancô (não confundir com dancó, o bambuzal, de onde é morador) faz parte do grupo dos orixás funfum e liga-se também com os orixás inseridos na ancestralidade. O bambuzal, dentro de uma casa de candomblé, é o seu santuário, sendo cultuado pela comunidade com todo o respeito e comportamento adequado, para ter uma boa relação com esse orixá e a ancestralidade.

O bambuzal é local muito sagrado, pois é o hábitat de Babá Dancô e também de outras divindades ligadas à ancestralidade. O bambuzal é local de mistérios profundos, início da ancestralidade, suas raízes são sagradas, é o local onde moram divindades muito sagradas. Para adentrá-lo, existem liturgias específicas. Procure ir ao raiar do dia, bem cedo, em silêncio, compenetrado. Esteja sempre acompanhado se precisar adentrá-lo.

EBÓ 280
Um ebô especial para Babá Dancô

Elementos
- *um cesto claro, forrado com bastante algodão*
- *um quilo de canjica (ebô), bem catada, lavada e escorrida*
- *oito inhames bem lavados, cozidos e descascados (não jogue a casca nem a água do cozimento fora)*
- *quatro acaçás de leite, bem durinhos, sem a folha*
- *quatro bolas de arroz bem cozido*
- *quatro aberéns*
- *quatro cocadas brancas*
- *quatro suspiros*
- *quatro pães salgados, pequenos*

- *quatro cascos de igbim*
- *um pacote de algodão*
- *quatro cebolas brancas, médias, sem casca, cortadas em quatro partes*
- *coco ralado*
- *efum*
- *uma bandeira branca, de tecido, colada numa varinha de ipê branco ou de bambu*

Como fazer
Coloque a canjica no cesto e arrume os inhames ao redor. Ponha os demais elementos por cima, enfeitando ao seu gosto. Dentro de cada casco de igbim, coloque um pouco de efum, feche com algodão e ponha em volta, ao lado dos inhames. Polvilhe com o coco, acrescente as cebolas e ponha efum em todo o presente. Coloque a bandeira branca, no centro, fazendo seus pedidos, com fervor. Leve para colocar à entrada de um bambuzal amarelo ou verde, tendo muito cuidado ao adentrá-lo. Boa sorte e muito axé!

(Com a água do cozimento do inhame, a pessoa pode fazer os acaçás de Babá Dancô, ou ela pode ser usada em banhos para tirar o mal do corpo, cortar demandas, guerras, afastar a tristeza e o desespero de uma pessoa deprimida.)

EBÓ 281
Um ajabó para Dancô trazer calma, defesa, interceder pela pessoa em qualquer situação

Elementos
- *uma tigela*
- *quiabos (podem ser 8, 14 ou 16), lavados e cortados em quatro, em cubinhos bem fininhos*
- *água de coco*
- *água de flor de laranjeira*
- *água de rosas*

Como fazer
Faça esse presente próximo de um bambuzal e jogue primeiramente uma moeda dentro do bambuzal.

Coloque na tigela o quiabo, a água de coco, a água de flor de laranjeira e a água de rosas. Bata com a mão esquerda (sem esmalte nas unhas), fazendo seus pedidos. Depois bata com a mão direita, com calma, sem pressa, conversando e pedindo o que deseja a Babá Dancô. Peça licença e despeje o conteúdo no pé de um bambu, pedindo misericórdia, ajuda, saúde etc. Traga a tigela, não é necessário deixá-la. Tudo de bom e muito axé!
(A pessoa deverá estar de banho tomado, vestida de branco, perfumada, com o coração aberto e muita fé.)

EBÓ 282
Para Babá Dancô lhe dar defesa, segurança, estar sempre ao seu lado

Elementos
- *uma cabaça aberta abaixo do pescoço, pintada de branco (pode ser com efum, giz ou cal misturado com um pouquinho de água. Pintar também o pedaço que foi cortado)*
- *sete pimentas-da-costa (atarê)*
- *um pacote de algodão*
- *canjica catada, cozida, lavada e escorrida*
- *um peixe claro, de rio, médio, temperado com azeite de oliva ou óleo de coco, cebola e pitada de sal (sem escamar nem retirar vísceras)*
- *um acaçá branco, em formato de pirâmide, sem a folha*
- *efum*
- *um obi*
- *gim*
- *nove acarajés, somente com cebola e sal, fritos em óleo de coco e uma colher de azeite de dendê*
- *uma vara de atorí, de ipê branco ou de aroeira, bem limpinha*
- *uma bandeirinha de pano*

Como fazer
Mastigue os atarês, sem engoli-los, conversando com Babá Dancô. Faça uma bola grande com o algodão. Engula a saliva e cuspa o atarê

mastigado no algodão. Coloque-o na cabaça e cubra com a canjica cozida. Asse o peixe em um braseiro suave, somente para selar o peixe, sem deixar escurecer ou queimar. Retire-o com cuidado, para não quebrar, e ponha em cima do algodão, de lado. Coloque o acaçá ao lado e polvilhe o efum por cima, fazendo seus pedidos a Babá Dancô. Leve para uma mata bonita, onde tenha um bambuzal. Não vá sozinha(o): leve um acompanhante. Antes de adentrar no bambuzal, peça licença, agô, passe umas moedas pelo corpo e jogue lá dentro. Arrie o presente, reze e abra o obi (se não souber fazer o certo, não faça!) chamando por Babá Dancô, pedindo que atenda aos seus rogos. Coloque gim na boca e borrife no presente. Coloque a tampa da cabaça ao lado ou feche a cabaça.

Um pouco mais distante, arrie os acarajés para Oyá Oníra e coloque ao lado a vara de atorí, em pé, e a bandeirinha, pedindo tudo o que deseja a essa iyabá e a Babá Dancô.

Babá Okê

"Senhor dos montes", domina os picos mais altos, onde reinam a paz e o silêncio. Responsável pela cultura do trigo, representa a prosperidade e a alimentação. Tem amplas afinidades com Iemanjá e com Babá Olocum.

EBÓ 283
Para Babá Okê trazer harmonia, união, amor afetivo entre família conturbada

Elementos
- um cesto forrado, por dentro e por fora, com um pedaço de pano de algodão
- meio quilo de canjica bem catada, bem cozida e escorrida, sem lavar
- óleo de coco
- três pedras de efum, raladas
- dez rodelas de inhame cozido e descascado, fritas em óleo de coco, ficando bem clarinhas
- dez rodelas de coco seco
- dez acaçás brancos, sem a folha
- dez ovos brancos
- dez maçãs-verdes, lavadas
- dez bananas-prata, sem a casca
- dez acarajés brancos (cebola e uma pitada de sal), fritos em óleo de coco
- dez aberéns
- um peixe de água doce, médio
- óleo de coco
- cebola ralada
- pitada de sal
- bastantes ramos (espigas) de trigo
- wáji
- efum
- gim

Como fazer

Bata a canjica em um pilão com óleo de coco e as pedras de efum raladas. Molde com um formato de pirâmide e coloque-a no centro do cesto. Coloque em volta as rodelas fritas do inhame. Em cima de cada rodela, enfeite com o coco e acrescente os demais elementos. Tudo bem arrumadinho, pois o que se faz para essa divindade deve ser feito com muita meticulosidade, pois é uma divindade muita delicada e exigente.

Passe a cebola em todo o peixe e coloque-o em um braseiro suave, não deixando queimar nem quebrar. Acrescente por cima do presente, de lado. Enfeite com bastantes ramos (espigas) de trigo. Polvilhe efum e wáji. Ponha o gim na boca e borrife por cima do presente. Leve para uma colina ou uma subida, em local com água, na parte da manhã, e procure colocar perto da água, em cima de uma pedra. Ande com o presente, conversando com Babá Dancô.

Se puder, leve uma tigela e 14 quiabos. Corte-os em rodelas fininhas com um pouco da água do rio. Bata esse ajabó com a mão direita e depois com a esquerda, pedindo tudo que deseja. Se quiser, leve um omolocum branco, enfeitado com cinco quindins e cinco ovos de codorna, e ofereça a Yeyè Okê, um tipo de Oxum ligada aos montes e a Babá Okê. Muito axé!

Babá Rowu

Orixá do princípio da criação, "o senhor do algodão", é muito relacionado com Obatalá/Orixalá. Fornece a essa divindade seu elemento primordial, do qual é feito o alá (pálio), que cobre a ele e aos demais orixás funfum. O algodão é a fibra que traz proteção ao corpo dos seres humanos. O algodão é muito importante dentro do candomblé, pois traz a representação de Babá Rowu.

EBÓ 284
Para Babá Rowu e Obatalá/Orixalá trazerem paz e tranquilidade aos locais conturbados, a famílias em guerra

Elementos
- *uma bacia grande, de ágate, branca, forrada com dois metros de morim branco, ou com algodão, por dentro e por fora*
- *um casco de igbim, grande*
- *um pedaço de papel com o nome da(s) pessoa(s) escrito*
- *um rolo de algodão*
- *um quilo de canjica catada, lavada, cozida e bem escorrida*
- *sete cocos-verdes, lavados*
- *sete cocadas, bem branquinhas*
- *sete acaçás brancos, bem durinhos, sem a folha*
- *sete ovos brancos, crus, lavados*
- *sete quiabos crus, bem retinhos*
- *efum ralado*
- *sete bandeirinhas brancas, de tecido de algodão*

Como fazer
Ponha dentro do casco do igbim o papel com o nome da(s) pessoa(s) e envolva o casco com algodão, na intenção de Babá Rowu. Coloque a canjica na bacia. Fure os cocos e coloque uma bandeira em cada um. Ponha em cima da canjica e, no centro, o casco do

igbim. Rodeie com os demais elementos e polvilhe com o efum. Enfeite com os quiabos, com a ponta fina virada para baixo. Caminhe por toda a casa com o ebó, rogando pela paz mundial, pela paz nos lares, na sua casa, no seu comércio, que corte as guerras etc. Deixe em um local fresco e limpo, em sua casa, por 24 horas. No dia seguinte, leve para local sombreado e coloque o presente à beira de um rio ou lagoa, ou deixe embaixo de uma árvore grandiosa, sem espinhos. Levante o pano com cuidado e coloque-o no chão, arrume em seguida e ofereça às divindades do branco. Leve a bacia para casa. Muita força e axé!
(Não se esqueça de arrumar o presente após às 15 horas. Leve alguém para lhe ajudar.)

EBÓ 285
Para Babá Rowu cortar os conflitos e as brigas, dar uma trégua e pacificar, trazendo realizações e prosperidade

Elementos
- *uma toalha redonda, média, de algodão*
- *uma cabaça média, redonda, aberta abaixo do pescoço (tirar as sementes e colocar num vaso ou embaixo de uma árvore)*
- *200 g de canjica, bem branquinha, catada, cozida em uma só água, lavada e escorrida*
- *um inhame-do-norte, cozido sem casca*
- *um acaçá branco, grande, sem a folha*
- *um acaçá doce (feito com leite, açúcar, leite de coco)*
- *um aberém*
- *uma noz-moscada, inteira*
- *efum ralado*
- *um pacote de algodão*
- *fitas brancas, finas, de algodão*

Como fazer

Pinte a cabaça e o pescoço cortado, por dentro e por fora, com efum ou cal branco (não use tinta a óleo). Forre o fundo e o pescoço com um pouco de algodão; ponha a canjica na cabaça, por cima do algodão. Vá acrescentando os demais elementos, bem arrumadinhos. Se puder ou quiser, acrescente algumas frutas, pois fruta representa a prosperidade.

Feche a cabaça com a tampa, coloque-a na toalha e amarre-a com as fitas brancas. Procure uma mata limpa, em lugar alto. Coloque o presente embaixo de um pé de ipê-branco ou de uma árvore com flores brancas. Ajoelhe à frente da árvore, bata um paó, abrace a árvore e faça seus pedidos à Babá Rowu, para que não falte paz nos seus caminhos, na sua casa, no seu comércio, que lhe dê prosperidade etc. Chame por ele, invocando a sua ajuda. Se puder, leve um pássaro clarinho, passe pelo corpo, de baixo para cima, fazendo seus pedidos, e solte-o. Mande que ele vá ao orum levar os seus rogos.

(Este presente deve ser feito num sábado ou domingo, em Lua Cheia ou Quarto Crescente, em dia sem chuva.)

EBÓ 286
Para Babá Rowu lhe dar boa sorte, bons caminhos, claridade para o seu dia a dia

Elementos
- *uma cabaça média, aberta ao meio, sem as sementes (coloque-as na natureza)*
- *250 g de canjica catada, lavada, cozida e escorrida*
- *um inhame-do-norte, médio, descascado, bem cozido e muito bem amassado*
- *óleo de coco*
- *coco ralado*
- *um peixe de água doce (sem escamar e sem retirar as vísceras)*
- *cebola ralada*
- *pitada de sal*

- *gengibre*
- *quatro acaçás brancos, sem a folha*
- *quatro acarajés brancos, somente com cebola e sal, e fritos no óleo de coco*
- *quatro búzios abertos (abertura da parte de cima do casco, feita pelo homem)*
- *uvas verdes, sem caroço*
- *um obi branco*
- *efum*
- *wáji*
- *fitas brancas finas, de algodão*
- *gim*

Como fazer

Passe, nas duas partes da cabaça, uma cola de farinha de mandioca ou de farinha de trigo, ou cera de orí, e forre com algodão.

Acrescente ao purê de inhame um pouco de óleo de coco e coco ralado. Misture bem e ponha na cabaça. Junte a cebola com o sal e um pouco de gengibre ralado e passe no peixe, por dentro e por fora. Asse em braseiro fraco, só para dar-lhe uma corzinha e para selar. Deixe esfriar; retire, sem deixar quebrar o peixe, e coloque-o em cima do inhame amassado. Rodeie com os acaçás, os acarajés, os búzios e as uvas. De um lado polvilhe com efum e, do outro, polvilhe com o wáji. Feche a cabaça com a tampa e enfeite com as fitas brancas. Deixe por 24 horas na sua casa, em local alto, pedindo ao orixá tudo que deseja. Leve para um local alto e ponha embaixo de uma palmeira ou de uma árvore bem grandiosa. Forre o chão com a canjica cozida, fazendo uma espécie de morrinho, e coloque a cabaça, chamando por Babá Rowu e fazendo seus pedidos. Coloque um pouco de gim na boca e borrife por cima do presente. Se souber a reza, abra o obi na frente do presente, aguardando Aláfia ou Alakekó. Boa sorte e muito axé!

Orixá Okô

Divindade pertencente ao início da criação, é muito rudimentar, sendo conhecida como "patrono da agricultura", o responsável pela alimentação dos homens. É a própria energia cultivadora, que auxilia a natureza e proporciona o nascimento de novas vidas na terra, no barro.

EBÓ 287
Para Orixá Okô nunca deixar faltar o alimento, o pão de cada dia, a harmonia e a prosperidade

Elementos
- *um cesto forrado com folhas novas de bananeira*
- *três inhames-do-norte, cozidos sem a casca*
- *três batatas-doces, cozidas sem a casca*
- *três pedaços médios de aipim (macaxeira), cozidos sem a casca*
- *três cocos maduros, pintados com ossum, efum e wáji*
- *três acaçás brancos*
- *três aberéns*
- *três ecurus*
- *três acarajés, fritos no azeite de dendê*
- *três peixes médios (sem escamar e sem retirar as vísceras)*
- *cebola ralada*
- *azeite de oliva*
- *azeite de dendê*
- *pitada de sal*
- *ossum*
- *efum*
- *wáji*
- *gim*
- *um obi*
- *um orobô*

- *se desejar, ou puder, leve frutas (goiaba, uva, kiwi, melão, maçã, pera, pêssego etc.) ao seu gosto, cortadas em quatro partes: as frutas trazem prosperidade*

Como fazer

Coloque os inhames, as batatas-doces e os pedaços de aipim dentro do cesto e vá acrescentando os demais elementos, enfeitando ao seu gosto. Misture a cebola, o sal, um pouco de azeite de oliva e de azeite de dendê, e passe no peixe, por dentro e por fora. Leve para assar em um braseiro suave, para selar o peixe, sem deixar queimar ou escurecer. Retire-o sem deixar quebrar e ponha-o por cima dos elementos, de lado. Acrescente as frutas ao redor. Polvilhe com os pós, coloque o gim na boca e borrife por cima, fazendo seus pedidos a Orixá Okô. Leve para uma mata limpa, com muitas árvores, em local alto.

Assim se faz no Brasil! Axé e boa sorte!

Babá Olocum (*Olokun*)

Orixá pertencente aos primórdios dos tempos, integra o grupo dos orixás do branco. Divindade muito cultuada pelos babalaôs e pelos babalorixás. Um Irunmolé morador das profundezas dos oceanos, um dos mistérios do mar. Considerado "o senhor dos oceanos", é também chamado de "pai da areia" e "pai da maresia". Babá Olocum é voluntarioso e só permite a alguns o direito de o enfrentar e de conseguir sobreviver!

EBÓ 288
Para Babá Olocum lhe trazer sucesso e coisas favoráveis para sua vida

Elementos
- *um cesto de palha forrado com pano azul e branco, de algodão*
- *um quilo de canjica (ebô) bem catada, cozida, lavada e bem escorrida (guarde a água do cozimento)*
- *quatro inhames-cará ou inhames-do-norte, bem lavados e cozidos*
- *16 acaçás brancos, sem a folha*
- *16 bolas de arroz branco, cozido*
- *16 acarajés, fritos no óleo de coco*
- *16 frutas claras, cortadas em quatro pedaços*
- *16 doces claros*
- *16 pães, pequenos, de sal*
- *16 ovos brancos, crus*
- *16 cocadas bem branquinhas*
- *flores brancas*
- *16 pedaços de fitas azuis e brancas*
- *efum*
- *wáji*
- *açúcar cristal*
- *lascas grossas de coco, sem a casca marrom*

Como fazer

Amarre as fitas por dentro do cesto para poder segurar as flores e não deixar que elas fiquem soltas quando o presente for colocado na água.

Ponha a canjica bem seca dentro do cesto e vá enfeitando com os demais elementos, ao seu gosto, pedindo que Babá Olocum divida a sua riqueza com você, lhe traga saúde, prosperidade, que nunca lhe falte o pão de cada dia etc.

Tenha cuidado e atenção ao entregar esse presente, não vá sozinho. Se não se sentir com segurança e sabedoria para entregá-lo, peça ajuda a uma pessoa com capacidade para tal. Procure uma praia com água mansa, onde a pessoa possa entrar e aproveitar o movimento do mar, para que o presente afunde imediatamente. Leve algumas moedas e jogue-as no mar, em pagamento pelo seu uso. Observe as orientações acima. Sucesso e alegrias! Axé!

(Coloque a água da canjica em uma tigela e ponha atrás da porta de entrada, como defesa para sua casa.)

EBÓ 289
Para Babá Olocum lhe dar defesa e força para enfrentar as tormentas do dia a dia, saúde e paz

Elementos
- *um cesto médio, forrado somente no fundo com pano azul bem clarinho, e enfeitado com fitas finas de algodão da mesma cor*
- *canjica bem catada, cozida, lavada e escorrida*
- *um manjar doce*
- *um manjar salgado*
- *um peixe branco, médio, temperado com cebola e pitada de sal (sem escamar nem retirar as vísceras)*
- *quatro cascos de caracol do mar*
- *efum*
- *ossum*
- *wáji*

- *quatro pimentas-da-costa (atarê)*
- *quatro búzios abertos (abertura da parte de cima do casco, feita pelo homem)*
- *um pacote de algodão*
- *14 acaçás brancos, em forma de pirâmide, sem a folha*
- *14 aberéns*
- *14 bolas de inhame-do-norte*
- *14 acarajés (somente cebola e sal), fritos no azeite de oliva ou óleo de coco, com uma pitada de azeite de dendê*
- *bastante coco ralado, fresco*
- *frutas variadas, claras, cortadas em quatro pedaços*
- *gim*

Como fazer

Ponha a canjica cozida em todo o cesto e acrescente por cima os manjares. Sele o peixe em um braseiro suave, sem queimar e sem quebrar, e coloque-o por cima dos manjares, de lado. Coloque dentro de cada caracol um pouco de efum, de ossum e de wáji, um atarê, um búzio e um chumaço de bastante algodão, para fechar a entrada do caracol. Ponha um em cada canto do cesto, representando os quatro cantos do mundo, os quatro pontos cardeais, com a parte aberta para cima. Enfeite com os acaçás, os aberéns, as bolas de inhame e os acarajés. Espalhe bastante coco ralado por cima. Coloque um pouco de gim na boca e borrife no presente, chamando por Babá Olocum e pedindo o que deseja, com fé e amor.

Não vá entregar seu presente sozinha(o). Vista-se de branco, e também seu acompanhante, ambos com a cabeça coberta (com ojá e eketé). Deve ser entregue nas primeiras horas da manhã, ou ao entardecer, em horário fresco e com pouca claridade. Procure informações sobre a maré, pois precisa de mar calmo. Leve para lugar próximo a uma pedra, dentro do mar, e adentre até onde for possível para que o presente ao ser entregue afunde imediatamente.

Tempere um pedaço de porco com cebola, sal e azeite de oliva. Sele na brasa de um lado e do outro. Ao sair do mar, deixe-o em um local afastado, num cantinho, na areia.

A pessoa que oferta o presente não poderá tomar banho de mar durante 16 dias. Ao chegar em casa tome um banho limpo e depois um banho com três a cinco gotas de baunilha. Observe as informações acima. Muito axé e sorte!

Babá Oluorobô (*Oluorogbo*)

Essa divindade é pouco conhecida no Brasil. O "senhor da sabedoria", é o chefe mensageiro entre o "senhor do céu", Olorum/Olodumare, e a "senhora da terra", Odudua.

EBÓ 290
Para Babá Oluorobô ajudar pessoa com dificuldade para se comunicar, lhe trazer conhecimento, sabedoria, melhorar sua oratória

Elementos
- *um cesto médio, clarinho, forrado com folhas de alecrim, fortuna e avenca*
- *três batatas-doces, cozidas e descascadas*
- *farinha de mandioca*
- *três inhames assados, cortados horizontalmente*
- *oito acaçás brancos, sem a folha*
- *oito aberéns*
- *oito búzios abertos (abertura da parte de cima do casco, feita pelo homem)*
- *oito conchas pequenas*
- *oito doces finos, claros*
- *oito frutas claras, pequenas*
- *um boneco pequeno, do sexo masculino, de porcelana*
- *cascos de caracol, pequenos, à vontade*
- *gim*
- *um pássaro claro (pode ser canário; periquito não serve, pois não sobrevive na natureza)*

Como fazer
Amasse a batata-doce e acrescente um pouco de farinha de mandioca para dar liga e ponto firme. Molde como uma cabeça. Faça os olhos, o nariz, a boca e as orelhas com búzios. Asse os inhames em um braseiro brando, sem deixar queimar ou escurecer. Retire

do fogo e tire a casca com um objeto de madeira, não de aço, ferro nem alumínio. Corte-os horizontalmente e arrume-os em volta da cabeça. Acrescente os demais elementos, arrumando-os bem bonitos, ao seu gosto, com o bonequinho à frente. Borrife com um pouco de gim. Converse com Babá Oluorobô, peça o que deseja e deixe em sua casa por 24 horas. Ponha em lugar bem alto, limpo e arrumado, com um paninho por baixo. No dia seguinte leve para uma serra ou um morro e coloque o presente próximo a um rio, pedindo a Oluorobô, com fé e amor, que lhe ajude na sua comunicação, lhe dê sabedoria, entendimento da oratória etc.

(Esse presente deve ser entregue de manhã cedo, com o sol não muito quente e o céu azul, em qualquer dia da semana.)

Babá Ajalá Odê/Ijalá Odê

Um dos orixás mais antigos, recebeu de Olorum a incumbência da criação de todas as cabeças (orís). Também conhecido como "o modelador de orís", é o possuidor da boa argila.

EBÓ 291
Para Babá Ajalá lhe trazer sabedoria, discernimento, inteligência

Elementos
- uma tigela branca, grande, forrada com pano branco, de algodão
- 250 g de canjica (ebô) catada, lavada e cozida
- um inhame-do-norte cozido, descascado e amassado em um pilão ou com soquete
- um icodidé
- búzios
- quatro acaçás brancos, sem a folha
- quatro quiabos crus, inteiros, bem retos
- quatro folhas de saião (folha-da-costa)
- efum

Como fazer

Escorra a canjica e lave bem (guarde a água). Ponha a canjica na tigela. Com o inhame bem amassado, faça uma bola grande e uma menor, fazendo o similar de um corpo, com boca, nariz e olhos, usando búzios, e coloque no meio da canjica. Na cabeça, coloque a pena. Em volta do corpo, ponha os elementos da lista. Polvilhe com o efum. Deixe em sua casa, pedindo a Babá Ajalá sabedoria, entendimento etc., para que você tenha uma cabeça perfeita, em nome de Obatalá/Orixalá, pois essa divindade criou os seres humanos e Babá Ajalá Odê fez as cabeças. Muita sorte e felicidade! Axé!

(Guarde a casca do inhame e cozinhe com um pouco de água. Após esfriar, tome um banho da cabeça aos pés, para defesa, cortar guerras e feitiços, para harmonia em sua vida. Na sobra do banho, as cascas, após

secar, coloque um pouco de farinha de acaçá, efum ralado e açúcar e faça um atim poderoso (iyé), chamado de "o pó da sorte". Se quiser, deixe a casca secar bem, pile e faça um pó da sorte, da prosperidade, acrescentando efum ralado, noz-moscada ralada, fava de pichurim ralada, fava de aridã ralada. Use nos momentos mais importantes ou quando sentir necessidade de proteção. Axé!)

Babá Oxalufon
(*Olúfón, Obálúfón*)

Oxalufon, o "senhor da cidade de Ifon", foi o primeiro orixá criado por Obatalá/Orixalá. É o "senhor do mundo físico", com as mesmas características e prerrogativas de Obatalá, o "senhor do mundo espiritual, do Orum". Pai de Oxalaguian.

EBÓ 292
Para Oxalufon trazer a paz mundial, ajudar o ser humano a se livrar de todas as dificuldades

Elementos
- *uma bacia branca, forrada com uma toalha de dois metros, de algodão (bem bonita)*
- *meio quilo de canjica, catada, bem cozida e escorrida*
- *um inhame-cará ou inhame-do-norte bem cozido, sem a casca*
- *21 acaçás brancos bem cozidos e durinhos, sem a casca*
- *21 búzios abertos (abertura da parte de cima do casco, feita pelo homem)*
- *21 conchas do mar, médias*
- *21 ramos (espigas) de trigo*
- *um cacho de uvas verdes*
- *21 pedaços de maçã-verde*
- *um obi de quatro gomos*
- *efum*
- *uma bandeira branca, de tecido*
- *fios de palha da costa*

Como fazer
Coloque na bacia forrada a canjica e o inhame, rodeie e enfeite com os acaçás, os búzios, as conchas, os ramos (espigas) de trigo, as uvas e os pedaços de maçã. Finque a bandeirinha no centro. Abra o obi em Aláfia e coloque-o no presente. Polvilhe tudo com efum, fazendo os pedidos, com muita fé, força e amor, para que essas divindades

possam trazer o melhor para a humanidade, para sua residência etc. Se quiser, deixe em sua casa por 24 horas em lugar arejado e bem calmo e, depois, leve para colocar à beira de um rio de águas limpas. Suspenda para levar para a rua depois das 17 horas, em horário sem sol. Pegue com cuidado o pano que está na bacia, pelas quatro pontas, faça como uma boneca de anil (uma trouxinha) e feche com palha da costa. Ponha embaixo de uma árvore. Traga a bacia com você e guarde-a para uma próxima necessidade. Paz e harmonia para você! Axé!

Odudua (*Oduá, Odùdùwá*)

Senhora do princípio do poder coletivo feminino da criação, a "grande mãe" é a "mãe do plano espiritual" para o povo iorubá. Forneceu aos homens o poder da inteligência, da sabedoria. Não é coroada nas cabeças. Forma com Obatalá uma dupla eterna e inseparável.

EBÓ 293
Para que Odudua tenha misericórdia, clemência, pelos erros graves cometidos, e que, às vezes, são cobrados pela nossa consciência

Elementos
- uma cabaça média, cortada abaixo do pescoço; passar cola por dentro e por fora e forrar toda ela com algodão, inclusive o pescoço que foi cortado
- dois metros de morim branco
- meio quilo de canjica catada, cozida, lavada e bem escorrida
- um igbim, claro
- um rolo de algodão
- um obi branco
- um acaçá branco, sem a folha
- coco ralado, fresco
- cera de orí
- efum
- extrato de baunilha
- uma fava de baunilha
- fios de palha da costa
- um pombo branco

Como fazer
Passe a cabaça e o morim pelo corpo da pessoa, de baixo para cima. Enrole o igbim no algodão (usando luva), passe simbolicamente no corpo da pessoa e no seu também e coloque-o na cabaça. Consulte o obi e ponha na cabaça. Acrescente o acaçá, um pouco de canjica,

um pouco de coco ralado, o restante da canjica e do coco, a cera de orí, bastante efum, algumas gotas de baunilha e a fava. Coloque a tampa e cubra tudo com algodão. Passe pelo corpo e faça os pedidos, com muita humildade, fé e amor. Envolva no morim e amarre com a palha da costa em uma forquilha de árvore, à beira de um rio, ou em local bem fresco, com muita sombra e longe da passagem de pessoas. Abrace a árvore, chamando Odudua, a mãe poderosa.

Passe o pombo no corpo, fazendo seus pedidos, oferecendo-o a Odudua, em nome de Obatalá e de Olorum, e solte-o. Seja humilde e as divindades irão lhe entender e atender! Axé!

(Vistam-se de branco, você e os acompanhantes. Faça de preferência bem cedo, na parte da manhã, ao nascer do sol, ou à tarde, quando o sol se puser, em horário fresco. Não vá sozinho[a].)

Obatalá (Orixalá, Orixá Nlá, Orixá Nilá)

Obatalá/Orixá Nlá é o senhor da parte etérea e divina de toda a criação de Olorum, "o senhor do pano branco", "rei dos orixás".

EBÓ 294
Para uma emergência espiritual: para que Obatalá ajude uma pessoa gravemente doente, necessitada de ajuda espiritual, de misericórdia

Elementos
- uma cabaça grande, cortada logo abaixo do pescoço
- um metro de morim, branco
- um papel branco com o nome da pessoa escrito a lápis, cinco vezes
- canjica (ebô) catada, bem cozida, lavada e escorrida
- farinha de acaçá
- gergelim
- efum ralado
- um icodidé
- cera de orí
- algodão
- gotas de baunilha

Como fazer
Coloque o papel com o nome dentro da cabaça. Faça um pirão bem cozido e bem firme com um pouco de farinha de acaçá, de gergelim e de efum. Ponha na cabaça a canjica, um pouco de efum, e acrescente por cima o creme da farinha de acaçá. Finque a pena icodidé no centro e feche a cabaça com o pescoço que foi retirado. Passe cera de orí por toda a cabaça, cubra com algodão e enrole no pano, clamando pela ajuda de Obatalá/Orixalá, para que eles socorram aquela pessoa tão necessitada de misericórdia etc. Leve para

a beira de um rio calmo e limpo, sempre pedindo clemência para a pessoa doente.

Se a pessoa estiver presente, lave a cabeça dela com água e três gotas de baunilha. Na impossibilidade da presença, borrife baunilha no presente, oferecendo em nome da pessoa. Leve um pouco da água do rio, coloque baunilha e, posteriormente, passe na pessoa, na intenção de Obatalá. Com certeza você será atendida(o) e a pessoa terá melhoras! Mais tarde, essa pessoa deverá procurar ajuda espiritual para receber melhores ensinamentos. Axé!

(Este presente deve ser feito e entregue na parte da manhã, bem cedinho, com todos vestidos de branco.)

Capítulo 9

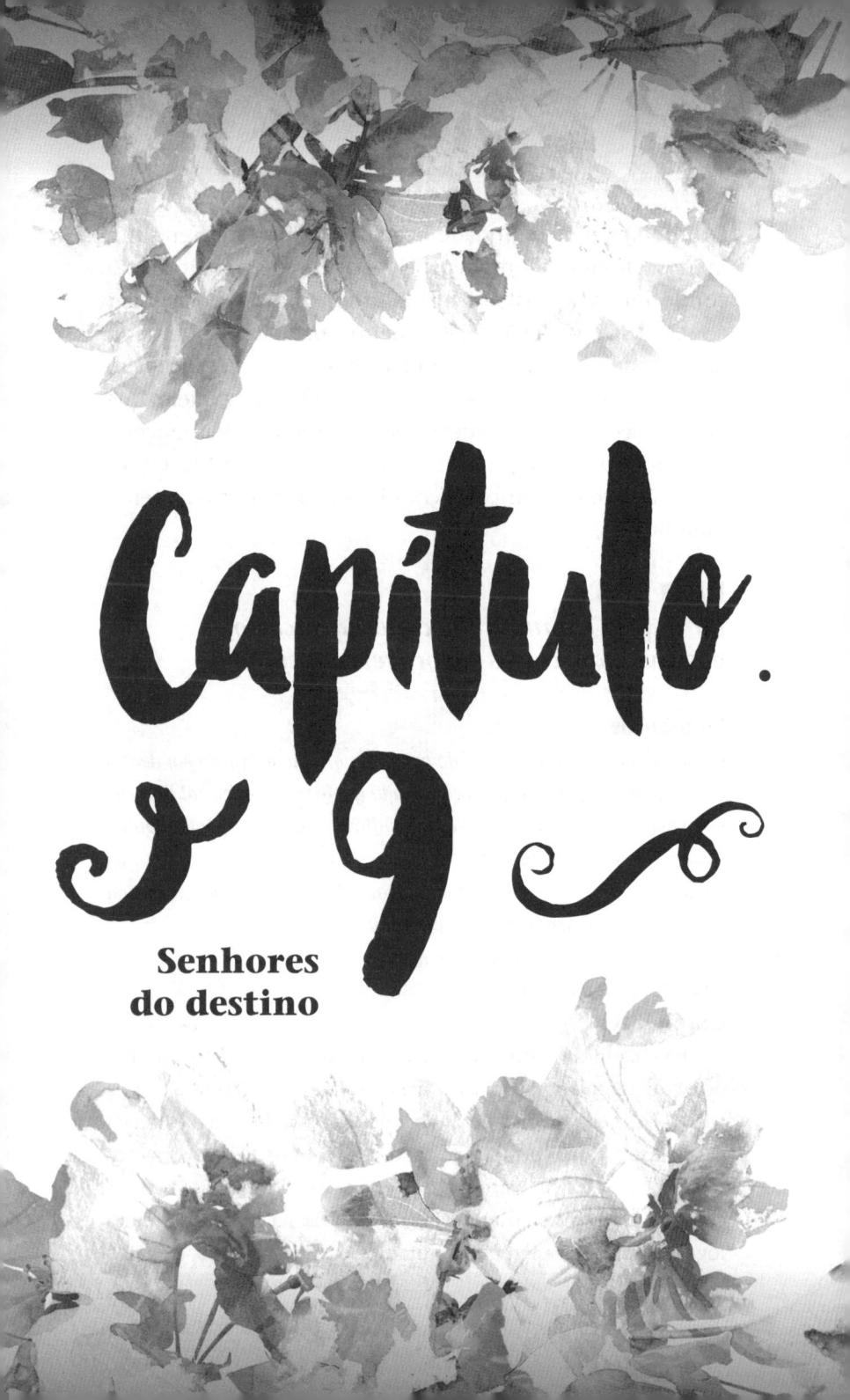

Senhores do destino

Orunmilá

Orunmilá é uma divindade ligada ao destino dos seres humanos. Olorum/Olofín deu a ele o direito de possuir todo o conhecimento e o saber do Universo necessários para ajudar a sociedade e a religião. Conselheiro e benfeitor da humanidade, gosta de ensinar aos homens diferentes lições. É quem dá as determinações e não aceita contestações. Aqueles que não obedecem às suas ordens poderão sofrer severas sanções. O olhador deve sempre reverenciá-lo e obedecer-lhe. Orunmilá não aceita as imperfeições humanas e, por isso, tenta modificá-las.

EBÓ 295
Para que Orunmilá lhe conceda sucesso, positividade, coisas favoráveis em sua vida

Elementos
- *uma cabaça, cortada abaixo do pescoço, pintada de branco por dentro e por fora, e também o pescoço cortado (pode ser efum ou cal branco)*
- *um obi branco, de quatro gomos (consultá-lo, chamando por Orunmilá)*
- *uma fava de aridã, inteira*
- *um quilo de canjica (ebô) catada, lavada, bem cozida e bem escorrida*
- *21 quiabos pequenos, lavados e cortados em rodelas fininhas*
- *dois metros de pano branco, de algodão*
- *fios de palha da costa*

Como fazer
Ponha a canjica dentro da cabaça, e o obi e a fava por cima. Rodeie com os quiabos, com as pontinhas para baixo. Feche a cabaça com o pescoço, envolva no pano e dê uma laçada com a palha da costa, fazendo seus pedidos ao "poderoso senhor". Entre com cautela no mar, no momento em que este se encontre mais calmo, e coloque o presente, fazendo a água penetrar na cabaça e afundar logo. Se puder, leve um pombo branco, passe pelo corpo, de baixo

para cima, e solte-o, pedindo que leve seus pedidos para a Corte Suprema, para o Astral.

(Para arrumar este presente, vista-se com roupas brancas, em um lugar limpo e calmo. Ofertá-lo em Lua Cheia ou Crescente, em hora de maré alta.)

Ifá

Guardião e patrono do oráculo, é o "porta-voz" de Orunmilá e o seu intermediário entre os homens e as divindades. Tem posição de destaque na Corte Suprema do Orum.

Em todos os presentes para Ifá, devem-se mascar alguns grãos de pimenta-da-costa (atarê), ou pedaços de dandá-da-costa, chamando sempre por Ifá, em nome de Orunmilá, Olodumare/Olófin. A pessoa deve estar trajando branco, em um ambiente calmo e limpo, tranquilo, e reguardar-se de corpo e de alimentação um dia antes.

EBÓ 296
Para agradar Ifá e para que ele ajude na vidência, na intuição e na audição do sistema oracular divinatório, pedindo em nome de Orunmilá

Elementos
- *um cesto de palha ou de palmeira, ou uma peneira de palha, média, forrada com quatro folhas de mamona branca, sem o talo, lavadas*
- *canjiquinha picada, amarela, lavada e colocada de molho por meia hora*
- *azeite de dendê*
- *uma cebola ralada*
- *gengibre ralado*
- *sete rodelas grossas de inhame-cará ou inhame-do-norte, cozido e descascado*
- *um acaçá branco, sem a folha*
- *efum*
- *ossum*
- *wáji*
- *gim*

Como fazer

Coloque em uma panela um pouco de dendê, a cebola ralada e o gengibre. Refogue e ponha a canjiquinha. Mexa bem e coloque uma quantidade de água suficiente para cozinhar a canjiquinha. Cozinhe até formar uma pasta não muito grudenta e deixe esfriar. Frite em azeite de dendê as rodelas de inhame, lentamente, sem queimar, e deixe esfriar. Ponha a canjiquinha em cima das folhas de mamona, as rodelas de inhame e o acaçá no centro. Polvilhe com os pós e borrife um pouco de gim. Ofereça próximo ao umbigo, ao coração, faça estrela em sua testa, passe na sua boca, nos olhos, nas orelhas e converse com Ifá, pedindo tudo que deseja. Coloque o presente próximo ao seu jogo de búzios e deixe lá por 48 horas. Após, leve para colocar aos pés de uma palmeira. Bons augúrios e boa visão! Polvilhe com mais um pouco de ossum, efum e wáji e borrife com gim. Axé!

EBÓ 297
Para agradecer a Ifá pelas conquistas, pelas intuições, pelos anos de desenvolvimento espiritual

Elementos
- *uma peneira média, de bambu, enfeitada com fitas brancas e azuis, de algodão*
- *folhas de bananeira, passadas no fogo ou folhas de parreira*
- *farinha de mandioca crua*
- *uma pitada de sal*
- *gim*
- *óleo de coco*
- *um inhame-cará assado na brasa, descascado e cortado ao meio, horizontalmente (não deixe ficar escuro ao descascá-lo)*
- *quatro acaçás brancos, sem a folha*
- *folhas de qualquer tipo de trevo (de quatro folhas, de três folhas, branco, verde, roxo)*

- *efum*
- *ossum*
- *wáji*

Como fazer
Forre a peneira com as folhas de bananeira ou de parreira. Misture bem a farinha com o sal, um pouco de gim e óleo de coco, fazendo uma farofa crua, e coloque-a na peneira. Enfeite com o inhame e com os acaçás em volta. Distribua as folhas de trevo por cima do presente. Polvilhe com efum, ossum e wáji. Se puder, coloque por cima uma trussajê (trança de Babá Ajê). Ofereça à Ifá, em nome de Orunmilá e de Olodumare, agradecendo por tudo que lhe deu.

Deixe em casa por um dia e, depois, leve o presente e coloque-o aos pés de uma palmeira, pedindo a Ifá sabedoria, inteligência, honestidade e postura para saber lidar com carinho com as pessoas e seus problemas etc. Muito axé!

EBÓ 298
Um ekó para Ifá

Elementos
- *uma tigela grande, branca, lavada, sem estar lascada (Ifá é muito exigente)*
- *canjica (ebô) lavada e cozida*
- *quatro acaçás brancos, bem cozidos e bem durinhos, sem a folha*
- *gim*
- *efum ralado*
- *16 pimentas-da-costa (atarê)*

Como fazer
Cozinhe bem a canjica, escorra a água e vá pilando até formar um mingau cozido, que não fique muito ralo nem muito grosso. Coloque-o na tigela, com os quatro acaçás e um pouco de gim, e polvilhe com o efum. Coloque o atarê na boca, mastigue, engula a saliva e borrife-o por cima do presente. Proceda da mesma forma com um pouco do gim. Faça seus pedidos a Ifá, em nome de Orunmilá

e Olodumare, e deixe em sua casa por 24 horas. A seguir, procure um local limpo, com muita natureza, e despeje embaixo de uma árvore frondosa, sem espinhos, sempre pedindo o que deseja. Leve de volta a tigela. Boa sorte e muito axé!
(A mulher não deverá estar em período menstrual para fazer este ebó.)

EBÓ 299
Para que Ifá dê sabedoria, inteligência liderança; que você seja firme ao transmitir informações para seus consulentes

Elementos
- *um cesto de vime ou de folha de coqueiro, forrado com folhas de amor-do-campo (ajejê), mamona branca, fortuna ou alecrim (dê preferência ao amor-do-campo, se possível)*
- *dez frutas claras, variadas, lavadas, secas e cortadas em quatro partes*
- *dez acaçás brancos, sem a folha*
- *efum*
- *ossum*
- *wáji*
- *folhas de louro*
- *16 ramos (espigas) de trigo*

Como fazer
Passe todas as frutas pelo corpo, de baixo para cima, pedindo o que deseja a Ifá, em nome de Ifá, Orunmilá, Olodumare e Olófin, e vá colocando no cesto. Faça o mesmo com os acaçás e polvilhe com os pós. Enfeite com as folhas de louro ao redor e com os ramos (espigas) de trigo. Entregue a Ifá dentro de sua casa, por 24 horas, e deixe em sua mesa de jogo de búzios. No dia seguinte, leve para um local alto e tranquilo, com muita vegetação, e ponha embaixo de uma árvore frutífera, pedindo o que deseja. Boa sorte! Axé!

Capítulo 10

Divindades pouco conhecidas

Exu Alajê

Exu Alajê está ligado à riqueza, à prosperidade, e só é assentado nos terreiros para as funções de Babá Ajê Xalunga, Oxaguiã, conectado ao movimento do comércio em geral e aos grandes centros comerciais. Aprecia muito frutas e doces.

EBÓ 300
Para Exu Alajê ajudar na prosperidade, na luta pelo engrandecimento, para trazer movimento em sua vida ou em seu comércio

Elementos
- *um alguidar forrado com morim branco*
- *farinha de mandioca*
- *melado*
- *açúcar*
- *gim*
- *um caracol*
- *doces variados (cocadas brancas, suspiros, maria-moles, balas de leite, doces de leite)*
- *dez acaçás brancos, sem a folha*
- *dez acarajés, fritos no óleo de coco ou azeite de oliva*
- *dez frutas claras, lavadas e cortadas em quatro pedaços*
- *ramos (espigas) de trigo*
- *efum em pó*
- *ossum em pó*
- *wáji em pó*

Como fazer
Misture bem a farinha com um pouco de melado, açúcar e gim, fazendo uma farofa crua não muito seca. Ponha no alguidar, com o caracol no meio, pedindo que dali saia muita riqueza, muita prosperidade para você etc., através de Babá Ajê Xalunga. Cubra com muitos doces, com os acaçás, os acarajés e as frutas, sempre pedindo

o que deseja. Enfeite com os ramos (espigas) de trigo e polvilhe os pós. Coloque um pouco de gim na boca e borrife por cima. Entregue em local de movimento, porém bem afastado da visão da pessoas, lugar bem bonito, tranquilo, com muita natureza. Infelizmente, nos dias de hoje, não podemos colocar o presente desse Exu em seu local preferido, os grandes mercados. Mas a divindade entende o nosso propósito: agradá-lo. Peça que ele traga movimento, riqueza e prosperidade para você e sua casa ou comércio. Boa sorte e muito axé!

Auani

O grande defensor dos terreiros, juntamente a outras divindades dos axés. É arrumado na entrada principal dos terreiros. Absorve as negatividades na entrada, fortalecendo-se e agindo, então, como um escudo protetor dos axés, criando então um ciclo de proteção. No período dos axexês, recebe seus presentes nas esquinas, para cortar e evitar transtornos nas casas de candomblé.

EBÓ 301
Para Auani trazer defesa e proteção

Elementos
- *um cesto de vime, médio, forrado com pano estampado, de chitão*
- *fubá*
- *farinha de linhaça*
- *azeite de dendê*
- *sal*
- *efum ralado*
- *ossum ralado*
- *wáji ralado*
- *um inhame-cará assado na brasa, com casca*
- *três ímãs*
- *três acaçás brancos, sem a folha*
- *três acaçás vermelhos, sem a folha*
- *três acarajés fritos no azeite de dendê*
- *três búzios grandes, abertos (abertura da parte de cima do casco, feita pelo homem)*
- *um peixe bagre cru, sem retirar vísceras nem escamas*
- *três pregos grandes, novos*
- *três orobôs, sem a película*
- *uma fava de aridã, pequena, inteira*
- *um obi mojubado*

- *21 pimentas-da-costa (atarê)*
- *sete frutas variadas ou sete laranjas, cortadas em quatro partes*
- *gim ou cachaça*

Como fazer

Misture bem o fubá, a farinha de linhaça, dendê, sal, efum, ossum e wáji, fazendo uma farofa crua. Coloque-a dentro do cesto. Passe um pouco de azeite de dendê no inhame e asse-o em fogo brando, virando sempre para não queimar. Após esfriar, ponha em cima da farofa, com os ímãs e o peixe no centro. Vá colocando os demais elementos e enfeite o presente ao seu modo, fazendo seus pedidos a Auani. Mastigue um a um os atarês, pedindo defesa, proteção para sua vida etc. Engula a saliva e borrife os grãos mastigados em cima do presente. Espalhe um pouco de efum, ossum e wáji. Ponha na boca um pouco da bebida e borrife no presente. Deixe próximo ao seu portão, se morar em casa, ou atrás da porta, e, após três a quatro dias, leve para um local afastado da sua casa e entregue o presente em uma estrada, no mato ou no campo. Tudo de bom e muito axé!

Orungã

Uma divindade do panteão de Xangô, denominado "senhor do Sol", o "orixá da quentura".

EBÓ 302
Para Orungã trazer saúde, sorte, fartura, claridade para sua vida, sua casa ou seu comércio

Elementos
- *uma gamela de madeira, oval ou redonda*
- *batata-doce cozida e amassada*
- *um quilo de quiabo, cortado em quatro, sem retirar a cabeça (separe sete, inteiros e grandes)*
- *dois copos, grandes, de água*
- *quatro cebolas brancas, médias, raladas*
- *gengibre picado*
- *camarão picado*
- *uma pimenta-branca*
- *uma noz-moscada, ralada*
- *azeite de dendê*
- *sete orobôs ralados, sem a película*
- *sete acaçás brancos, sem a folha*
- *sete acarajés, fritos no azeite de dendê*
- *sete abarás*
- *sete conchas*
- *sete moedas*

Como fazer

Faça com a batata-doce amassada um pirão, refogado com uma cebola ralada, e forre a gamela. Faça um braseiro e deixe-o pronto à parte. Prepare o quiabo com a água, as outras três cebolas raladas, o gengibre, os camarões, a pimenta, a noz-moscada, o azeite de dendê e os orobôs ralados. Leve ao fogo, vá mexendo e chamando por Orungã, pedindo a ele muita força, fartura, claridade etc. Ainda quente, coloque na gamela forrada e ponha por cima os demais elementos. Enfeite com os quiabos, a coroa para cima. Escolha uma brasa grande, bem viva, e ponha no meio do amalá. Ande pela casa e ofereça a Orungã, o Xangô do Sol, em local bem alto, fazendo seus pedidos. Leve, a seguir, para local de natureza viva, limpa, e ponha em cima de uma pedra ou em uma trilha de subida.

Se quiser, coloque uma fava de amburama ou de andará, que ele vai gostar muito e agradecer. Boa sorte e muito axé!

(Este presente só pode ser feito em dia com sol. Se estiver nublado ou chovendo, não faça.)

EBÓ 303
Para Orungã trazer harmonia, vitórias, prosperidade

Elementos
- *uma gamela de madeira, forrada com mingau de milho branco, e coberta com folhas de gameleira-branca*
- *um inhame cozido, sem casca, cortado ao meio, no sentido horizontal*
- *um orobô inteiro, sem a película*
- *meio quilo de quiabo, bem limpo*
- *água*
- *sal*
- *óleo de coco*
- *uma cebola picadinha*
- *gengibre picado*
- *uma pimenta-branca*
- *12 bolas de batata-doce cozida*

Como fazer
Coloque o inhame na gamela. Ponha o orobô na boca, faça seus pedidos a Orungã e coloque-o ao lado do inhame. Em uma panela com água e sal, acrescente os quiabos inteiros, não deixando cozinhar demais, para não desmanchar. Escorra bem e ponha quente em cima do inhame. Em uma frigideira, ponha óleo de coco, a cebola

picada, o gengibre picado e a pimenta-branca e refogue, sem deixar queimar. Retire do fogo e jogue em cima dos quiabos. Enfeite com as bolas de batata-doce, fazendo seus pedidos. Deixe esse presente em um lugar alto, com rochas, pedras, tudo limpo.
(Esse presente precisa ser entregue às primeiras horas do dia, com bastante sol. Voltamos a informar: se o tempo estiver nublado ou sem sol, não faça, pois os presentes para essa divindade dependem do Sol, porque, para ele, onde tem a claridade do Sol existem vida, força, prosperidade, vitórias.)

Oranfé

Proveniente da cidade de Ifé, o orixá Oranfé é o mais antigo do panteão de Xangô. Administrador e produtor do calor do Sol, é chamado de "senhor dos desertos", além de ser o orixá responsável pela adaptação dos seres vivos às condições climáticas onde vivem.

É uma divindade ligada aos orixás funfum, mas tem fundamentos próprios. Está interligado com a altura, com os astros.

EBÓ 304
Para Oranfé trazer saúde, força, adaptabilidade ao seu modo de vida

Elementos
- *uma gamela grande, pintada de branco e toda forrada com algodão (passe um pouco de cola)*
- *meio quilo de inhame*
- *meio quilo de batata-baroa*
- *três cebolas brancas, raladas*
- *sal*
- *óleo de coco*
- *azeite de oliva*
- *uma colher de pau nova*
- *300 g de quiabo limpo, cortado em cruz e picadinho*
- *uma noz-moscada, ralada*
- *uma romã, cortada em quatro*
- *um pedaço de cristal*
- *um pedaço de ouro*
- *um pedaço de prata*
- *12 acaçás brancos, sem a folha*
- *12 acaçás de leite, sem a folha*
- *12 acarajés, fritos no azeite-doce ou óleo de coco*
- *12 abarás*

- *12 moedas (seis douradas e seis de cobre)*
- *um orobô mojubado*
- *frutas claras, lavadas*
- *12 doces finos ou 12 cocadas brancas*
- *balinhas de coco*

Como fazer

Cozinhe o inhame e a batata-baroa descascados, com sal. Amasse-os juntos, sem deixar empelotar. Acrescente as cebolas brancas raladas, óleo de coco e azeite de oliva, prove o sal e leve ao fogo, mexendo com a colher de pau, e faça um purê. Acrescente os quiabos e mexa lentamente, fazendo seus pedidos e não deixando grudar ou embolar, por mais ou menos 15 minutos. Se necessário, coloque mais um pouco de óleo de coco.

Ainda bem quente, coloque na gamela e passe-a pelo seu corpo, simbolicamente, de baixo para cima, fazendo seus pedidos a Oranfé. Enfeite com a romã, o cristal, os pedaços de ouro e prata, pedindo que Oranfé traga prosperidade, riqueza, defesa, saúde, força, que sempre lhe acompanhe trazendo sorte, junto a todos os Obás e Xangô. Acrescente os demais ingredientes, arrumando tudo do seu gosto. Rode por sua casa com o presente, chamando por Oranfé, em nome de Iyamassí Malê, de toda a família de Xangô e dos voduns ligados ao fogo. Leve para um local tranquilo, rochoso, limpo, rodeado de árvores. Se quiser, passe um pombo branco pelo corpo e solte-o, fazendo seus pedidos.

(Este presente deve ser feito ao raiar do dia, devendo a pessoa trajar branco.)

Yeyê Otim

Divindade feminina do grupo de Oxum, participante do grupo dos Odés, é grande guerreira e caçadora. Parceira, é tida como filha de Odé Erinlé com Abatan (uma iyabá dos pântanos) e reverenciada em todas as suas liturgias. Assentada somente para as funções de Erinlé, tem seu culto totalmente diferenciado das demais iyabás. Mora com Erinlé no fundo dos grandes rios. Mesmo na alimentação, Ieyê Otim acompanha Odé, porque aprecia também as carnes de animais de caça. Geralmente, quem presenteia essa Oxum também precisa agradar Odé Erinlé.

EBÓ 305
Para agradar Yeyê Otim

Elementos
- *um balaio forrado com um tecido dourado ou amarelo, coberto por folhas de oriri e colônia, e enfeitado com fitas amarelas e azuis, de algodão*
- *um omolocum, bem pastoso*
- *oito ovos de codorna, crus*
- *oito ovos de galinha de quintal, crus*
- *oito quindins*
- *um pedaço de lagarto bovino, bem bonito*
- *quatro bifes de lombo de porco*
- *azeite de dendê*
- *sal*
- *16 acaçás brancos, sem a folha*
- *16 bolas de araruta*
- *peras, lavadas e cortadas em quatro partes*
- *búzios abertos*
- *conchas*
- *ossum*
- *efum*

- *wáji*
- *fios de ovos*
- *uma miniatura de chapéu de couro*
- *um ofá pequeno*
- *uma lança pequena, de madeira*

Como fazer

O omolocum deve ser preparado por uma pessoa do sexo feminino, bem arrumada, como se fosse fazer o maior quitute da sua vida para a "mãe caçadora e guerreira". Deixe esfriar e coloque-o dentro do balaio. Ponha em cima os ovos e enfeite com os quindins. Pegue o pedaço de lagarto e sele de um lado e do outro, sem deixar queimar, só dourar. Tempere os bifes com azeite de dendê e sal e sele-os da mesma forma que o lagarto. Coloque-os ao lado do omolocum. Enfeite com os acaçás, as bolas de araruta, as peras, os búzios e as conchas, polvilhe com os pós e distribua os fios de ovos e as miniaturas, ao seu gosto, fazendo seus pedidos. Leve e entregue à beira da água, em lugar limpo, bem arborizado, ou perto de uma nascente, com a água correndo. Pode também ser ofertado em uma lagoa bem afastada das cidades, com algumas flores do campo. Yeyê Otim, nossa mãe caçadora e guerreira, com certeza, vai apreciar seu presente e atender aos seus pedidos. Boa sorte e muito axé!

(Não se esqueça de levar um agrado para Pai Odé.)

Oloxá

Divindade assemelhada com Oxum, é uma anciã arcaica, pertencente aos primórdios da criação. Faz a sua morada nas profundezas das lagoas e dos lagos. Muito próxima de Babá Olocum, tem forte ligação com Orungã, o "Xangô do Sol", e com Babá Ajê Xalunga, o "senhor da riqueza". Oloxá é muito imponente e audaciosa e tem seus próprios elementos de culto.

EBÓ 306
Para mãe Oloxá trazer riqueza, prosperidade

Elementos
- um balaio forrado com pano branco, de algodão, e muitas pétalas de rosas-brancas
- arroz doce com coco, leite de coco, açúcar (enformado)
- 16 acaçás brancos, durinhos, sem a folha
- muitas frutas claras, como uva, maçã-verde, melão, banana etc., lavadas
- coco ralado
- muitas flores do campo
- gim

Como fazer
Ponha o arroz doce no balaio e vá acrescentando os demais elementos, com muito carinho e cuidado, fazendo seus pedidos. Polvilhe o coco e cubra com as flores. Coloque um pouco de gim na boca e borrife o presente. Leve para colocar em uma lagoa ou um lago afastados do burburinho da cidade. Entregue seu presente bem próximo da água, chamando por Oloxá. Se conseguir, poderá entrar na água, com cuidado, e levar o balaio até onde puder ir com segurança. Jogue algumas flores nas águas, coloque gim na boca e borrife na água, em intenção de Oloxá, divindade que aprecia muito o gim. Antes de ir embora, lave os pés e as mãos das pessoas que participaram da entrega do presente. Felicidades e saúde! Axé!

Orixá Mapô

Orixá do grupo de Iemanjá, cultuada nas águas doces, em local próximo às pedras. Pela sua senioridade, tem ampla interligação com as Iyamís (as Eleiyés). Ajuda as mulheres com problemas na genitália, tendo seus ebós específicos. Cuida do útero, do ovário, de doenças como câncer. Pouco conhecida no Brasil, é orixá que não desce às cabeças, não se coroa e não é assentada para ninguém.

EBÓ 307
Para Orixá Mapô ajudar na potência sexual, na gestação, nas complicações das doenças femininas

Elementos
- *uma cabaça grande, cortada ao meio no sentido horizontal; pintar as duas bandas com efum, ossum e wáji*
- *um manjar, bem durinho, frio e desenformado*
- *um ajabó com quatro quiabos (cortados em quatro e picadinhos) e água de coco*
- *canjica (ebô) lavada, cozida e escorrida*
- *açúcar cristal*
- *quatro bolas de arroz branco, bem cozido*
- *dois ovos de pata, inteiros, crus*
- *dois ovos de galinha, inteiros, crus*
- *dois acaçás brancos, sem a folha*
- *quatro bolas de inhame cozido e amassado*
- *quatro conchas do mar*
- *quatro búzios abertos (abertura da parte de cima do casco, feita pelo homem)*
- *quatro estrelas-do-mar, pequenas*
- *algodão*
- *um pano branco bonito, de algodão*
- *uma frissura de cabra*

- *dez ovos crus*
- *uma garrafa de água de canjica com gotas de baunilha e um pouco de açafrão-da-terra*

Como fazer

Coloque o manjar numa banda da cabaça. Bata o ajabó primeiro com a mão esquerda e, depois, com a mão direita, fazendo seus pedidos a Iemanjá Mapô, e ponha por cima do manjar. Espalhe a canjica cozida e o açúcar cristal, dispondo os demais elementos da lista (até as estrelas-do-mar) à sua vontade, com bom gosto. Cubra com algodão, feche com a outra banda da cabaça e envolva no pano, como um presente.

Para entregar o presente, leve também a frissura, os ovos e a água de canjica. Leve para um rio e procure um local dentro do rio, com duas pedras. Não vá sozinha e aja com extremo cuidado dentro do rio; só entre se houver segurança.

Antes de fazer o presente, passe a frissura pelo corpo da pessoa, à beira da água, e enterre. Depois, entregue o presente: coloque-o entre as pedras no rio, com a água passando por baixo, oferecendo à Orixá Mapô. A seguir, passe os dez ovos, dos seios da mulher para baixo; vá quebrando-os na pedra e jogando no rio. Lave a pessoa, dos seios para baixo, com a água de canjica. A seguir, lave-a com a água do rio.

Capítulo 11

Divindades da terra

Onilé

Cultuada pelo povo iorubá, é considerada como a "mãe da terra", sendo a primeira a ser reverenciada em todo os ritos da Nação Iorubá. Sempre confundida com um orixá masculino, é um dos marcos sagrados dos terreiros iorubás. É a representante do Poder Ancestral da Terra e também a ancestral de todos os filhos criados. Descendente direta de Odudua e de Obatalá, é muito ligada aos "orixás senhores da terra".

EBÓ 308
Ebó pedindo que Onilé traga segurança e firmeza para sua casa e para sua vida

Elementos
- *um balaio forrado com folhas de bananeira passadas levemente pelo fogo e folhas de mamona sem o talo*
- *um umbigo de bananeira, inteiro*
- *uma bola de argila, úmida*
- *folhas lavadas e maceradas de manacá, saião, folha-da-fortuna, balaio-de-velho, canela-de-velho, gigoga (folhas ligadas às divindades da família Unjí, da Nação Fon)*
- *quatro bolas de canjica (ebô) bem cozida*
- *quatro acarás cozidos, inteiros, sem a casca*
- *quatro abarás*
- *quatro acarajés*
- *quatro ecurus*
- *quatro eguidís*
- *quatro aberéns*
- *quatro acaçás brancos, sem a folha*
- *quatro acaçás vermelhos, sem a folha*
- *quatro cebolas brancas, sem casca, cortadas em quatro partes, sem separar*
- *quatro favas de aridã, inteiras*

- *quatro favas de lelecum*
- *quatro favas de bejerecum*
- *pipoca estourada na areia*
- *canjica cozida, lavada e bem escorrida, à vontade*
- *efum*
- *ossum*
- *wáji*
- *um obi branco, mojubado*
- *sete pimentas-da-costa (atarê)*
- *gim*
- *moedas*
- *uma quartinha com água (para quando entregar o ebó)*

Como fazer

Coloque o umbigo da bananeira no centro do balaio. Misture um pouco das folhas com a argila, faça uma bola grande e firme e coloque-a ao lado do umbigo. Vá acrescentando os demais elementos da lista, enfeitando a seu gosto e pedindo o que deseja a Onilé, com muito respeito e carinho. Polvilhe com efum, ossum e wáji. Peça mojubá ao obi, espere a resposta e coloque por cima. Mastigue as pimentas e converse com a divindade. Engula a saliva e borrife a pimenta no presente. Faça o mesmo com o gim. Se quiser, pode deixar dentro de sua casa por algum tempo. A seguir, leve para um local de natureza pura, muito verde, tranquilo, limpo, ou para um lugar alto de barro vermelho. Na entrada da mata, jogue as moedas, pedindo licença para entrar. Use a água da quartinha para jogar água no chão e refrescar a terra (omitutu).

Exu Alê

Divindade masculina, de culto iorubá, ligada à divindade Onilé e à terra, Alê gosta de grandes extensões de terra, como eram antigamente as grandes casas de candomblé, construídas em terrenos grandiosos, com matas selvagens, nascentes, rios.

EBÓ 309
Para agradar Alê

Elementos
- *um cesto forrado com pano preto, vermelho e branco e com folhas de mamona branca, sem o talo, por cima*
- *farinha de mandioca*
- *azeite de dendê*
- *uma pitada de sal*
- *um quilo de milho vermelho, catado*
- *sete ecurus*
- *sete acaçás de fubá bem cozidos e durinhos, sem a folha*
- *sete acarajés, fritos no azeite de dendê*
- *sete acaçás brancos, durinhos e bem cozidos, sem a casca*
- *um obi mojubado*
- *um orobô, sem a película*
- *vinho tinto ou rosé*

Como fazer

Estoure aos poucos o milho vermelho, na areia (não estoura tudo, como acontece com o milho de pipoca), e separe as pipocas. Deixe um pouco do milho para jogar no presente. Coloque dentro do cesto os acaçás vermelhos, os acarajés, os acaçás brancos, o obi e o orobô. Cubra tudo com as pipocas estouradas e o restante do milho vermelho. Misture bem, com os dedos, a farinha, o dendê e o sal, fazendo uma farofa crua não muito seca, e espalhe por cima de tudo. Leve o presente e entregue-o dentro de uma mata fechada, se puder, à beira de um rio ou de uma nascente, pedindo o que deseja. Esse presente também pode ser oferecido antes de fazer as imolações ou como presente para agradar Alê ou para pedir sua ajuda. Boa sorte e muito axé!

Aizã

Divindade da terra, oriunda da cidade de Aladá, no Benim, tem seu atinçá armado em local de destaque nos terreiros Fon. Reverenciada no Dorrozan (série de cânticos em louvor aos voduns, semelhante ao Xirê dos iorubás) e tratada nos períodos de grandes festas das casas de candomblé Fon.

EBÓ 310
Para Aizã trazer defesa, saúde, abundância e prosperidade

Elementos
- *um cesto grande com uma panela grande, de barro (não vidrado), dentro, forrados com o miolo do dendezeiro, desfiado bem fininho*
- *feijão-preto bem cozido*
- *camarão seco picado*
- *uma cebola ralada*
- *azeite de dendê*
- *nove acarajés fritos no azeite de dendê*
- *nove bolas de canjica cozida*
- *nove ecurus*
- *nove aberéns*
- *nove cebolas sem casca, cozidas*
- *nove ovos de galinha de quintal, inteiros*
- *um obi mojubado*
- *um orobô mojubado*
- *nove acaçás brancos, sem a folha*
- *ossum*
- *efum*
- *wáji*
- *um quilo de canjica cozida, lavada e bem escorrida*

Como fazer

Tempere o feijão-preto com o camarão seco picado, a cebola ralada e azeite de dendê. Mexa até ficar bem firme. Deixe esfriar e faça nove bolas. Passe cada elemento da lista pelo corpo, de baixo para cima, pedindo a ajuda de Aizã, e arrume-os ao seu gosto na panela. Polvilhe tudo com os pós e cubra com a canjica cozida. Entregue em uma mata grandiosa, lugar alto, amplo, em um canto reservado, bem tranquilo, deserto, com muitas árvores, palmeiras e coqueiros. Procure um lugar onde não corra o risco de alguém estragar o presente, pois os ebós para essa divindade devem se deteriorar pela própria natureza ("voltar à natureza, ao que ela nos deu"). Ofereça o presente ajoelhado(a), vestido(a) decentemente, de banho tomado, perfumado(a). Ponha um icodidé na cabeça. Muita sorte e muito axé!

Um adendo:
Lembro-me de que, certa vez, nossa Ialorixá e avó, gaiacu Ominibu, disse-nos que pouca gente poderia arrumar essa "força divina", que só se poderia fazer algo simbólico, como uma representação. Explicou-nos que um lugar para poder reverenciá-la tem que ter muito espaço, muita terra, caso contrário, poderia ocorrer um choque de energias entre as divindades. E isso iria trazer consequências desastrosas para a casa de candomblé. Pode-se presentear, mas fazer o culto para Aizã leva muito tempo, e essa divindade aprecia seu culto nas horas frias, pela madrugada.

Capítulo 12

Babá Egum

Espíritos ancestrais divinizados, de idade imemorial, forças centenárias de figuras ilustres, importantes, que retornam à terra. Muitas vezes pertencentes a dinastias familiares, patronos ou benfeitores de cidades e aldeias. Força que participa de nossa evolução, que nos impulsiona, auxilia e orienta. Babá Egum é a força conjunta da ancestralidade masculina, ajudando a sua descendência a viver melhor. Todo grande Axé tem um Babá Egum regente centenário.

Aqui citamos somente alguns Babás, pois seu grupo é em número imensurável.

NOTAS:
1) Todos os presentes para Babá Egum devem ser entregues em horários mais noturnos. Porém, na atualidade, recomenda-se cautela nos horários, pois alguns que não agiram assim foram importunados por malfeitores das madrugadas. A mata também tem seus perigos noturnos, como animais peçonhentos. Por isso, deve-se procurar dar preferência aos horários considerados mais frios, logo após as 17 horas. Precisamos pensar em segurança, em cuidados com a nossa vida e a dos que nos acompanham. Lembre-se: nós podemos estar agindo diferentemente dos nossos antepassados, mas só não podemos perder a essência, o fundamento da religião. Todas as religiões estão sofrendo modificações, e com o candomblé não poderá ser diferente!
2) A mulher pode preparar o ebó e acompanhar sua entrega, mas deve manter-se afastada, porque MULHER NÃO ENTREGA PRESENTE A BABÁ EGUM! Ela deverá ir acompanhada por um homem, pois ele é quem faz a entrega!
3) Para preparar e entregar um ebó, é necessário estar sempre trajado de branco – a mulher com ojá na cabeça, e o homem com um eketé. No momento da entrega, o ogã/babalorixá sempre deve reverenciar Babá Egum, pedindo "mojubá, mojubá, mojubá" ("meus respeitos..."), obedecendo ao horário

da entrega: após as 16/17 horas. Babá gosta muito de ser respeitado e agraciado.

4) Para qualquer ebó, pelo lado positivo ou negativo, use sempre o algodão, pois é o tecido que as divindades reconhecem, e que é mais facilmente destruído pela natureza.

5) Sempre nos presentes para Babá Egum coloque um peixe (edjá).

6) Seus presentes devem ser enfeitados ou cobertos por folhas do dendezeiro (igí opê) desfiadas, porque Babá Egum respeita muito essas folhas.

7) Os orixás não têm somente um Babá Egum ligado a eles. Vamos ensinar para um, mas você poderá fazer o mesmo presente para os demais Babás daquele orixá.

8) Em todos os presentes para Babá, a pessoa que souber jogar o obi ou o orobô deve fazê-lo. Rezar o orikí, abrir o obi, tirar o oju, fazer o orô completo e depois colocá-lo em cima do presente. Se não souber jogar, o mais correto é não usá-los.

Babá Iyaô

Prestamos aqui uma reverência a esse Babá, pouco conhecido e comentado. É o primeiro Babá Egum do Brasil, criado e cultuado em nosso país, pois Babá Iyaô está ligado aos Caboclos de Pena, aos Capangueiros, aos Boiadeiros, aos Indígenas, nas casas de umbanda, nas pajelanças e nas casas de candomblé de caboclo. Apesar de muito sério, é alegre, brincalhão, simpático. Gosta muito dos seres humanos, respeitando principalmente as pessoas mais idosas e as crianças, com quem brinca muito. Quando os africanos chegaram ao Brasil, em um momento de seus cultos à ancestralidade, Babá Iyaô surgiu e foi bem aceito. Foi denominado, então, pelos africanos, Babá Iyaô, o primeiro a chegar. Esse Babá tanto pode ter sido um pajé, um indígena soberano, como um caboclo ou um boiadeiro de grande envergadura, não se sabe, mas, seja o que for, é um líder indígena da ancestralidade brasileira! Veste-se de verde e amarelo, aprecia roupas de couro, o penacho, o cocar, o chicote, e gosta de muito brilho. Aceitou muito bem os alimentos que lhe foram oferecidos pelos africanos e pelos indígenas, mas não abre mão das iguarias brasileiras! Muito cultuado nas festividades de caboclos, boiadeiros e indígenas. Para seu culto, é confeccionada uma toré, uma choupana especial.

É o nosso Babá Egum, o Babá Egum do Brasil, de verde e amarelo! Mojubá, Babá mi! Axé!

> Não sabemos ainda da existência de algum terreiro que cultue esse Babá. É um ancestral que gosta de ajudar, de trazer alegria, promover o respeito e a harmonia. Com certeza, merecidamente, todos nós, brasileiros, devemos reverenciar e agradar a esse Babá. Ele já aparece em várias festas de Babá Egum, principalmente na Bahia, segundo informações passadas por pessoas da religião.

EBÓ 311
Para reverenciar Babá Iyaô, pedindo pela paz

Elementos
- um balaio médio, forrado com pano verde e amarelo, com fitas das mesmas cores, e coberto com folhas de ingá
- sete roletes de cana-de-açúcar, assados
- sete pamonhas
- um cuscuz de flocos de milho (feito com água)
- sete batatas-doces assadas em um braseiro (não deixe queimar), descascadas
- sete pedaços de aipim (mandioca, macaxeira), assados no braseiro, descascados
- pedaços de rapadura
- lascas de coco
- sete acaçás brancos, sem a folha
- um bolo de fubá
- sete cocadas brancas
- sete pés-de-moleque
- sete tipos de frutas, cortadas em quatro partes, para liberar a essência
- uma miniatura de arco e flecha
- um coité com vinho rosé
- um penacho pequeno
- contas de lágrimas-de-nossa-senhora
- contas de sementes, de favas

Como fazer
Arrume com capricho e amor os elementos no balaio, enfeitando com as contas, o penacho e o arco e flecha. Leve para colocar em uma mata bonita, de grandes árvores, chamando pelo Babá Iyaô, e fazendo seus pedidos. O presente deverá ser entregue por um homem, pois a mulher pode prepará-lo, mas não entregá-lo.

Babá Iyaô com certeza irá escutar e atender aos seus pedidos! Se for atendido(a), depois de algum tempo repita esse presente, que é bem simples, mas de grande alcance. Axé!

Outros Babá Eguns

EBÓ 312
Para Ixaladê (ligado a Exu)

Elementos
- *um balaio forrado com morim branco*
- *sete pedras de carvão*
- *17 bolas pequenas de farinha de mandioca crua*
- *17 acaçás vermelhos, sem a folha*
- *17 acarajés, fritos no azeite de dendê*
- *17 moedas*
- *um bagre inteiro (sem escamar nem retirar as vísceras)*
- *seis sardinhas inteiras (sem escamar nem retirar as vísceras)*
- *sete carambolas*
- *sete varas da amoreira*
- *17 acaçás brancos, bem cozidos, sem a folha*
- *efum*
- *ossum*
- *wáji*
- *gim ou cachaça*

Como fazer
Vá arrumando os elementos dentro do balaio, ao seu gosto, fazendo seus pedidos a Ixaladê. Borrife o presente com a bebida escolhida e polvilhe com os pós. Leve para uma mata fechada e coloque em uma trilha.

EBÓ 313
Um banho para Babá Ojô (Odjô), ligado a Ogum, trazer equilíbrio profissional, sorte e sucesso em suas vendas

Elementos
- *um quilo de arroz branco*
- *uma colher, de sopa, de dandá-da-costa ralado*
- *três colheres, de sopa, de açúcar cristal*
- *pétalas de rosas-brancas*
- *uma colher, de sopa, de noz-moscada ralada*

Como fazer
Misture tudo, coloque em uma bolsa e procure um local alto, gramado e com árvores. Num canto bem limpinho, passe pelo seu corpo, pedindo que os ancestrais lhe tragam sucesso, brilho, alegrias e saúde. Vá vestido com roupa clara e fique descalço. Boa sorte!

EBÓ 314
Para Babá Nilê (ligado a Ogum) ajudar a tirar as barreiras que dificultam encontrar um emprego

Elementos
- *nove pedaços de pano branco (do tamanho de um lenço de bolso)*
- *nove bolas de canjica (ebô) cozida*
- *nove moedas brancas*
- *nove bandeiras brancas*
- *nove punhados de açúcar cristal*

Como fazer
Arrume um pouco de cada elemento dentro de cada um dos pedaços de pano, exceto o açúcar. Procure uma trilha à margem de uma estrada e vá colocando os pedaços de pano, conforme for andando, em sequência, com um pouco de açúcar cristal por cima. A cada passo, vá fazendo seus pedidos aos nossos ancestrais (os Eguns). Faça após as 15 horas. Axé!

EBÓ 315
Para Babá Alapá Orum (Apá Orum), ligado a Ogum

Elementos
- um balaio, médio, forrado com morim e coberto com folhas de guandu
- canjica (ebô) catada, lavada e bem escorrida
- três bolas de inhame-do-norte, grandes
- três bolas de arroz branco cozido
- três ecurus
- três acarajés, fritos no azeite de dendê
- três acaçás vermelhos, bem cozidos, sem a folha
- nove acaçás brancos, sem a folha
- três pães médios
- três peixes pequenos, de água doce (sem escamar e sem retirar vísceras)
- efum ralado
- gim

Como fazer
Arrume os elementos no balaio com cuidado e esmero. Borrife com um pouco de gim e polvilhe com efum. Coloque o presente embaixo de uma árvore frondosa, após as 15 horas, em ambiente tranquilo, bem afastado do burburinho dos centros urbanos.

EBÓ 316
Para Babá Ayierelé (ligado a Erinlé), para não faltar o alimento em seu lar, para ter saúde, alegrias, prosperidade em sua vida, força para trabalhar e progredir

Esse Babá gosta de muita alegria e de muita união. Ele traz muita sorte, riqueza, prosperidade, fartura, paz. É um Babá muito positivo, ligado também a Ieiê Otim e que respeita muito Pai Oxaguiã.

Elementos

- um balaio de vime ou de cipó, médio, forrado com morim branco, folhas de amêndoa e areia de fundo de rio, e enfeitado com fitas brancas
- feijão-fradinho, milho vermelho e feijão-mulatinho, lavados e torrados, sem queimar
- um peixe de água doce (sem escamar e sem retirar vísceras)
- cebola ralada
- óleo de coco ou azeite de oliva
- dez acaçás vermelhos, sem a folha
- dez acaçás brancos, sem a folha
- dez pamonhas
- dez acarajés de feijão-fradinho, batido com cebola e pouco sal, fritos no azeite doce
- dez broas de milho, pequenas
- dez bolas de canjica cozida, bem firmes
- dez bolas de fubá, bem cozidas
- dez espigas de milho, sem a palha, cozidas com água (guarde as folhas e a água)
- um par de chifres de búfalo
- frutas à vontade
- ramos (espigas) de trigo
- efum
- ossum
- wáji
- um obi mojubado e rezado
- folhas de mariô desfiadas
- gim ou cachaça
- uma bandeira branca, de tecido, colada em uma vara de ipê-branco, com mais ou menos um metro de altura

Como fazer

Coloque no balaio, de um lado, o feijão-fradinho torrado, do outro, o milho vermelho, e no centro, o feijão-mulatinho. Lave o peixe e tempere-o com a cebola e o óleo ou azeite. Faça um braseiro e ponha para selar de um lado e do outro, com cuidado. Ponha o peixe no centro do balaio e vá colocando os demais elementos ao redor, fazendo seus pedidos com fé e amor. Polvilhe com os pós, ponha o obi no centro e cubra com as folhas de mariô. Borrife com um pouco de gim ou cachaça. Leve para colocar em mata afastada do burburinho da cidade. Adentre a mata com cuidado, não precisa ir muito além, vá acompanhado, bem calçado, e tenha atenção para não se perder.

Finque a bandeira no chão, forre o local com as folhas das espigas, coloque o presente embaixo de uma árvore grandiosa, bem viva, e chame pelo Babá Aiyerelé, pedindo sua ajuda, sua proteção. Se quiser colocar por cima uns cascos de caracóis grandes, pode oferecer.

Quando chegar, tome um banho com a água do cozimento do milho, após fria, do pescoço para baixo.

(Se for mulher que vai ofertar esse presente, vá vestida de branco, com ojá, fios de contas de Oxósse, um de Xangô e um de Agué, e com icodidé; se for homem, vá com roupas de ração e também icodidé.)

EBÓ 317
Para Babá Agboulá (ligado a Xangô) limpar seu corpo da influência negativa de espíritos negativos, obsessores

Elementos
- *um metro de pano branco, de algodão (pode ser morim)*
- *quatro bolas de farinha de mandioca crua*
- *um peixe pequeno, de água salgada (sem escamar e sem retirar as vísceras)*
- *canjica (ebô) cozida*
- *quatro velas pequenas, brancas*

Como fazer
Passe o pano pelo corpo, de cima para baixo, e coloque-o no chão, à frente da pessoa. Acenda as velas e, a seguir, passe os elementos da lista e vá colocando em cima do pano. Passe as velas simbolicamente pelo corpo da pessoa e dobre o pano, fazendo um tipo de

embrulho, e leve para despachar num local afastado do centro urbano, de preferência num mato. Sempre após as 15 horas. Boa sorte!

EBÓ 318
Para Babá Agboulá (ligado a Xangô)
cortar interferências negativas,
afastar amizades nefastas

Elementos
- um balaio de vime, cipó ou palha, forrado com morim branco que cubra todo o balaio, e folhas de palmeira desfiadas bem verdes (pode ser a folha mais novinha do dendezeiro)
- meio quilo de canjica (ebô) catada, cozida, lavada e bem escorrida
- sete inhames pequenos, cozidos, sem a casca
- cinco bolas de aipim cozido
- sete acarajés brancos, fritos no azeite de oliva ou óleo de coco
- sete bolas de arroz branco cozido
- sete abarás
- sete bolas de farinha de mandioca crua
- um peixe de água salgada (pescadinha, xerelete, corvina ou tainha) médio, sem retirar vísceras nem escamas, lavado
- sete moedas atuais, brancas
- sete búzios
- um cacho de uvas verdes e algumas outras frutas, se puder
- efum
- ossum
- wáji
- cachaça ou gim
- fitas brancas, de algodão

Como fazer
Coloque a canjica no balaio, o peixe no centro, e vá enfeitando com os demais elementos, fazendo seus pedidos a Babá Agboulá. Polvilhe com os pós e borrife a bebida por cima. Enfeite o balaio

com as fitas e leve para local alto, rochoso, em ambiente calmo, rodeado por grandes árvores. Boa sorte! Axé!

EBÓ 319
Para que Babá Olorirá (Rirá), ligado a Airá, possa ajudar a resolver grandes causas judiciais, trazer soluções no âmbito da saúde, do amor, do comércio etc.

Elementos
- *um caixote de madeira pintado de branco, ou todo forrado com morim branco, enfeitado com fitas brancas de algodão (ou com búzios) e com folhas de mariô (mariwo) desfiadas*
- *sete roletes de madeira rija, bem forte*
- *sete ramas grossas de aipim cozido*
- *sete cocadas brancas*
- *sete acarajés brancos (fritos no óleo de coco, azeite de oliva ou óleo de soja)*
- *sete bolas de arroz branco, cozido*
- *sete tipos de frutas claras, cortadas em quatro partes*
- *sete vinténs*
- *sete acaçás brancos*
- *um oxê, pequeno, bem claro*
- *efum ralado*
- *gim*

Como fazer
Passe pelo corpo os elementos, de baixo para cima, e vá colocando no caixote, polvilhando com o efum e fazendo seus pedidos. Saia com o presente e ponha em local próximo a uma pedreira, perto de mata, embaixo de uma árvore, chamando por Babá Olorirá. Ponha um pouco de gim na boca e borrife por cima. Tudo de bom e muito axé!

EBÓ 320
Para Babá Alapalá, "senhor das profundezas" (ligado a Aganju), para cortar a agitação e o estresse da pessoa, trazendo calmaria, alegrias, conquistas, sucesso financeiro

(Babá Alapalá é um Babá muito antigo, muito respeitado e de conhecimentos muito profundos.)

Elementos
- *um balaio grande, de cipó ou de palha, forrado com um pano de cores variadas, coberto com folhas de guandu e areia de mar ou de rio*
- *um inhame cozido, sem as cascas*
- *farinha de tapioca*
- *búzios*
- *sete bolas de canjica (ebô) vermelha, bem cozida e amassada*
- *sete acarajés de feijão-branco, bem cozido*
- *sete bolas de feijão-fradinho, cozido*
- *sete bolas arroz branco, cozido*
- *sete bolas de farinha de mandioca*
- *sete bolas de carimã*
- *sete bolas de feijão-roxinho, cozido*
- *sete bolas de feijão-manteiga, cozido*
- *sete bolas de feijão-rajado, cozido*
- *sete bolas de canjica branca, bem cozida*
- *sete pães doces pequenos*
- *sete pães salgados pequenos*
- *sete qualidades de frutas, cortadas em quatro partes*
- *sete doces variados*
- *sete varas de ipê*
- *ramos (espigas) de trigo*
- *folhas de mariô (mariwo), desfiadas*
- *sete acaçás brancos, bem cozidos*
- *ossum*

- *efum*
- *wáji*
- *gim ou cachaça*
- *pedra ou terra de vulcão, se conseguir*
- *quatro peixes (dois de água doce e dois de água salgada), temperados com cebola branca ralada, e selados no braseiro de cada lado, sem deixar desmanchar*

Como fazer

Amasse o inhame com soquete ou em um pilão, misturando com um pouco de farinha de tapioca, conversando com Babá Alapalá, e faça uma bola grande, formando a boca, os olhos e as orelhas com búzios. Ponha os demais elementos ao redor, coloque os peixes por cima do presente e cubra com os acaçás brancos. Polvilhe com os pós e borrife com gim ou cachaça. Leve para lugar alto, pedregoso, próximo à água (pode ser mar ou rio) e ponha em cima de uma pedra, chamando pelo Babá e pedindo muito a ajuda ele. Axé e conquistas!

EBÓ 321
Para que Babá Olonirá ou Ajimudá (Babás ligados a Oyá Onira) tragam grandes conquistas, cortem conflitos amorosos ou familiares, afastem a depressão e tragam boa saúde

Elementos
- *um balaio de vime, de palha ou de cipó, forrado com morim branco, enfeitado com fitas brancas de algodão, folhas de alface e areia de rio*
- *um bolo de carimã*
- *um cuscuz de farinha de milho em flocos pré-cozidos*
- *nove acarajés brancos, fritos no azeite de oliva, óleo de coco ou óleo de soja*
- *nove bolas de cada um dos seguintes tipos de feijão (branco, manteiga, cavalo, mulatinho e preto), bem cozidos e bem amassados*
- *nove ecurus*

- *nove peixes pequenos (de água doce ou salgada, menos sardinhas), inteiros*
- *nove aberéns*
- *nove acaçás brancos, sem a folha*
- *nove varas de amoreira*
- *nove búzios*
- *nove frutas claras, lavadas e cortadas em quatro pedaços*
- *efum ralado*
- *uma bandeira branca, de tecido*
- *uma garrafinha com um pouco de cachaça*

Como fazer
Passe cada elemento no corpo, de baixo para cima, pedindo o que deseja ao Babá. Polvilhe com o efum, finque a bandeira no centro, borrife um pouco de cachaça no presente e leve para entregar em mata limpa, bem exuberante. Coloque a garrafa com a bebida dentro do balaio.

EBÓ 322
Para que Babá Lapurió (ligado a Exu e também a Oyá) corte os feitiços do seu caminho, da sua vida, e desfaça as negatividades

Elementos
- *um pedaço de pano estampado*
- *um pãozinho, pequeno*
- *uma bola de farinha de mandioca crua*
- *uma bola de tapioca*
- *um pedaço de toucinho fresco*
- *um pedaço de carne bovina, fresca*
- *um pouco de pipoca (buburu)*
- *um retrós de linha branca*
- *uma vela pequena, branca*

Como fazer
Coloque todos os elementos no pano, pela ordem da lista, e faça um embrulho. Passe pelo corpo da pessoa, do pescoço para baixo, pedindo que Egum desfaça os feitiços, as negatividades, corte as más influências etc. Leve para a rua e despache num mato ou num rio de água suja, depois das 15 horas. Axé!

EBÓ 323
Para que Babá Bejiku Orum (ligado ao orixá Ibeji) afaste pensamentos suicidas, depressivos, destrutivos

Elementos
- um saco branco de algodão ou uma fronha branca
- nove velas brancas, pequenas
- nove ovos
- nove moedas brancas, de baixo valor
- nove pedaços de toucinho fresco
- nove pedaços de carne fresca, bovina
- nove bolas de arroz branco, cozido
- nove bolas de farinha de mandioca crua
- nove acaçás brancos
- nove pedras de carvão, pequenas
- um prato de canjica (ebô) cozida
- um pouco de pipoca

Como fazer
Passe o saco pelo corpo, de cima para baixo, e coloque-o no chão, à frente da pessoa. Vá passando os elementos na pessoa e coloque-os no saco. Feche e despache num local de água parada ou em uma mata fechada, sempre depois das 15 horas.

Após o ebó, tome um banho com bastante água e sabonete. A seguir, jogue um banho de ervas de sua preferência, ou aproveite a água do cozimento da canjica, fria, e acrescente cinco gotas de baunilha. Pode também fazer um banho cozido de noz-moscada e canela em pau, frio. Todos do pescoço para baixo, para defesa. Boa sorte!

EBÓ 324
Para Babá Bejiku Orum (ligado a Ibeji), trazer saúde, alegria, movimento, conquistas

Elementos
- um cesto de vime, cipó ou palha, forrado com pano estampado de motivo infantil, um pouco de areia de rio (recolhida em Lua Cheia ou Crescente, na maré cheia) e coberto com galhos de alecrim e folhas de jasmim
- três manjares: um branco, um rosa e outro verde
- sete bolas de farinha de mandioca com mel ou açúcar cristal
- sete cocadas brancas
- sete roletes de cana
- sete inhames chineses cozidos, sem a casca
- sete acaçás brancos, sem a folha
- sete bolas de canjica bem cozida
- sete búzios abertos (abertura da parte de cima do casco, feita pelo homem)
- sete conchas
- sete bananas-da-terra, são-tomé ou banana-figo, cortadas horizontalmente em duas bandas e cozidas (descascar e passar no açúcar cristal)

Como fazer
Arrume os elementos no cesto e enfeite, por cima, com as bananas cozidas. Polvilhe tudo com açúcar cristal. Leve para um campo bem bonito, arborizado, e coloque o presente em um lugar bem discreto e limpo. Boa sorte e muito axé!

EBÓ 325
Para Babá Bê (Babá ligado a Ibeji), para trazer harmonia e alegria, unificar para haver mais respeito entre as pessoas

Elementos
- um cesto de vime, forrado com tecido estampado de motivos infantis, e coberto com uma farofa preparada com uma mistura de areia de rio limpo, farinha de mandioca, sal, farinha de centeio, um copo de feijão-fradinho e de milho vermelho torrados, e açúcar cristal
- dois peixes inteiros, médios, temperados com cebola e azeite de oliva, colocados num braseiro para selar de ambos os lados
- duas broas de milho, médias
- duas batatas-doces, cozidas, sem a casca
- dois roletes de cana
- duas varas de ipê
- duas varas de marmelo
- duas varas de amoreira
- dois acaçás brancos, sem a folha
- duas bolas de inhame cozido e amassado
- duas bolas de canjica (ebô) bem cozida
- duas bolas de farinha de mandioca
- duas pedras-pomes
- dois búzios
- duas bananas-prata, sem a casca
- duas peras, cortadas em quatro partes
- dois figos, cortados em quatro partes
- duas laranjas, cortadas em quatro partes
- uma bandeira branca, de tecido

Como fazer
Coloque os peixes no centro do cesto, com cuidado para não quebrar. Ponha, a seguir, os demais elementos, passando-os pelo corpo, de baixo para cima, fazendo seus pedidos a Babá Bê, em nome de Ibeji. Finque a bandeira no meio do presente.

Arrume este presente em seu local de entrega: um lugar bonito, de bom astral, natureza exuberante, que lhe transmita paz, alegria; ponha em um canto resguardado. Peça ao Babá trégua, paz, harmonia etc.

EBÓ 326
Para Babá Bacabacá (ligado a Omolu/Sakpatá), pedindo pela saúde ou pela prosperidade

Elementos
- *um balaio forrado com folhas de ipê-roxo ou branco*
- *pipoca estourada na areia*
- *sete bolas de feijão-preto cozido*
- *sete bolas de tapioca*
- *sete bolas de farinha de mandioca crua*
- *sete acarajés, fritos em óleo de coco ou de soja misturado com azeite de oliva*
- *sete ecurus*
- *sete bolas de canjica (ebô) bem cozida*
- *sete peixes pequenos (sem escamar e sem eviscerar)*
- *sete aberéns*
- *sete búzios*
- *sete moedas brancas*
- *sete acaçás brancos, sem a folha*
- *uma bandeira branca de pano*
- *efum*
- *gim ou cachaça*

Como fazer
Passe cada elemento pelo corpo, de cima para baixo, pedindo o que deseja ao Babá Bacabacá, e ponha no balaio. Finque a bandeira em um acaçá, polvilhe com o efum e borrife um pouco da bebida por cima. Leve para uma mata tranquila ou um terreno rochoso.

EBÓ 327
Para Babá Araím ou Abicurí (Babás ligados a Jagum), para que corte as doenças, as guerras, as confusões em casa ou no comércio

Elementos
- *um balaio de vime ou cipó, forrado com morim branco, folhas de cipreste e areia (do mar ou de rio) misturada com farinha de mandioca e efum, de um lado, e do outro pipoca estourada na areia*
- *oito bolas de feijão-preto bem cozido, temperado com azeite de oliva e cebola*
- *oito ecurus*
- *oito acarajés, fritos no óleo de coco ou de soja, temperados com cebola branca ralada, sem sal*
- *oito cebolas brancas, sem a casca, inteiras*
- *oito bolas de inhame cozido*
- *oito bolas de batata-doce cozida*
- *oito aberéns*
- *um quilo de canjica (ebô) lavada, cozida e escorrida*
- *um obi mojubado*
- *folhas de mariô (mariwo)*
- *búzios grandes*
- *ossum*
- *efum*
- *wáji*
- *gim*

Como fazer
Fazer uma bola grande de tapioca, colocando olhos e boca de búzios grandes. Colocar no centro, entre as areias. Distribuir os demais elementos, enfeitando ao seu gosto. Cobrir com a canjica, com as folhas de mariô, e polvilhar com os pós. Ponha o gim na boca e borrife por cima do presente. Leve para uma mata bonita, bem arborizada, e coloque o presente embaixo de uma árvore grandiosa, sem espinhos. Boa sorte e muito axé!

EBÓ 328
Para Babá Olodomí ou Olododô
(Babás ligados a Iemanjá)

Elementos
- um balaio de vime, cipó ou palha, forrado com morim branco, coberto com folhas de amoreira e um pouco de areia do mar ou de rio
- 250 g de arroz branco bem cozido e sequinho
- quatro bolas de farinha de mandioca crua
- quatro ecurus, sem a folha
- quatro acarajés, fritos no óleo de coco
- quatro búzios
- quatro moedas brancas
- quatro conchas pequenas
- uma corvina média (sem escamar e sem eviscerar)
- quatro cascos de caracol, claros
- quatro acaçás brancos, grandes, sem a folha
- gim
- pétalas de rosas-brancas
- efum

Como fazer

Faça uma bola grande com o arroz branco cozido e coloque-a no centro do balaio. Em volta vá acrescentando os demais elementos, bem arrumados. Borrife o gim, polvilhe com efum e cubra com as pétalas de rosas. Entregue num mato, próximo à água (rio ou mar), em local bem arborizado.

EBÓ 329
Para Babá Omileô ou Oromí Todô
(Babás ligados à mãe Oxum)

Elementos
- um balaio de cipó, vime ou palha, forrado com muitas folhas de alface, lavadas

- meio quilo de feijão-fradinho catado e lavado
- três cebolas brancas, bem picadas
- cinco bolas de farinha de mandioca com mel e um pouco de açúcar
- cinco bolas de arroz branco, bem cozido
- cinco bolas de tapioca
- cinco pamonhas, feitas com água
- cinco búzios
- cinco moedas brancas
- cinco maçãs vermelhas
- um peixe de água doce (sem escamar e sem tirar as vísceras)
- 16 acaçás brancos, bem cozidos, sem a folha
- ramos (espigas) de trigo
- açúcar cristal
- efum
- uma bandeira branca, de tecido
- gim

Como fazer

Cozinhe o feijão-fradinho com as cebolas. Quando estiver bem cozido, mexa até secar e faça uma bola grande. Deixe esfriar e coloque-a no centro do balaio, com o peixe ao lado, e rodeie com os demais elementos. Cubra com os acaçás brancos e polvilhe o açúcar e o efum. Enfeite com os ramos (espigas) de trigo e ponha a bandeira fincada na bola de feijão-fradinho, fazendo seus pedidos. Entregue em uma mata, em local próximo a um rio, lugar bem afastado e tranquilo, sem muito movimento. Despeje o gim nos quatro cantos do presente e leve a garrafa para jogar em uma lixeira. Muito axé e muita sorte!

EBÓ 330
Para Babá Olobojô (ligado a Oyá)

Elementos
- um balaio de cipó, vime ou palha, forrado com morim branco e coberto com folhas de cana-de-açúcar

- *farinha de mandioca crua*
- *nove pedaços de pedra-pomes*
- *nove acarajés, fritos no azeite doce (de oliva)*
- *nove bolas de inhame*
- *nove ecurus*
- *nove aberéns*
- *nove bolas de tapioca*
- *nove varas de amoreira, sem as folhas, ou varas de marmelo*
- *nove acaçás brancos, sem a folha*
- *nove corvinas pequenas (ou qualquer outro peixe pequeno) lavadas, sem escamar nem eviscerar*
- *uma bandeira branca, de tecido*
- *efum*
- *ossum*
- *wáji*
- *cachaça ou gim*
- *folhas de mariô (folha de dendezeiro desfiada)*

Como fazer

Faça um pirão com a farinha de mandioca, bem cozido e bem firme. Coloque-o numa tigela branca para esfriar. Desenforme e coloque-o no balaio, rodeado pelos peixes. Rodeie com os demais elementos, polvilhe com os pós, borrife com a bebida e ponha a bandeira no centro, fazendo seus pedidos e pedindo misericórdia, paz etc. Enfeite com as folhas de mariô e leve a uma mata próxima a um cemitério.

EBÓ 331
Para Babá Olobojô (ligado a Oyá Balé/Bále) tirar a tristeza, o desânimo, as guerras da sua vida

Elementos
- *uma panela grande, de barro, com tampa, pintada de branco (com efum)*
- *nove ecurus, pequenos*
- *nove aberéns, pequenos*
- *nove bolas de tapioca, pequenas*

- *nove bolas de feijão-preto, pequenas*
- *nove bolas de farinha de mandioca, pequenas*
- *nove peixes, pequenos, inteiros (de água doce ou salgada)*
- *nove ovos de galinha de quintal*
- *nove acaçás brancos, pequenos, sem a folha*
- *gim ou cachaça*

Como fazer
Passe a panela com a tampa no corpo, simbolicamente, e coloque-a no chão à frente da pessoa. Passe os elementos na ordem da lista, de cima para baixo, pedindo tudo o que deseja a Oyá Balé. Arrume-os na panela, coloque um pouco da bebida na boca e borrife por cima do ebó. Tampe e leve para colocar em uma mata, em local afastado. Procure um lugar limpo e com muita folhagem, pedindo a essa poderosa iyabá que atenda aos seus pedidos. Muito axé!

EBÓ 332
Para Babá Olokotun (ligado a Orixalá e a Xangô) trazer soluções positivas para o seu dia a dia

Babá Olokotum é o grande chefe entre os Babás, por ser muito antigo. É o Babá que rege o Brasil.

Elementos
- *um prato de papelão, sem brilho*
- *um pedaço de pano branco*
- *um pouco de canjica bem cozida, lavada e escorrida*
- *um peixe de água doce ou salgada, inteiro (sem escamar nem retirar as vísceras)*
- *um pão salgado, pequeno*
- *um acaçá branco, grande*
- *uma bandeira branca*

Como fazer
Forre o prato com o pano e coloque a canjica com o peixe no meio, o acaçá e o pão ao lado. Crave a bandeira no centro do acaçá. Peça

a Egum trégua na sua vida, que tire as guerras, as dificuldades, que traga prosperidade e saúde etc. Leve para entregar num local longe do centro urbano e deposite num lugar de campo aberto, gramado, sempre depois das 15 horas. Boa sorte!

EBÓ 333
Para Babá Ibicuí (ligado a Nã), pedindo que afaste o sofrimento, corte as doenças e a proximidade da morte

Elementos
- *um cesto de palha ou de vime, forrado com morim branco, folhas de gigoga e areia de rio bem escura e limpa*
- *argila*
- *búzios*
- *canjica bem cozida, sem lavar, escorrida*
- *um bagre inteiro, lavado, sem escamar nem tirar as vísceras*
- *12 peixes bem pequenos (podem ser sardinhas), sem escamar nem retirar vísceras*
- *13 bolas de feijão-preto cozido*
- *13 pedras de carvão*
- *13 bolas de inhame cozido*
- *13 bolas de farinha de mandioca*
- *13 ecurus*
- *13 aberéns*
- *13 bolas de feijão-fradinho temperado com cebola e cera de orí*
- *13 bolas de arroz branco cozido*
- *13 abanos pequenos*
- *13 bolas de feijão-branco cozido e amassado*
- *13 acaçás brancos, sem a folha*
- *folhas de mariô*
- *obi*
- *gim ou cachaça*

Como fazer
Faça com a argila uma bola como se fosse uma cabeça, modelando os olhos e a boca com os búzios, e ponha em cima da areia. Coloque a canjica ao redor, com o bagre no centro, rodeado pelos peixes pequenos. Acrescente os demais elementos, enfeitando ao seu gosto. Jogue o obi e coloque-o em cima do presente. Borrife com a bebida e cubra com as folhas de mariô desfiadas. Leve o presente para uma lagoa ou um mangue, local de água parada, calma. Procure um canto bem tranquilo, onde não haja movimento de pessoas, e coloque o presente próximo à água, chamando e pedindo o que deseja ao Babá Ibicuí. Tudo de bom e muito axé!

EBÓ 334
Para conversar com Babá Pejí (ligado a Pai Oxaguiã) e pedir que ele possa entender, aceitar e atender aos seus pedidos

Elementos
- *uma tigela de boca larga*
- *nove acaçás brancos, sem a folha*
- *um copo de gim ou cachaça*
- *duas colheres, de sopa, de mel ou açúcar cristal*
- *uma vela branca*

Como fazer
Leve os elementos para uma mata limpa e bem bonita. Procure uma árvore sem espinhos e grandiosa. Acenda a vela com cuidado, para não prejudicar a natureza, e coloque a tigela na frente, no chão. Vá desmanchando todos os acaçás com as mãos, conversando a ancestralidade e pedindo o que deseja. Coloque o gim e o mel ou o açúcar. Continue conversando com Egum e abra o seu coração. A seguir, despeje aos pés da árvore e leve a tigela para casa. Boa sorte!

EBÓ 335
Para Babá Xembé (ligado a Oxumarê), pedindo saúde, sorte e muita prosperidade

Elementos
- *um pedaço de chitão com sete cores*
- *sete bolas de batata-doce cozida*
- *sete bolas de inhame cozido*
- *sete acarajés*
- *sete frutas variadas (uma de cada – menos abacaxi e manga)*
- *sete velas brancas, finas e pequenas*
- *sete fios de palha da costa ou de barbante*

Como fazer

Passe o pano, simbolicamente, pelo seu corpo e estenda à sua frente. Passe os elementos, de cima para baixo e vá colocando em cima do pano. Proceda da mesma forma com as velas: quebre-as, pedindo que Pai Oxumarê afaste as doenças, a falta de sorte, e traga muita alegria, prosperidade, e coloque-as no pano. Feche como se fosse uma trouxa e amarre com os fios de palha da costa ou barbante. Leve para uma mata e coloque o presente à beira de um rio, próximo a uma árvore. Desamarre o nó quando entregar. Chame por Babá Xembé, sempre fazendo seus pedidos. Força e boa sorte! Axé!

EBÓ 336
Para Babá Xembé (ligado a Oxumarê) cortar feitiços, negatividades e trazer saúde e sorte

Elementos
- *uma panela média, de barro, com tampa*
- *um pedaço de pano branco*
- *14 acarajés bem pequenos*
- *14 rodelas de apenas um inhame cozido*
- *14 acaçás brancos bem pequenos, sem a folha*
- *um abano pequeno (miniatura)*
- *um quilo de açúcar cristal*

Como fazer
Passe pelo seu corpo a panela e o pano. Ponha a panela por cima do pano e vá passando os elementos pelo seu corpo, de cima para baixo, fazendo seus pedidos a Oxumarê. Cubra tudo com o açúcar, tampe a panela e leve para entregar em uma mata, colocando embaixo de uma palmeira ou uma paineira, de preferência, ou procure uma árvore bem frondosa, sem espinhos, e coloque o presente, oferecendo a Babá Xembé. Axé!

EBÓ 337
Um agrado para o Babá Egum de sua predileção

Elementos
- *um pano branco*
- *dois copos*
- *um prato*
- *uma tigelinha*
- *água*
- *café bem forte e frio, sem açúcar*
- *um pão, cortado em rodelas*
- *canjica (ebô) cozida, lavada e escorrida*
- *mingau de maisena bem ralo*
- *uma vela*

Como fazer
Em um cantinho reservado de sua casa, de preferência ao ar livre, coloque o pano branco. Ponha sobre ele um dos copos com a água, o outro com o café, o pão, o prato com a canjica, a tigelinha com o mingau frio e a vela acesa. Se quiser, ponha um peixe cru, pequeno, sem tirar as escamas nem as vísceras. Peça a Egum para trazer equilíbrio, paz, saúde, tranquilidade. Deixe por três dias. Ponha a água, o café e o mingau num vaso de planta. Leve o pão e a canjica (enrolada no pano) e coloque-os aos pés de uma árvore frondosa e sem espinhos. Axé!

EBÓ 338
Defumador para afastar a interferência negativa de Babá Egum (fazer uma vez por mês)

Elementos
- açúcar refinado ou mascavo
- erva-doce
- noz-moscada ralada
- azeite de dendê (óleo de palma)
- palha de alho
- folha ou bagaço de cana-de-açúcar, seco

Como fazer
Misture tudo, fazendo uma pasta. Coloque-a aos poucos por cima de carvão em brasa. Como é para limpar, defume de dentro para fora.

EXPLICAÇÃO IMPORTANTE E NECESSÁRIA
É muito importante explicarmos que não se tem conhecimento sobre Babás Eguns ligados a Obá, a Logum-Edé e a Iewá. Se, em alguma ocasião, aparecer a necessidade de se presentear essas divindades, é necessário que se consulte o oráculo para ver a quem o presente será oferecido.

Se o pedido for feito para Obá, o presenteado geralmente será um dos Babás de Oyá; se for para Logum-Edé, o presenteado poderá ser um dos Babás de Odé ou de Ogum; e se for para Iewá, dá-se o presente para o Babá de Oyá. Estamos pesquisando, porém não encontramos quem pudesse nos ajudar nesse tópico. Continuaremos nossos estudos para entender mais e melhor essa questão. Axé!

fontes ITC Stone Serif Std, Smitten e Eidetic Modern
papel offset 75g/m²
impressão Gráfica Reproset, novembro de 2023
1ª edição